最实用的蜡烛图，最清晰的讲解，最贴近实战的用法

外汇

蜡烛图实战技法

外汇的分析说到底是蜡烛图的分析，要对蜡烛图进行分析就需要看本书经典案例的讲解

WAIHUI
LAZHUTU SHIZHAN JIFA

股海扬帆 著

经济管理出版社
ECONOMY & MANAGEMENT PUBLISHING HOUSE

前　言

外汇交易是一件高风险和高回报的事情，投资者要想成为外汇市场的常胜将军，必须对基本的技术分析方法了如指掌。作为图表分析的重点内容，蜡烛图的分析是怎么也绕不过去的一个环节。蜡烛图的运用，不仅在股票、国债期货和商品期货等市场，更在外汇交易中用途广泛。可以说，掌握外汇技术分析的要点并不困难，只要充分领会蜡烛图的原理及其实战用法，外汇交易就能够获得成功。

正是因为蜡烛图在外汇交易中的重要性不可替代，本书才对蜡烛图做一个全面系统的分析。结合实例分析，书中蜡烛图的典型分析方法都是依托实战汇率走势来说明的。

外汇交易风险虽然很大，对蜡烛图理解充分的投资者，仍然能够获得稳定利润。笔者认为，蜡烛图是价格走势的表现形式，是投资者外汇交易的分析要点，理解并且掌握蜡烛图基本的分析技巧，对外汇市场价格走势的把握就能够做到心中有数了。

蜡烛图的基本形态，在本书中都有提到，特别是关于单根蜡烛图、双根蜡烛图以及多根蜡烛图的特殊形态，都是本书的重点。结合实例，投资者可以发现这些异常多变的蜡烛图形，其实并非变幻莫测，而是有章可循的。

关于蜡烛图分析，重点内容是蜡烛形态以及形态提供的开仓、平仓信号问题。蜡烛图可以说是最简单的图形，而对应的技术指标则是升级版的蜡烛图使用手段。技术分析手段，都是围绕蜡烛图形态来展开的。书中关于均线、RSI指标、MACD指标、黄金分割以及价格趋势，都是基于蜡烛图来说明的。清晰理解蜡烛图，投资者就能够明确指标的含义及其相关用法，这有助于投资者提高盈利空间。

对于初次入市交易的投资者，可以先参考书中前两章内容，充分了解蜡烛图的起源和形成过程，这样更容易掌握蜡烛图的使用方法。

目　录

第一章　蜡烛图简介

一、日本蜡烛图简介

1. 蜡烛图介绍

K 线图（Candlestick Charts）又称为蜡烛图、日本线、阴阳线、棒线等，常用说法是"K 线"，早在 18 世纪日本德川幕府时代，阴阳线就已经被用来标注米市价格涨跌，帮助计算大米价格走势。由于阴阳线标注的方法非常独到，人们自然想到把它引入股票市场乃至期货市场的价格分析中。300 多年过去了，股票和期货市场有了很大的发展，但阴阳线的使用却是不可替代的。

当时的 K 线已经包含了开市价、收市价、最高价和最低价，阳 K 线代表当日收盘上涨，阴线表明当日收盘下跌，用于绘制价格变化的图表看似一根蜡烛，并且蜡烛图有黑白的分别，也被称为阴阳线图表。

K 线图记录了价格在某一特定时间段内的价格变化，以及价格变化完成的特殊形态。通过分析 K 线的涨跌方向以及不同形态的价格含义，投资者能够据此判断出价格运行规律。在外汇价格分析中，K 线是绝不能忽视的分析手段。K 线包含了价格在某一特定时间段内的开盘价格、收盘价格、最高价格和最低价格，以及价格波动中完成的 K 线形态。当然，复杂的数目众多的 K 线还能形成特定的形态（调整形态、反转形态和持续形态等），为投资者提供不错的操作信号。

2. 蜡烛图分类

（1）按照 K 线计算周期分类。可分为日 K 线、周 K 线、月 K 线、年 K 线。

根据计算周期不同来分类 K 线。日 K 线是最常见的 K 线周期，表明每个交易日收盘后价格波动形态。当然在外汇价格分析中，1 小时 K 线、4 小时 K 线以及各种不同的微小周期（1 分钟、5 分钟、15 分钟和 30 分钟等）K 线，也是有用武之地的。较长周期的 K 线图用于指导投资者的开仓方向，判断重要的压力和阻力区域，较短的计算周期则用于短线判断价格短线压力和阻力区域，提高开仓价位的合理性。

（2）按照价格波动范围分类。可分为小阴线、小阳线、大阴线、大阳线和十字星等。

小阴线、小阳线 K 线形态，是价格波动空间有限的情况下形成的，表明价格波动空间不大，还未出现有效的突破走势。大阴线和大阳线的 K 线形态中，价格在特定周期内波动空间较高，是容易形成突破走势的一种 K 线形态。判断行情开仓信号强弱的时候，投资者可以通过 K 线形态大小来判断。如果是明显的大阴线、大阳线形态，突破信号更容易成为开仓机会。

二、蜡烛图的形成

1.“光头光脚”蜡烛线

“光头光脚”蜡烛线，是价格单边涨跌过程中完成的 K 线形态。在特定的计算周期中，K 线波动空间大大增加了，从开盘价格到收盘价格，汇价波动空间很高。“光头光脚”的蜡烛线中，如果是大阳线的话，那么开盘价格与最低价格一致，而收盘价格与最高价格相同。如果是大阴线，那么开盘价格与最高价格一致，而收盘价格则与最低价格相同。

AUD/USD——“光头光脚”阴线如图 1-1 所示。

看点 1：图 1-1 显示，澳元 1 小时 K 线图中，价格已经明显高位回落下来。一根“光头光脚”的大阴线形态，是汇价高位逆转的重要信号。澳元刚刚冲高不久，价格就出现大阴线回落形态，是汇价见顶回落的起始形态。

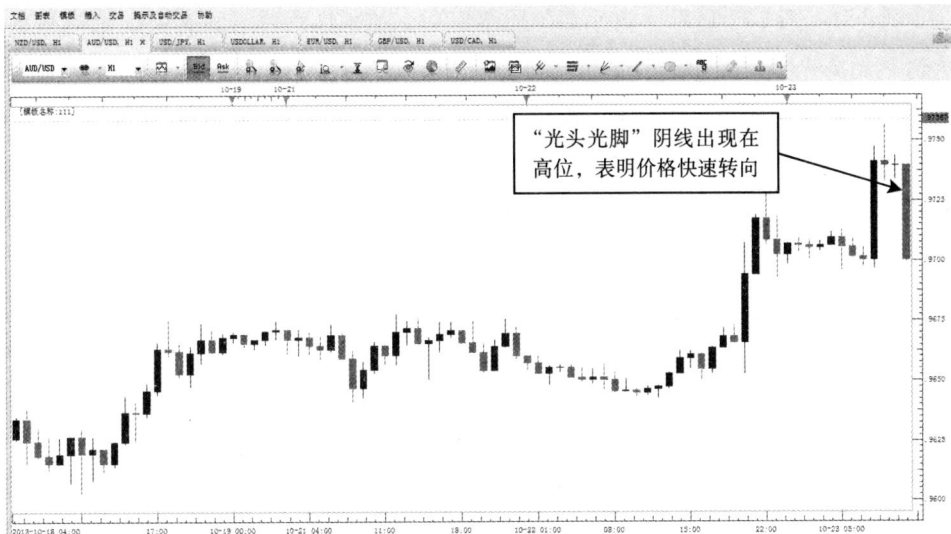

图中标注："光头光脚"阴线出现在高位，表明价格快速转向

图 1-1　AUD/USD——"光头光脚"阴线

看点 2：作为反转形态，"光头光脚"阴线不容易形成。但汇价上涨空间较大的时候，价格反转概率大大增加，"光头光脚"大阴线就很容易实现了。多方获利空间很大，又有平仓兑现利润的冲动，一旦汇价逆转而下，自然形成"光头光脚"阴线。图中"光头光脚"阴线出现前，澳元 3 根阳线涨幅已经高达 100 点以上，大阴线正是对澳元高位超涨的反映。

AUD/USD——大阴线成功逆转趋势如图 1-2 所示。

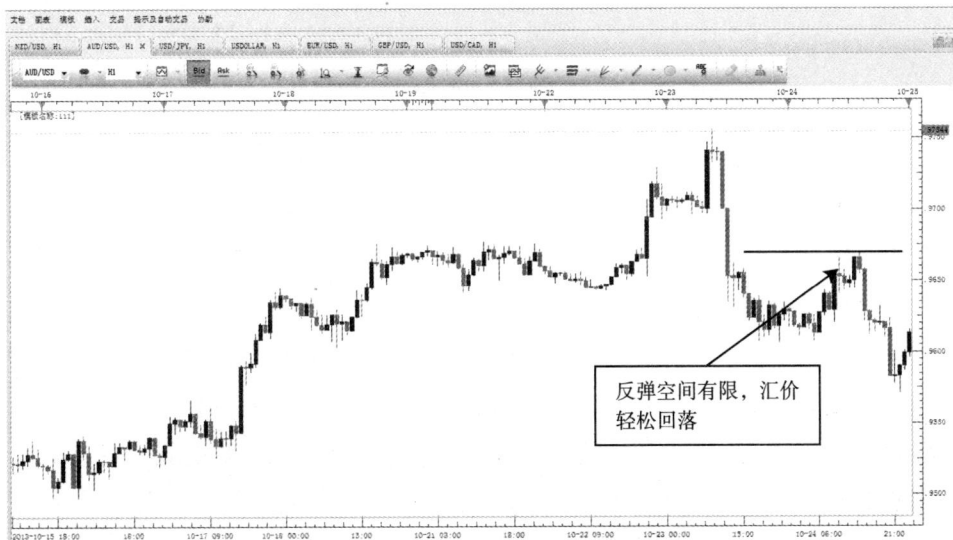

图中标注：反弹空间有限，汇价轻松回落

图 1-2　AUD/USD——大阴线成功逆转趋势

看点 1：图 1-2 显示，澳元高位回落以后，技术性反弹空间有限，价格并未达到"光头光脚"大阴线收盘价。可见，"光头光脚"大阴线对多头趋势影响很大，出现在价格高位的情况下，能够迅速逆转回升趋势。

看点 2："光头光脚"大阴线的形成，不仅仅是一根 K 线的问题，大阴线与澳元高位回落的形态，构成了多头趋势的真正顶部。操作上看来，既然价格反弹空间有限，"光头光脚"的反转意义就非常明确了，持有多单的投资者无疑应该考虑清仓了。汇价短线反弹有限的情况下，即便是亏损的情况下减仓，都是正确的做法。

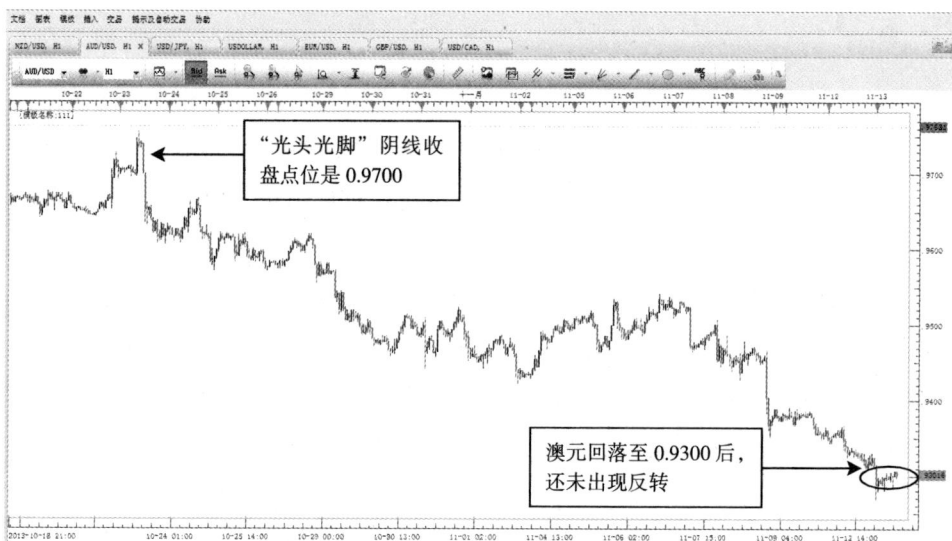

图 1-3 AUD/USD——澳元大跌 400 点以上

AUD/USD——澳元大跌 400 点以上如图 1-3 所示。

看点 1：图 1-3 显示，澳元高位回落的过程中，长期下跌导致汇价大跌 400 点以上。澳元 1 小时 K 线的高位，光头光脚大阴线对应的收盘点位是 0.9700，而价格回落至 0.9300 的时候，还未出现有效反弹。

看点 2：汇价见顶的形式有很多种情况，见顶的价格形态也是不同的。价格以光头光脚大阴线开始见顶回落走势，是投资者容易发现的做空信号。价格回落速度很快，关键是"光头光脚"大阴线杀伤力度很大，成为投资者有效的做空机会。

EUR/USD——"光头光脚"大阳线支撑欧元回升（1）如图 1-4 所示。

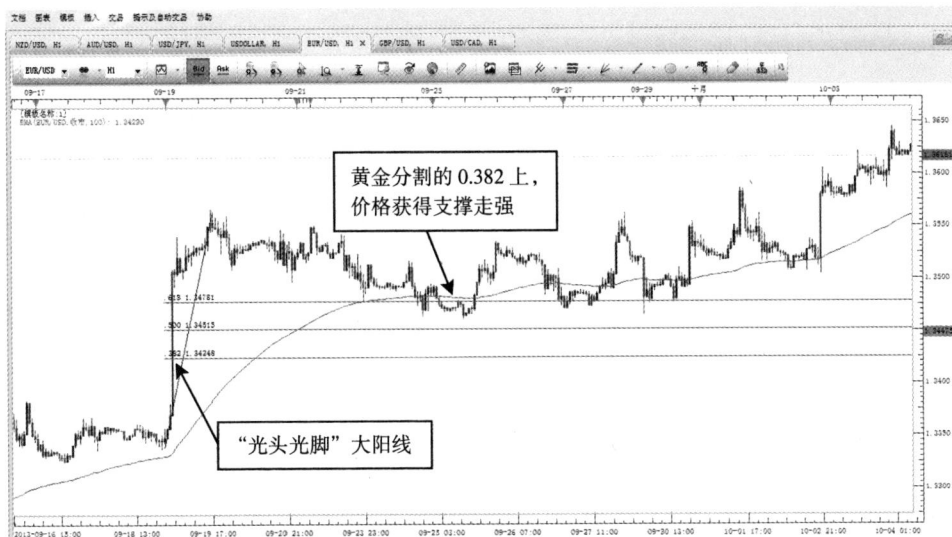

图 1-4　EUR/USD——"光头光脚"大阳线支撑欧元回升（1）

看点 1：图 1-4 显示，欧元的 1 小时图中，汇价的回升趋势非常明显。究其原因，这与前期"光头光脚"大阳线形态有关。图中"光头光脚"大阳线长度高达 150 点，是非常有效的看涨形态。大阳线实体很长，即便是在调整的过程中，汇价依然在 0.382 的分割线上获得强支撑，然后开始反弹上涨。

看点 2：高达 150 点的"光头光脚"阳线出现概率并不高，一旦出现可作为有效买涨信号。短线看来，大阳线以后汇价出现回调情况，但调整空间有限，投资者在二次买涨以后依然能够盈利。

EUR/USD——"光头光脚"大阳线支撑欧元回升（2）如图 1-5 所示。

看点 1：图 1-5 显示，欧元冲高回落以后再次获得大阳线的支撑，汇价从图中位置开始反弹上涨。价格上涨线很高，接下来的交易日中，欧元再次大涨。汇价从大阳线收盘位置的 1.3500 拉升至 1.3800 以上，涨幅高达 300 点以上。

看点 2：光头光脚大阳线能够发挥多大的支撑效果，要看阳线实体的长度了。100 点的阳线实体，对价格支撑效果异常显著，投资者可以根据大阳线获得不错的买涨机会。欧元连续走强就是一个明显的例证，汇价冲高回落以后二次获得大阳线的支撑，并且继续大幅度攀升。

2. 带影线的蜡烛线

带影线的 K 线形态中，价格波动空间虽然很高，收盘时候涨跌空间却不大。

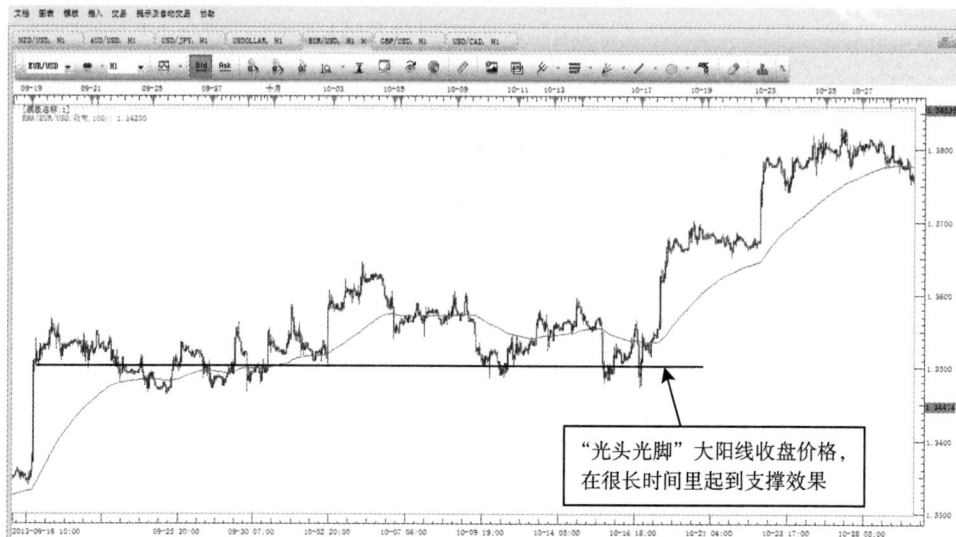

图1-5 EUR/USD——"光头光脚"大阳线支撑欧元回升（2）

多空双方在特定的计算周期中博弈非常激烈，价格双向波动的时候，留下了很长的影线。蜡烛线的影线可以是上影线，表明价格冲高回落走势；而下影线则是价格探底回升时候形成的。

在汇率异常波动的时候，价格容易受到投资者情绪影响，出现短时间内大涨大跌走势。在一定的计算周期中，蜡烛线完成之前价格会自动修复异常波动造成的影响，因此能够在收盘阶段形成带影线的蜡烛线。

GBP/USD——长下影线形态如图1-6所示。

看点1：图1-6显示，英镑的1小时K线图中，价格显然已经处于100日均线以上。考虑到价格正处于明确的回升趋势中，把握好买点还是能够获利的。图中探底回升小阳线形态，显然是对多头趋势的反映。价格短线杀跌空间虽然高达100点，但反弹上涨以后却完成了阳线实体，表明支撑汇价上行的因素还未消失。

看点2：仅仅从探底回升阳线来分析，投资者买涨是没有任何问题的。价格回升趋势还未改变的情况下，探底回升的走势，明显是在确认英镑的回升趋势。多方短线兑现利润的时候，英镑出现了"假摔"的情况。影线越长，支撑英镑上涨的空间越大，后市英镑将出现超预期的回升行情。

GBP/USD——英镑震荡上涨400点如图1-7所示。

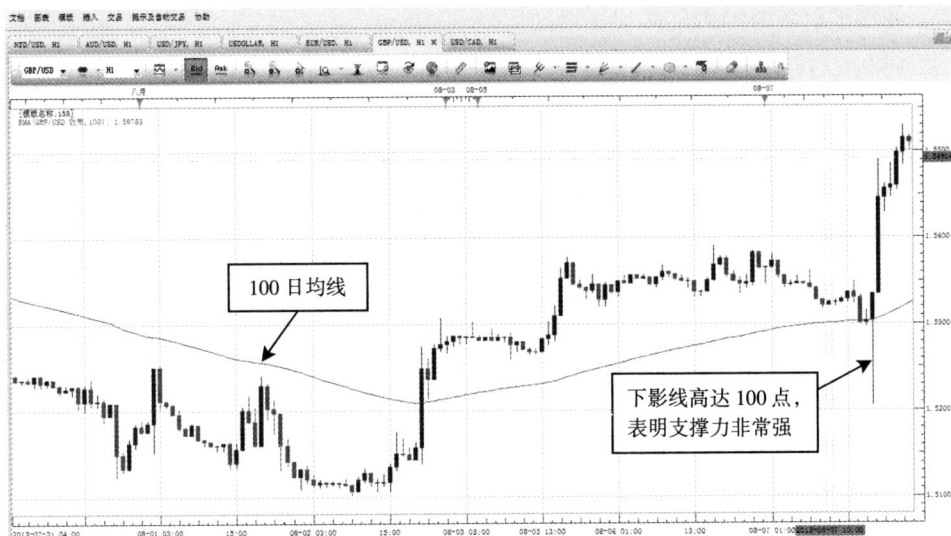

100 日均线

下影线高达 100 点，表明支撑力非常强

图 1-6　GBP/USD——长下影线形态

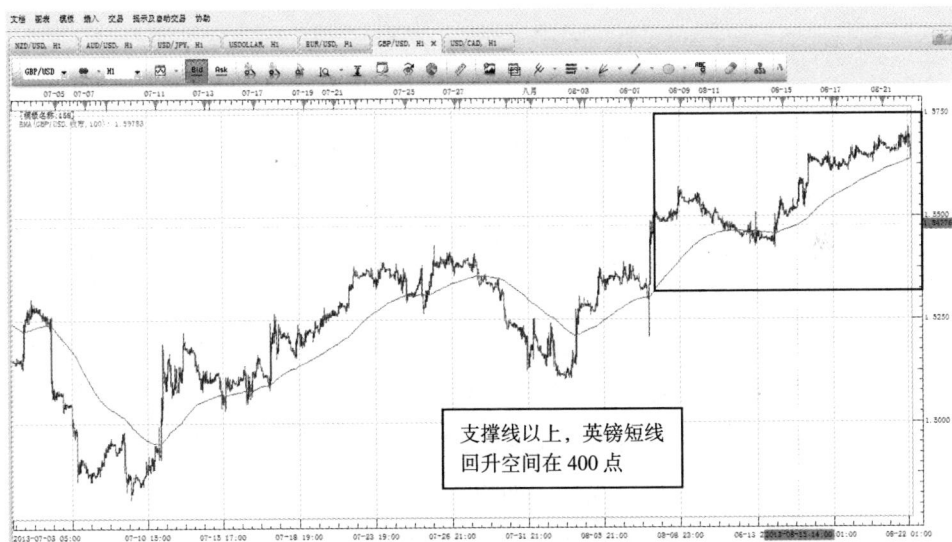

支撑线以上，英镑短线回升空间在 400 点

图 1-7　GBP/USD——英镑震荡上涨 400 点

看点 1：图 1-7 显示，英镑的回升趋势非常明显，特别是在探底回升阳线出现以后，汇价持续飙升空间在 400 点以上，为买涨投资者创造不错的盈利机会。

看点 2：探底回升的蜡烛图出现以后，价格飙升速度更快了。特别是考虑到汇价处于明显的回升趋势中，投资者更容易发现期间的买涨盈利机会。在 100 日均线以上，价格震荡上行的速度很快。下影线很长的蜡烛图形态，二次支撑了英镑，使得汇价短时间内涨幅快速增加。

USD/CAD——冲高回落阳线（1）如图1-8所示。

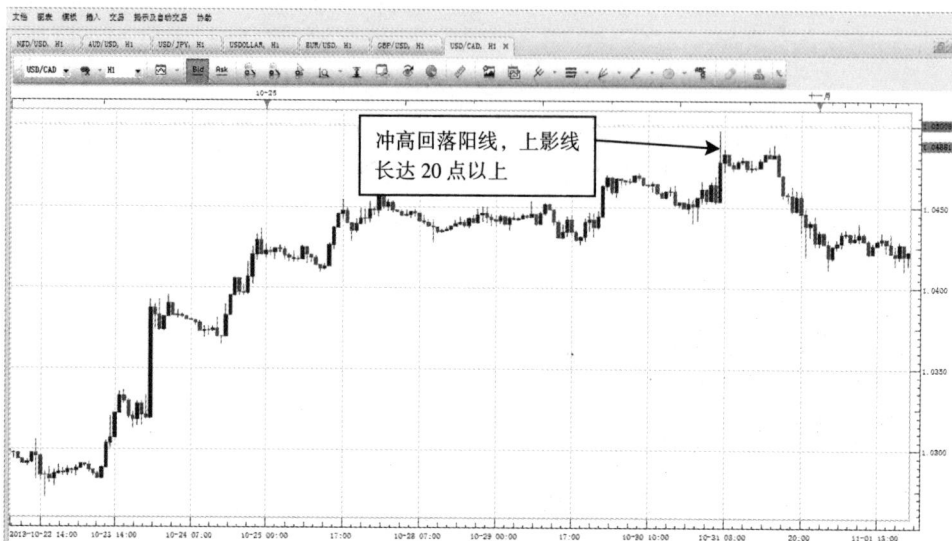

图1-8　USD/CAD——冲高回落阳线（1）

看点1：图1-8显示，美元/加元的1小时K线图中，价格冲高回落的形态非常明显。图中冲高回落的阳线蜡烛图中，上影线长度在20点以上，表明汇价上涨过程中明显遇到了强阻力。随着交易的进行，价格明显从高位回落下来，而带上影线的蜡烛线，成为汇价反转的起始点。

看点2：虽然仅仅有20点，但冲高回落走势异常明确，价格滞涨的过程中，投资者可以根据这根阳线蜡烛线判断做空机会。图中冲高回落阳线形态，可以是价格短线回落的起始点，投资者短线做空在价格高位可获得一定的回报。

USD/CAD——冲高回落阳线（2）如图1-9所示。

看点1：图1-9显示，美元/加元的价格走势显示，冲高回落阳线出现不久，汇价就急转而下，短时间内的下跌空间接近100点。可见，用于判断价格高位回落的带上影线的阳线形态，是不错的反转形态。投资者可以尽可能地选择做空的卖点，以便获得做空利润。

看点2：阳线的上影线长度，决定了价格在今后下跌的空间。上影线越长，表明价格高位的阻力越大，反转以后下跌空间会更大。图中20点的上影线长度，就导致价格短线回落空间高达100点，如果是50点甚至高长的影线，汇价下跌

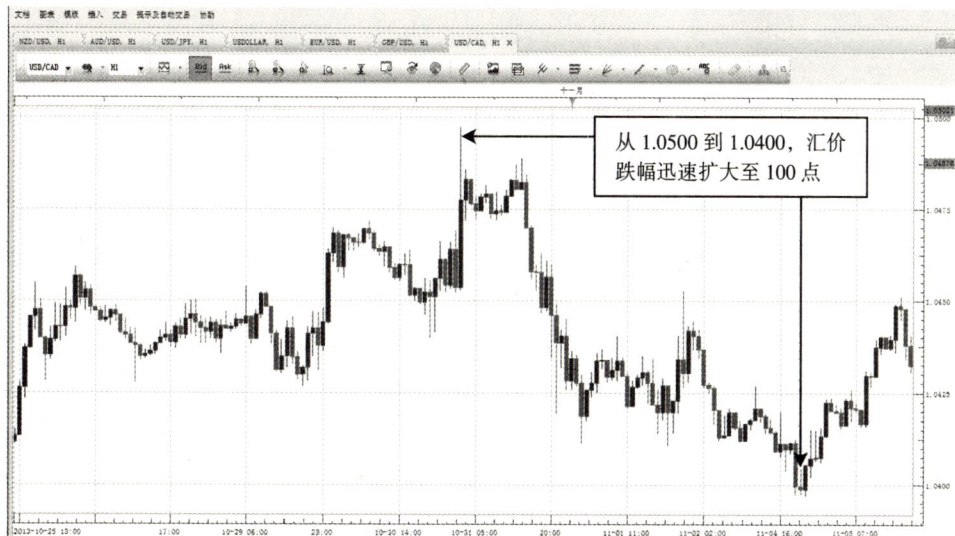

图 1-9 USD/CAD——冲高回落阳线（2）

空间很容易扩大。

三、影线的意义

在外汇蜡烛图中，影线是投资者不可忽视的异常波动形态，是价格获得支撑或者遇到阻力的情况下形成的。这个时候，虽然价格涨跌空间不大，但其中蕴含的买卖信号不容忽视。根据影线表现出的形态特征，投资者可以做出不同的调仓措施。

1. 冲高回落的异常波动

价格冲高回落的走势，在蜡烛图中表现为冲高回落的上影线很长的小阳线、小阴线等形态。当然，实体较大的大阳线和大阴线，也可以形成明显的上影线。在汇价止跌回升期间，上影线往往是价格即将突破信号。上影线蜡烛线出现以后，紧接着价格很可能再次冲高，完成大阳线形态。当然，很多时候出现的上影线，都是价格回升空间较大的时候形成的。在汇价高位下跌的初期，冲高回落的上影线形态表明价格反弹遇阻，并且在接下来的时间里很快出现杀跌走势。

GBP/USD——冲高回落阴线如图 1-10 所示。

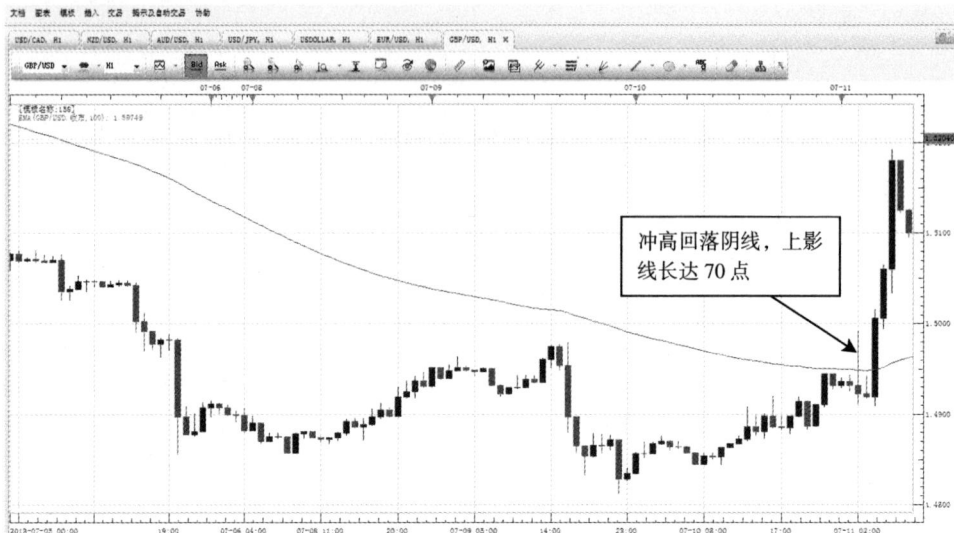

图 1-10　GBP/ USD——冲高回落阴线

看点 1：图 1-10 显示，英镑的回升趋势中，图中阴线上影线长达 70 点的情况下，很多投资者会认为这是价格短线见顶回落的反转形态。但是考虑到英镑前期下跌空间已经有几百点，图中小阴线形态，其实是价格回升前的重要信号了。价格冲高回落以后，很短的时间里就企稳大涨，就很能说明问题。

看点 2：多方拉升汇价上涨的时候，价格初期涨幅可能不会太大，这是因为价格反弹较强的结果。冲高回落的小阴线形态，就是这种情况下出现的。英镑短时间内的冲高回落走势，其实已经消耗了价格高位的很多做空压力，因此回调以后才会继续大幅度上涨。

2. 探底回升的下影线

在价格超跌阶段，探底回升的下影线很容易形成，这种形态表明价格短线获得支撑，汇价反弹需求很大。探底回升的下影线形态，是典型的看涨蜡烛图形态，特别是在汇价止跌回升阶段，把握这种形态提供的盈利机会，投资者获利空间将会很高。当然，在汇价处于高位的时候，价格试探性杀跌的走势短时间内形成，也可能是价格见顶的信号。突破支撑位需要空方大笔资金做空才行，探底回升的下影线表明价格短线获得支撑反弹，但下跌趋势有望得到延续。

USD/CAD——价格低点十字星如图 1-11 所示。

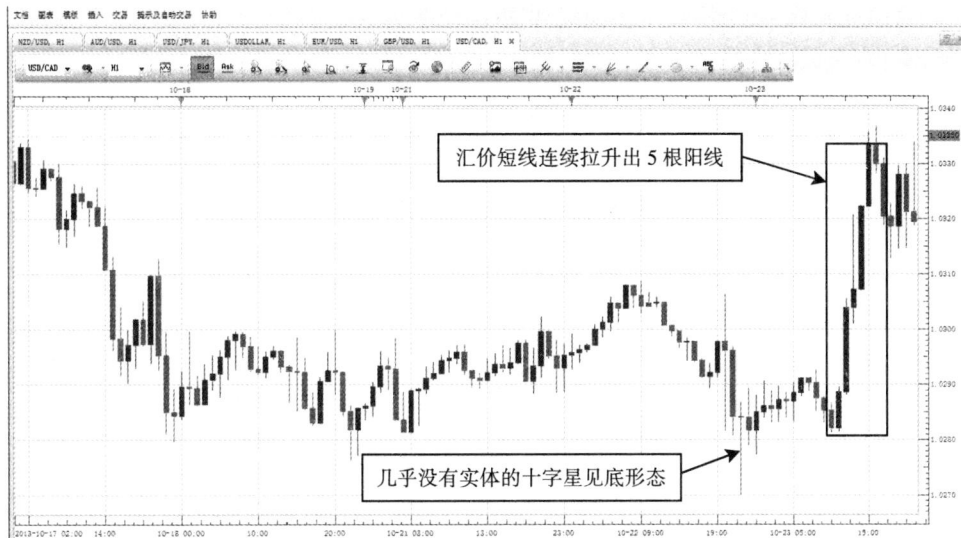

图中标注：汇价短线连续拉升出 5 根阳线

几乎没有实体的十字星见底形态

图 1-11　USD/CAD——价格低点十字星

看点 1：图 1-11 显示，美元/加元的 1 小时 K 线图中，价格在回落期间完成了一根实体非常小的十字星形态。收盘价格与开盘价格一致，但期间汇价下跌空间很大，显示出买涨盘很强，价格自然在获得支撑以后快速反弹。图中连续出现的多达 5 根回升阳线，就很能说明问题。

看点 2：十字星的 K 线形态经常出现在价格低点，是汇价短线跌幅较大的时候形成的反转信号。十字星出现以后，价格反弹强度很大，投资者买涨开仓可以获得不错的回报。技术性反弹阶段，买涨操作是没有任何问题的，特别是显著的十字星垫底的情况下更是如此。

3. 双向波动的棒槌线

双向波动的棒槌线形态，是价格异常波动的重要看点。汇价涨跌空间不大，但价格波动空间却很大。收盘的时候，蜡烛线出现了带上影线和下影线的 K 线形态，是价格选择方向的重要信号。多空争夺的过程中，棒槌线是方向不明的征兆，也是汇价即将加速运行的信号。

从出现的位置看来，棒槌线多出现在价格转折的那一刻。特别是单边趋势中价格持续波动空间较大，棒槌线形成以后，对价格单边趋势的负面影响很大。如果这期间出现无助价格单边运行的信息，那么棒槌线出现成为价格反转形态以后，投资者就可以逆市开仓获利。

USD/CAD——价格高位棒槌线如图 1-12 所示。

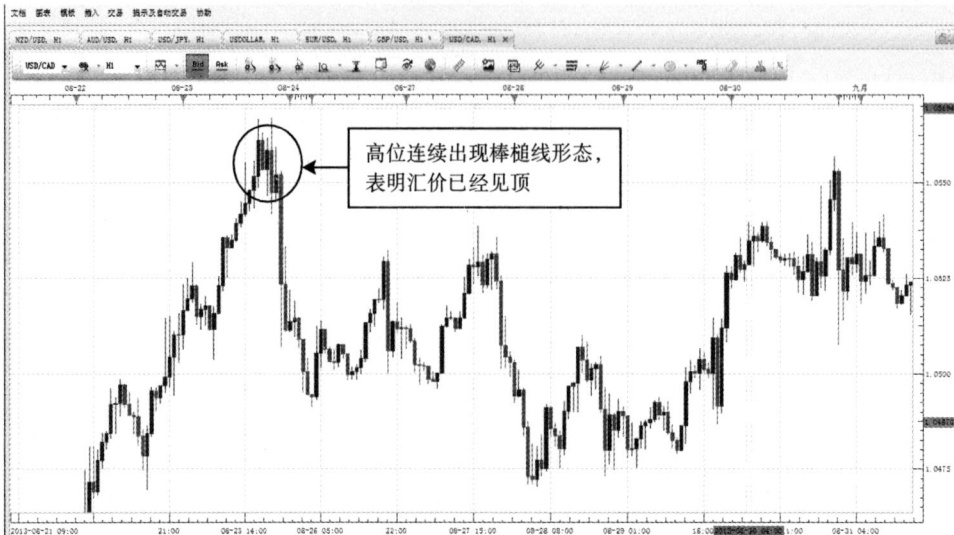

图 1-12　USD/CAD——价格高位棒槌线

看点 1：图 1-12 显示，美元/加元的 1 小时蜡烛图中，价格冲高回落的过程中，高位明显出现了棒槌线的反转形态。图中棒槌线并不是简单的一根 K 线，而是包含了 4 根以上的棒槌线。

看点 2：在连续出现棒槌线以后，汇价从高位快速杀跌。棒槌线的见顶形态无疑值得投资者关注。棒槌线的蜡烛图形态虽然不是非常明确，价格在棒槌线出现前后的变化却显示，汇价已经出现了反转走势。

USD/CAD——价格低点棒槌线如图 1-13 所示。

看点 1：图 1-13 显示，价格短线回调以后，一根阳线棒槌线形态，显然已经结束了调整走势。价格低点出现棒槌线以后，表明多空双方已经经过了明显的争夺，价格从这个位置开始企稳回升，是值得投资者关注的。

看点 2：棒槌线收盘以后是上涨的，验证了价格短线低点的支撑，是投资者买涨的机会。虽然棒槌线的上涨空间有限，价格向上回升趋势却得到了很好的验证。这样看来，增加资金买涨的操作更容易盈利。

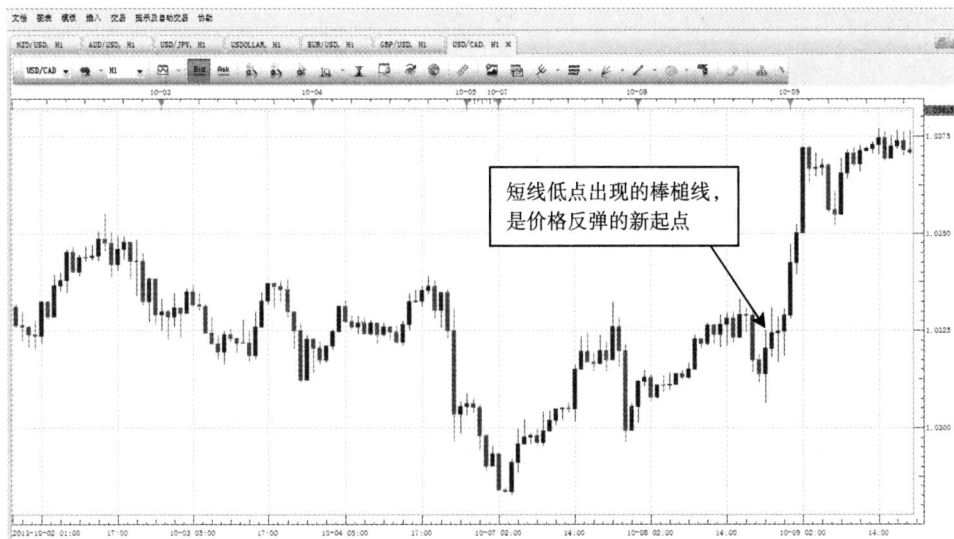

短线低点出现的棒槌线，是价格反弹的新起点

图1-13　USD/CAD——价格低点棒槌线

四、实体大小表明的多空实力

1. 小实体蜡烛线

小实体的蜡烛线形态，涨跌空间有限，对价格短线波动影响很小。小实体的蜡烛线形态，更多的是以调整形态的形式发挥作用的。也就是说，调整形态中，更多的小实体蜡烛线完成反转形态或者调整形态，对价格走势造成影响。单独一根或者几根小实体蜡烛线，对价格涨跌影响有限。

GBP/USD——小阴线形态如图1-14所示。

看点1：图1-14显示，英镑的1小时K线图中，价格已经明显处于回升趋势的情况下，其间出现的连续回调的小阴线形态，其实很难改变汇价的上行趋势。调整阶段出现的小阴线形态，充其量只能发挥调整作用。小阴线占用的调整时间很长，价格下跌空间却非常有限。当调整完毕以后，汇价反弹空间会很高，这也有利于投资者获得利润。

看点2：在单边回升趋势中，价格上涨趋势虽然明确，连续形成的小阴线依

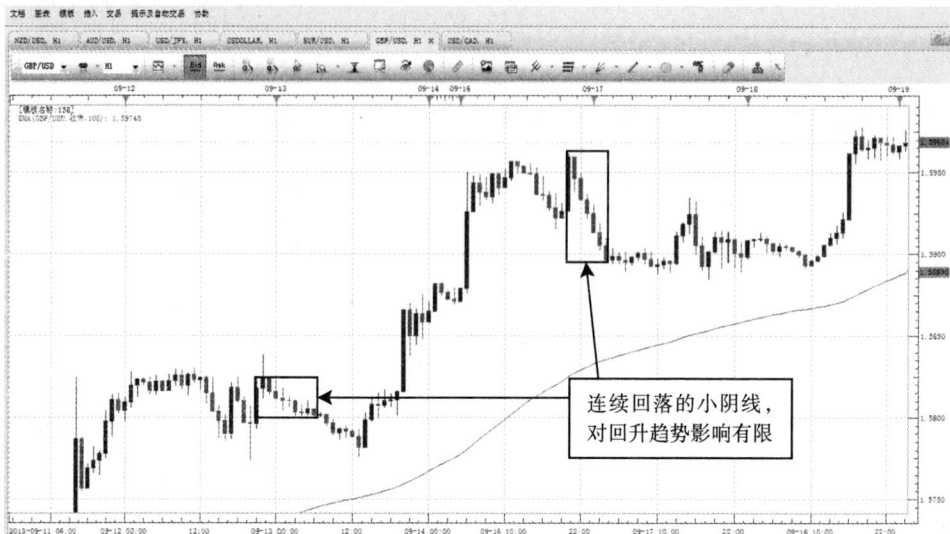

图1-14　GBP/USD——小阴线形态

然会出现，这也是释放短线做空压力的有效办法。在与时间赛跑的时候，小阴线下跌空间很小，下跌持续时间却比较长，这也能够达到调整效果，有助价格再次大幅上行。

GBP/USD——小阳线形态如图1-15所示。

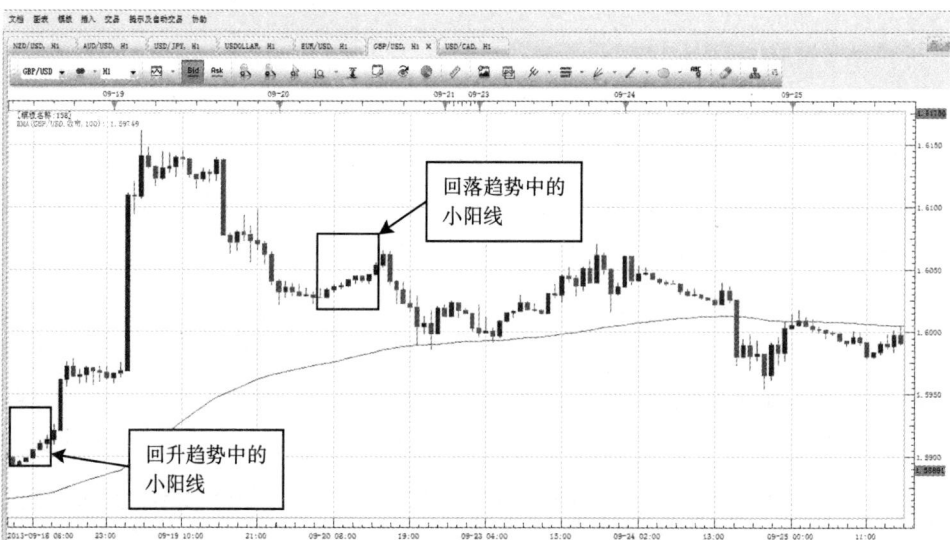

图1-15　GBP/USD——小阳线形态

看点 1：图 1-15 显示，英镑的 1 小时 K 线图中，价格冲高回落的走势非常明显，出现在回升趋势中的小阳线形态，其实是加速价格上行的重要形态。小阳线实体虽然不大，对趋势影响却得到体现。连续形成的小阳线支撑了价格回升趋势，是投资者把握买涨机会的重要看点。

看点 2：随着英镑的冲高回落，价格在下跌趋势中依然出现了连续回升的小阳线，这是对回落趋势的调整走势，但不改变英镑下跌趋势。小阳线发挥的作用虽然不同，对趋势运行的影响也不同。回升趋势中的小阳线，能够加速汇价上涨。而下跌趋势中的小阳线形态，只能在短时间内影响价格回落趋势，却不会在长时间影响价格走势。

2. 大实体蜡烛线

实体很大的蜡烛线，不仅能在短时间内发挥支撑和压制效果，而且能够在中长期趋势中发挥作用。根据蜡烛线的实体大小不同，投资者可以发现大阳线和大阴线的蜡烛线形态，是影响中长期行情的关键因素，也是投资者不得不关注的蜡烛线形态。而实体属于中阴线和中阳线的蜡烛线，则对中短期价格走势影响较大。在大阳线或者大阴线出现以后，中等长度实体的 K 线将更容易形成，这个时候投资者可以根据形态特征判断操作方向。

GBP/USD——中阳线与中阴线如图 1-16 所示。

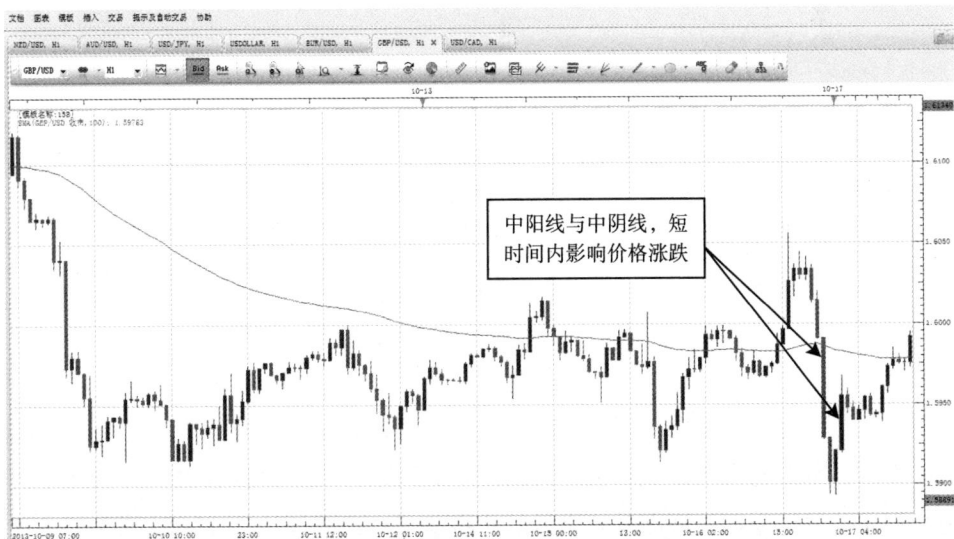

图 1-16　GBP/USD——中阳线与中阴线

看点 1：图 1-16 显示，1 小时 K 线图中的中阳线和中阴线形态，短时间内影响价格涨跌，却不容易改变汇价波动方向。判断中长期操作方向的时候，中阳线和中阴线提供的信号不太确定，投资者应该谨慎应对。

看点 2：英镑短时间内出现中阳线和中阴线，是价格的正常波动。一般的行情中，都会出现类似的情况。在行情延续的时候，中阳线和中阴线，是投资者开仓的机会。如果真的考虑在行情逆转的时候开仓，还要根据大阳线和大阴线来判断。

GBP/USD——大阳线加速回升趋势如图 1-17 所示。

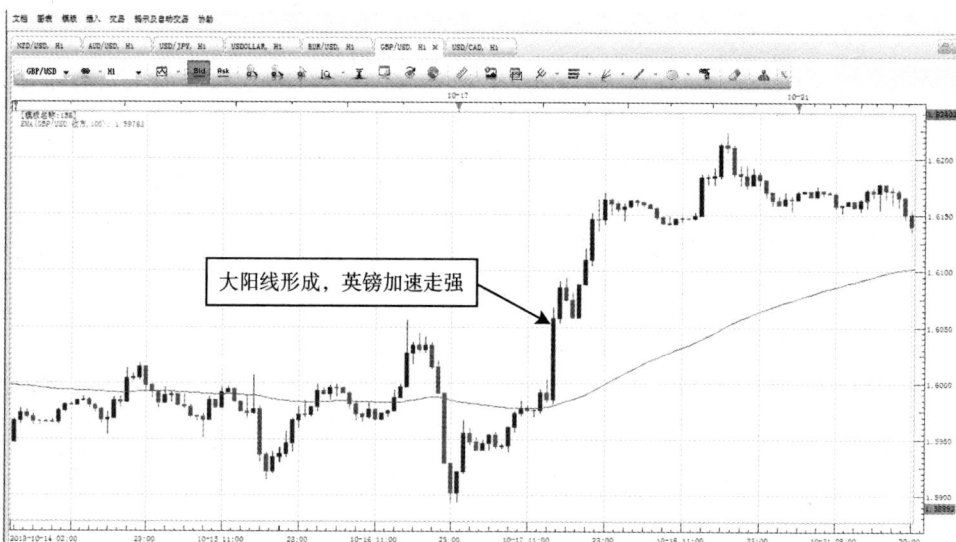

大阳线形成，英镑加速走强

图 1-17　GBP/USD——大阳线加速回升趋势

看点 1：图 1-17 显示，大阳线出现以后，英镑开始加速上涨。大阳线出现的位置表明，价格恰好在大阳线以后突破了压力位，表明英镑的上涨趋势在快速进行。大阳线形成以后，在价格短线回调空间有限的情况下，英镑很容易大幅度回升。

看点 2：大阳线是改变中短线多空平衡的重要蜡烛形态，是投资者考虑开仓的形态。汇价短线反弹的过程中，压力位的做空阻力总是比较强。英镑连续几次双向波动，都没有突破短线高位。大阳线完成以后，做空投资者很多应该已经被迫止损了，这样阻碍价格回升的因素就小得多了，买涨自然能够获得利润。

USD/JPY——中阴线与大阴线如图 1-18 所示。

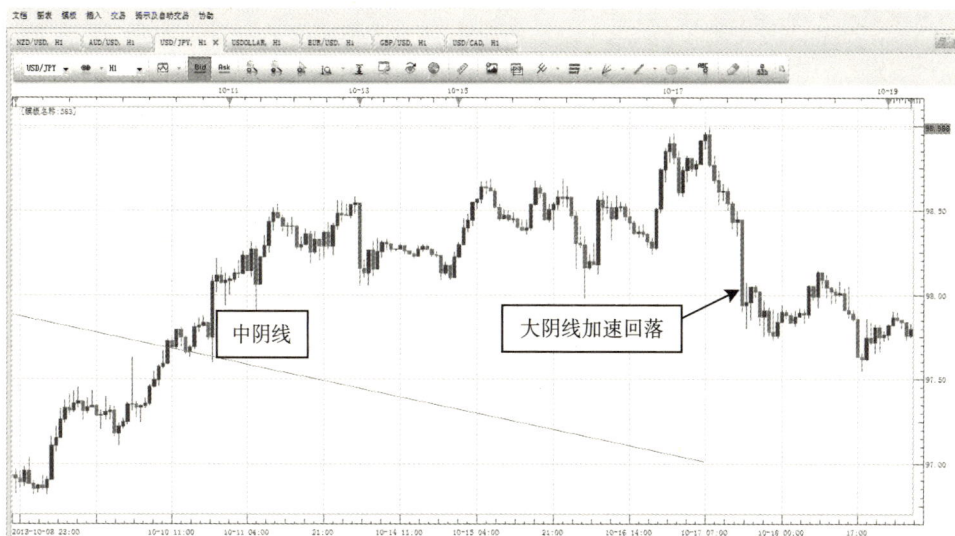

图 1-18　USD/JPY——中阴线与大阴线

看点 1：图 1-18 显示，美元/日元的 1 小时 K 线图中，价格明显在中阴线以后开始调整。但是，考虑到中阴线实体有限，价格回落空间并不是很大。接下来继续出现的大阴线形态，明显改变了价格波动节奏，表明汇价开始加速杀跌。

看点 2：实战当中，投资者可以根据大阴线出现的位置，来判断做空信号的强弱。既然中阴线不能轻易改变价格波动方向，大阴线提供的做空机会是不容忽视的。大阴线出现的时候，空方实力会大大增加，投资者顺势做空的风险会很小。中阴线充其量改变价格回升节奏，却不能改变价格上行趋势。

USD/JPY——加速回落的阴线（1）如图 1-19 所示。

看点 1：图 1-19 显示，美元/日元的价格走势表明，汇价冲高的过程中开始大幅度反转。虽然第一根阴线实体长度不大，但接下来出现的第二根和第三根阴线实体快速放大。可见，中阴线转变为大阴线的过程中，汇价已经开始快速反转了。

看点 2：实战操作中，加速回落的情况也比较多，投资者应该密切关注价格的回落态势。趋势反转过程非常多变，价格快速杀跌的过程中，投资者做空机会稍纵即逝。

看点 3：也许投资者会认为加速杀跌的阴线表明价格跌幅较大，短线有反弹的需求。但事实上，能否出现反弹还要根据实际情况判断。很难说价格杀跌到哪一个位置开始反弹，投资者做空操作更容易获得成功。

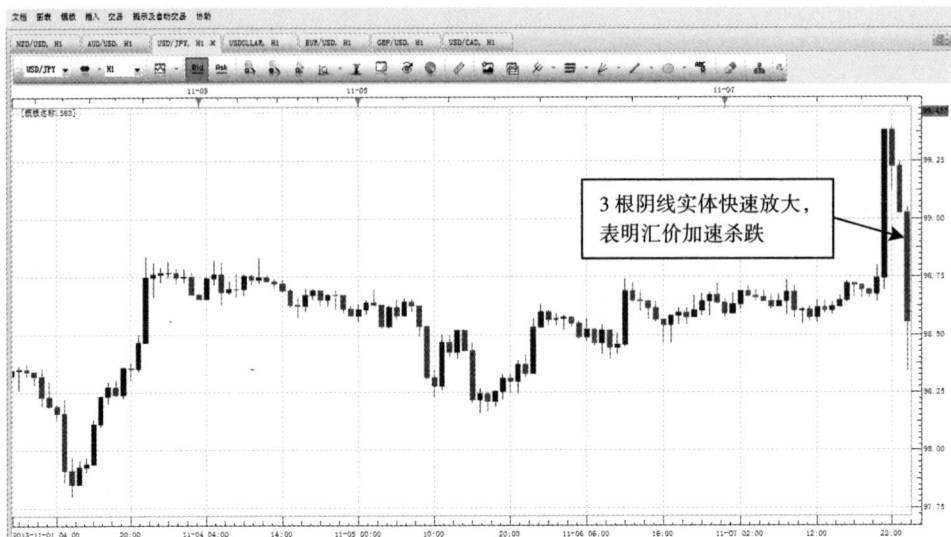

图 1-19 USD/JPY——加速回落的阴线（1）

USD/JPY——加速回落的阴线（2）如图 1-20 所示。

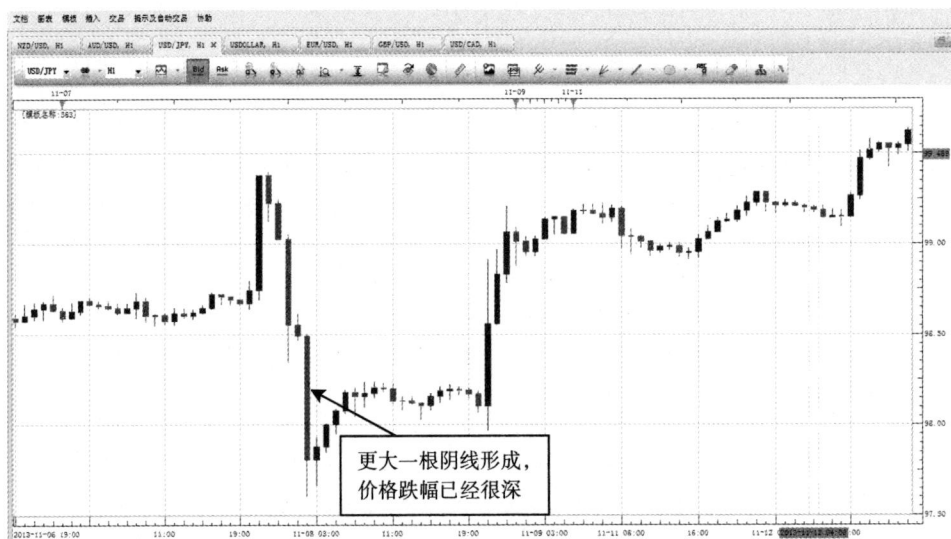

图 1-20 USD/JPY——加速回落的阴线（2）

看点 1：图 1-20 显示，美元/日元的汇价走势表明，价格短线下跌空间迅速扩大的时候，投资者买涨几乎不可能盈利。连续出现了 3 根阴线以后，汇价下跌空间虽然很大，短线调整还未完成。紧接着出现的实体长达 150 点的大阴线，已经很能说明问题。

看点 2：中阴线不容易改变价格波动方向，却能够加速价格调整走势。美元/日元的 1 小时 K 线走势中，汇价向下调整显然是在加速杀跌中完成的。可见，首先考虑中阴线形成的时候做空，还是有利可图的。汇价调整时间短，下跌空间却比较大，是投资者不错的盈利机会。

第二章　基本面变化与蜡烛图形成

一、经济指标对蜡烛图的影响

1. 非农数据

（1）非农数据。

非农数据，是指美国非农就业率、非农就业人数与失业率这 3 个数值。这 3 个数据，都是用来反映美国非农业部门的就业状况的数据指标。在每个月的第一个周五晚 21:30（冬令时）或者是每个月第一个周五晚的 20:30（夏令时），美国劳工部都会发布相关就业报告。

（2）非农就业人数和非农就业报告。

非农就业人数，表明制造行业和服务行业的增长情况。数字增加的时候，表明消费性质和服务性质的就业人数在增加，显示经济发展状况良好，对汇率形成正面影响。而非农就业人数减小的时候，表明经济发展状况不佳，对汇率形成负面影响。非农就业人数的增长情况，明显能够衡量经济和金融发展情况，影响外汇价格变化。

非农就业报告，包括与就业相关的信息，分为企业调查和家庭调查两种情况提供报告数据。非农就业报告对外汇价格影响程度之深，是任何个人和机构投资者都不容忽视的问题。非农就业报告通过影响美元，在外汇市场上引起巨大波澜。特别是在报告的数据与预期相差较大的时候，与美元相关货币对波动空间相当高，操作风险很大。这样看来，非农就业报告在所有经济指标中被誉为"皇冠上的宝石"并不夸张。

（3）为何非农就业数据如此重要？

非农就业数据是第一个被公布的经济数据，市场可以在第一时间了解到美国最新的就业状况。非农就业的重要性，可以被投资者认可。一旦数据出现异常变动，对投资者心理影响很大，从而在外汇市场上引起巨大波动。

非农就业数据与 GDP 数据一样，是非常重要的数据。而非农就业报告出现的时候，投资者能够通过分析来预期 GDP 的涨跌，因此非农就业报告能在很大程度上影响外汇价格。

当然，非农就业数据改善表明美国家庭收入变化情况正在好转，这样就能够带动消费增长，为美国经济增长作出贡献了。美国经济 70% 以上的增长依靠内部消费，非农就业数据影响程度可见非常大。

EUR/USD——2013 年 11 月 8 日杀跌走势（1）如图 2-1 所示。

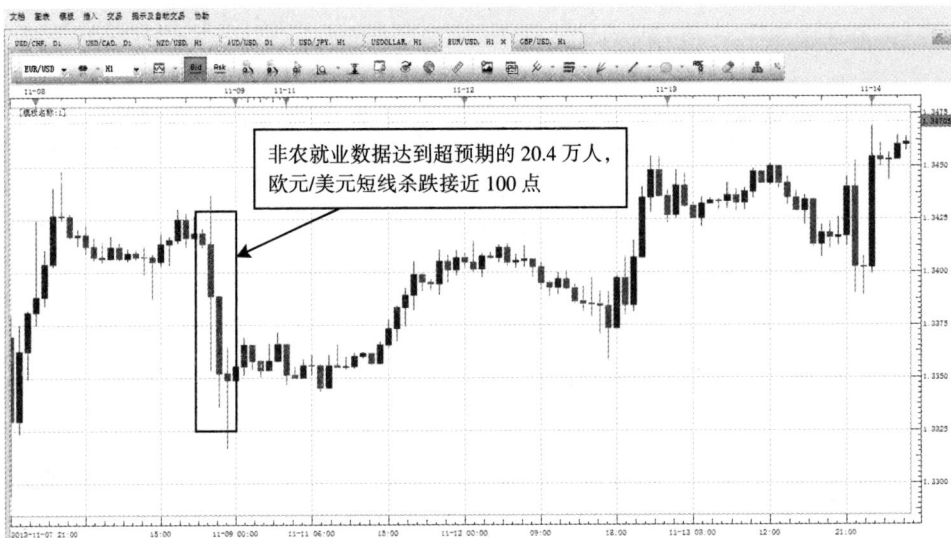

图 2-1 EUR/USD——2013 年 11 月 8 日杀跌走势（1）

看点 1：图 2-1 显示，欧元/美元的 1 小时 K 线蜡烛图中，价格出现了明显的杀跌反弹走势。在 2013 年 8 月份，美国非农就业数据公布意外超预期表现，短线打压欧元下挫接近百点。非农就业数据预期为 12.5 万元，而数据公布以后却是超预期的 20.4 万人。投资者对数据表现乐观，欧元短时间内快速杀跌超过 100 点。

看点 2：非农就业数据在蜡烛图涨跌变化中的作用还是很大的，特别是数据与市场预期相差较大时候，价格短时间内涨跌空间很大。非农就业数据利好，有助于美元短线走强，欧元/美元的汇率快速杀跌，也能够说明问题。如果单独看美元指数的变化，投资者可以得到相似的结论。

EUR/USD——2013 年 11 月 8 日杀跌走势（2）如图 2-2 所示。

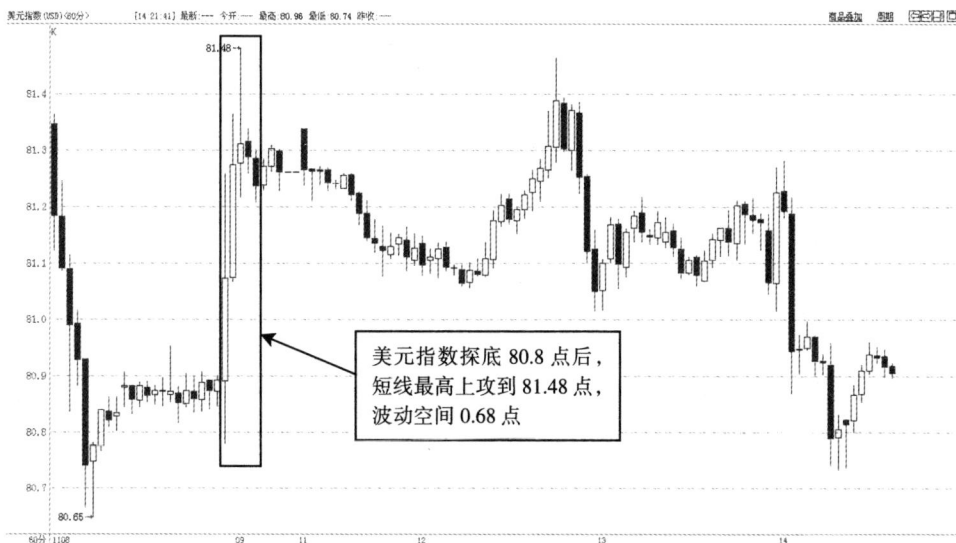

图 2-2　EUR/USD——2013 年 11 月 8 日杀跌走势（2）

看点 1：图 2-2 显示，美元指数的 1 小时 K 线图中，指数短时间内波动空间高达 0.68 点，美元指数大涨的背后，正是因为非农就业数据公布的利好刺激。非农就业数据在 2013 年 11 月 8 日公布超预期的增长 20.4 万人以后，美元指数不负众望，探底回升并且大幅上涨。

看点 2：美元指数涨跌变化反映了美元兑换主要货币的涨跌情况，是投资者参与外汇交易不得不考虑的问题。美元指数大涨的时候，美元兑换主要货币也表现出同样的走势。利好数据公布以后，虽然对美元指数短线影响很大，但数据背后的中长期因素，也是投资者需要考虑的问题。

看点 3：在技术分析中，投资者如果按照经济数据变化做突破的话，可以在数据公布之前就开仓。如果数据如预期一样的话，那么投资者的开仓一般是能够盈利的。特别是在超预期的经济数据出现以后，美元指数短时间内波动空间很大，在短短三四个小时里就能够获得百点回报。

2. 利率政策

利率政策变动的话，某一国的利率就会上升或者下降，投资者如果仅从存款的角度分析，会得出利率下降不利于获得利息的结论。当然，如果利率回升，银行存款所获利息就会明显增加，投资者存款的意愿增强。在不同的货币之间做比较的话，那些适当加息的货币，总能获得更多的青睐。

利率出现升降变化的时候，不同货币之间的利息差异就体现出来，如果不考虑投资收益的话，那么利息收益将是左右汇价波动的重要因素。投资者更追求那些能够带来稳定回报的货币，而忽视相对降息的货币，从而使得汇率短时间内发生波动。

利率升降的变化，对货币的供求影响很大，从而影响汇率走势。在各国央行公布利率政策的时候，投资者应该对利率升降有一个基本的认识。如果利率回升概率大，对相应的货币影响将是正向的，买涨总能够获得不错的回报。当然，利率下降的时候，货币价格下跌概率大，提前做空总是必要的。

AUD/USD——日 K 线汇率变化如图 2-3 所示。

2011 年 11 月 1 日，澳洲央行降息由 4.75% 降至 4.5%，澳元大跌 200 点有余

图 2-3 AUD/USD——日 K 线汇率变化

看点 1：图 2-3 显示，澳元的日 K 线图中，随着澳元 2011 年 11 月 1 日汇率决议降息到 4.5%，澳元在日 K 线图中完成了跌幅高达 200 点以上的下跌阴线。利率回调对澳元明显形成压制，汇价短时间内杀跌自然在意料当中。

看点 2：对于澳大利亚央行的降息举动，投资者如果能够提前预期到，还是可以开仓获利的。降息意味着澳元的吸引力减小，澳元/美元汇率必然会承压下跌。操作上来看，投资者做空无疑能够获得不错的回报。

看点 3：利率政策的突然变化，对汇率走势影响很大。特别是在市场美元预期的情况下，政策突然改变一定会导致汇价宽幅波动。外汇的蜡烛图涨跌形态，受到利率变化影响很大。

3. GDP 数据

GDP 数据是衡量一国经济增长率的重要经济指标，在各国都有非常广泛的运用。指标的回升空间，也是判断汇价短线和中长期运行趋势的重要看点。短线看来，GDP 指标符合预期，并且实现了一定程度的上涨，那么对本国货币影响将是正向的。例如美元，GDP 季度数值公布的时候，如果出现超预期的表现，那么美元短线获支撑反弹的需求很大。GDP 数值向好的时候，美元兑换主要货币都会出现明显的走强迹象。

外汇投资交易中，很多投资者是根据消息面的变化来考虑开仓方向的，那么 GDP 数据的发布对投资者买卖方向影响很大。在数据公布之前，投资者可以按照预期数据好坏，来考虑不同的开仓方向。

GDP 数据如果向好，对美元相关货币对影响应该接近百点。也就是说，做短线交易的投资者，可以利用该数据来获利百点。

EUR/USD——日 K 线汇率变化如图 2-4 所示。

看点 1：图 2-4 显示，1 小时 K 线图中，欧元/美元受到美国 GDP 数据利好影响，汇价短短两个小时的跌幅超过 200 点。虽然汇价短线探底回升，其间价格宽幅波动必然造成大批买涨投资者亏损。当然，能够早一些预料到 GDP 数据向好的投资者，可以在短时间内获利丰厚。

看点 2：GDP 数据利好对美元走势影响很大，表现在欧元/美元的汇率变化上出现快速杀跌。蜡烛图中的大阳线、大阴线的 K 线形态，很多都是消息面出现变化引起的。与 GDP 数据相似的重要经济数据公布期间，出乎投资者意料的变化，总能够引起价格异常波动。

看点 3：对于 1 小时蜡烛图，价格波动空间一般不会很大。即便在行情确认的情况下，汇率波动空间也就在 50 点以内。如果出现了超过 50 点的波动强度，无非是活跃时段的多空争夺比较厉害，或者消息分布以后影响价格波动。

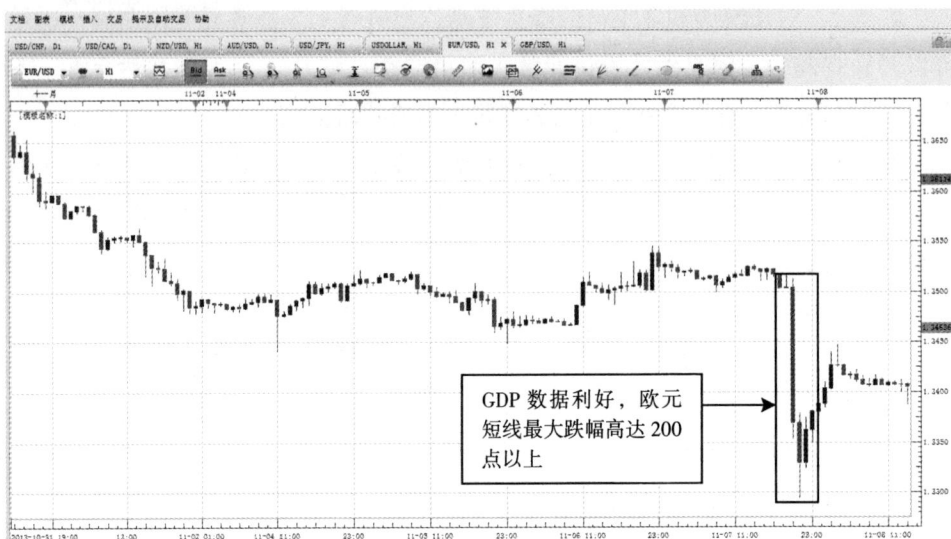

图 2-4　EUR/USD——日 K 线汇率变化

二、美元指数对蜡烛图的影响

1. 美元上涨与蜡烛图

美元在外汇市场的重要性，是哪一个货币都不能替代的。关于美元的汇率变动，可以用美元指数来综合反映。美元指数可以反映美元对"一揽子"货币的汇率变动情况，通过计算美元和选定的"一揽子"货币的综合的变化率，来衡量美元在国际上的强弱变动。对于美国政府而言，美元指数变动反映了美国商品的出口竞争力变化情况，对于外汇交易的投资者而言，该指数提供了市场上与美元相关的各主要货币对的价格变动。

既然美元指数是美元价格的综合反映，那么它自然包含各主要货币兑美元的汇价变动情况。世界主要货币，包括欧元、日元、英镑、加拿大、瑞典克朗、瑞士法郎等在内的货币，是构成美元指数的重要组成部分。从权重上看来，这 6 种货币在美元指数的权重分别为 57.6%、13.6%、11.9%、9.1%、4.2%和 3.6%。

从各主要货币占美元指数的权重判断，欧元对美元影响还是比较大的，权重几乎高达 60% 的情况下，是影响美元指数变化的重要指标，而日元、英镑对美元指数的影响也不容忽视。

在浮动回落的外汇市场，美元是投资者买卖货币的重要参考指标。各主要货币与美元的汇率变动，深受美元指数的影响。有些时候，可以说投资者判断好美元指数的运行趋势，就能在外汇交易中获得先机。汇率波动与美元指数涨跌密切相关，特别在行情加速出现的时候，美元指数涨跌更是起到了决定性作用。

美元指数、美元/日元——日 K 线叠加图如图 2-5 所示。

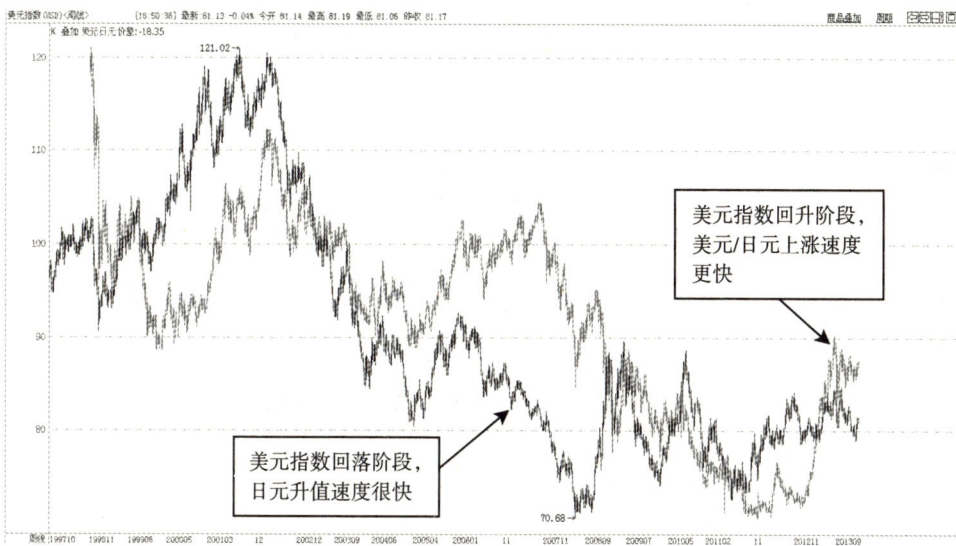

图 2-5　美元指数、美元/日元——日 K 线叠加图

看点 1：图 2-5 显示，美元指数与美元/日元的日 K 线图中，两者明显处于同步波动状态。在美元指数回升期间，美元/日元出现上涨，而一旦美元指数走低，美元/日元就会高位回落。两者之间形成的联动效果，应该引起投资者关注。

看点 2：日 K 线中蜡烛图的涨跌变化，其实就是在美元指数涨跌的过程中反映出来的。虽然美元/日元是两种货币共同作用下出现波动，但是美元指数的影响显然更大，特别是在回升阶段，美元指数上涨以后日元相对贬值速度更快。

2. 美元下跌与蜡烛图

美元指数、英镑/美元——日 K 线叠加图如图 2-6 所示。

看点 1：图 2-6 显示，美元指数与英镑/美元汇价变动呈现出明显的背离形态。在美元指数回落期间，英镑震荡上涨，两者明显背离运行。当然，在美元指

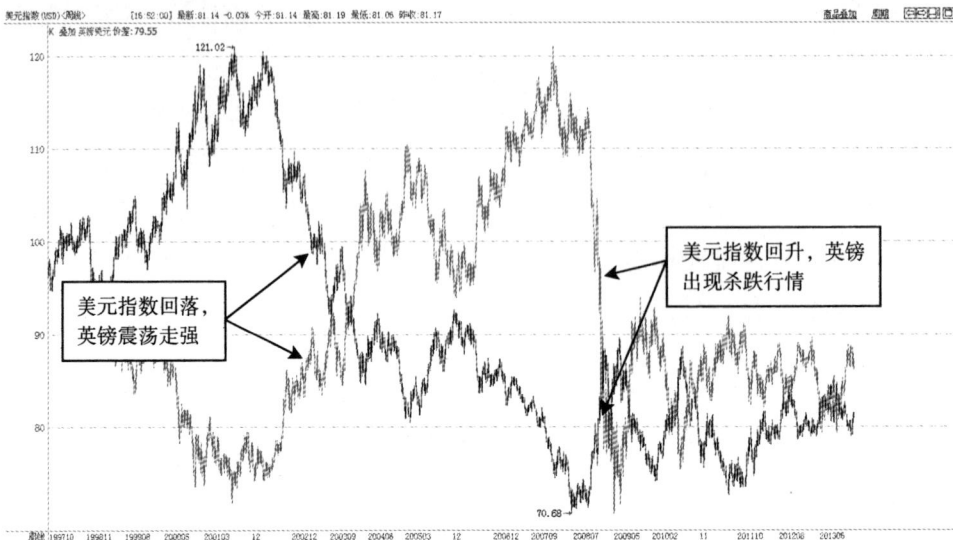

图 2-6　美元指数、英镑/美元——日 K 线叠加图

数短线反弹期间，英镑高位杀跌的空间更大。也就是说，美元走强对英镑/美元汇率变化影响更大。这样看来，投资者对美元指数绝不能轻易忽视。美元走强的时候，英镑/美元汇率相对下跌自然会出现。考虑英镑的波动空间本身就很大，在回落期间的下跌幅度会更深。

看点 2：实战当中，投资者判断美元的运行趋势，能够获得不错成果。特别是强势美元的情况下，英镑相比美元要弱一些，自然在美元走强期间大幅度杀跌了。

看点 3：在金融危机期间，美元因为避险功能受到追捧，这也是美元表现抢眼的重要原因。美元的避险功能显然要促使美元指数回升，而指数回升以后，英镑/美元出现杀跌也是在所难免的事情。实战当中，2008 年金融危机对外汇价格走势影响深远。在金融危机持续爆发阶段，美元的强势表现为投资者做空英镑/美元提供了机会。

美元指数、英镑/美元——收盘线叠加图如图 2-7 所示。

看点 1：从图 2-7 可以看出美元指数与英镑/美元在 2012 年到 2013 年底的变化情况。收盘价格的涨跌变化，更容易被投资者发现其间的背离走势。特别是在 2012 年到 2013 年底，两者明显出现了背离的情况。波动空间虽然不大，美元指数与英镑/美元的背离波动却非常明显。

看点 2：在外汇投资中，投资者只要明确美元指数的强弱状况，能够准确判

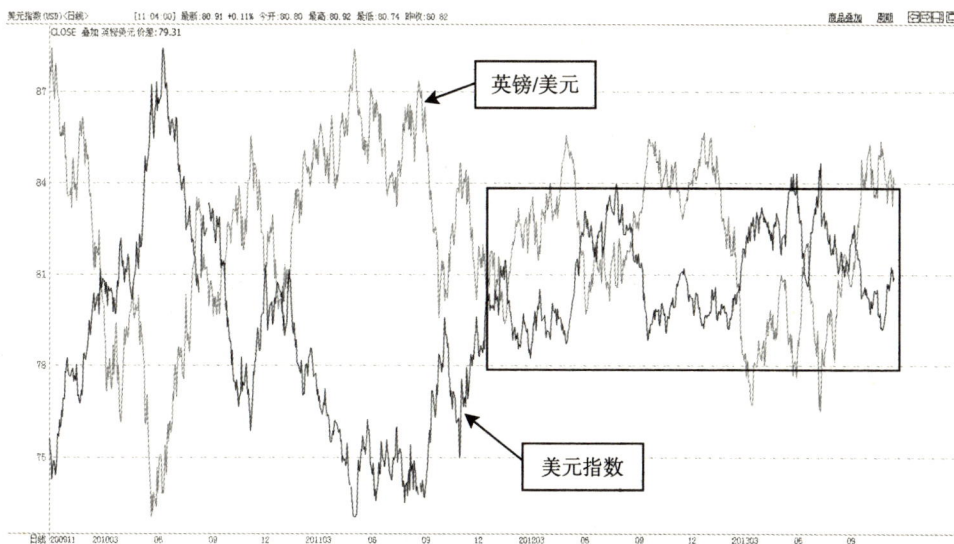

图 2-7　美元指数、英镑/美元——收盘线叠加图

断美元价格走势，就能够在外汇交易中盈利了。外汇价格的涨跌变化，其实已经明显体现出美元指数的影响。实战当中，弱势美元与强势美元转换的过程中，发现盈利机会并非难事。与其说分析众多货币的汇价走强，倒不如集中精力分析美元的价格走势，更容易获得投资成功。

　　看点 3：外汇价格涨跌变化，其实就是分析美元以及重要流通货币（欧元、日元、英镑、澳元、加元和瑞士法郎等）的强弱变化，而蜡烛图的形态特点是美元指数涨跌变化的重要体现。实战当中，不管是计算周期为 1 日、1 周还是 1 小时的蜡烛图走势，分析美元指数变化对投资者外汇交易意义都非常大。

三、大宗商品价格对蜡烛图的影响

1. CRB 指数与蜡烛图

　　反映大宗商品价格综合涨跌变化的 CRB 指数，是投资者分析汇价走势的重要影响因素，特别是针对商品货币的分析上，投资者更不能轻易忽视。CRB 指数反映了大宗商品价格的基本运行趋势，由于美元指数存在背离倾向，这对投资者理解汇价走势有很大帮助。大宗商品价格以美元计价，自然美元上涨的时候，以美元标注的大宗商品价格会出现回落走势。如果美元的地位依然维持强势，大宗商品价格与美元指数这种背离走势会得到延续。

美元指数、CRB指数——日K线叠加图（1）如图2-8所示。

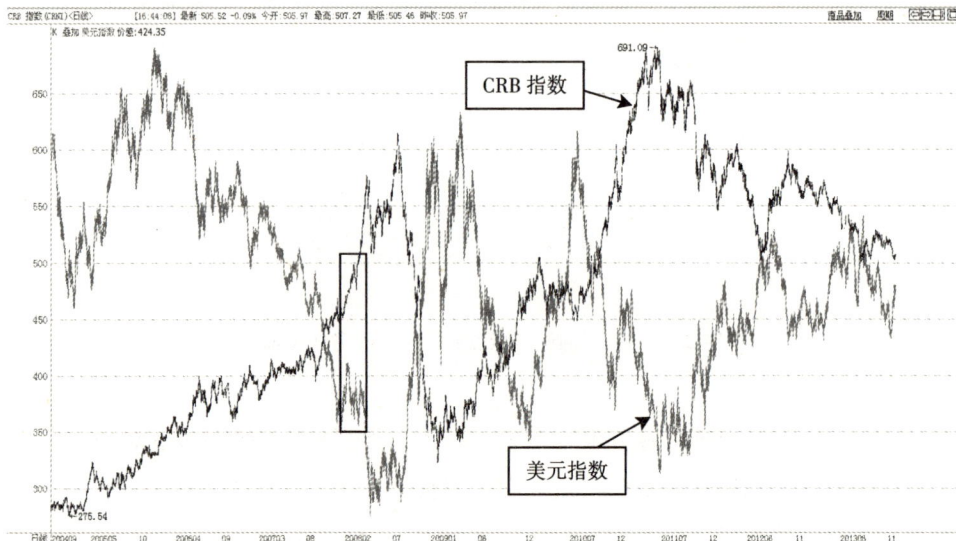

图 2-8　美元指数、CRB 指数——日 K 线叠加图（1）

看点 1：图 2-8 显示，美元指数与 CRB 指数的日 K 线叠加图中，两者明显呈背离形态。在投资者判断 CRB 指数处于单边趋势的时候，美元指数必然是背离运行的。从外汇分析的角度看来，美元指数可以由大宗商品指数 CRB 来判断方向。

看点 2：CRB 指数的大趋势是向上的，而一旦出现逆转，将是投资者判断美元指数操作机会的关键部位。CRB 指数高位回落，是美元指数触底反弹的信号。而 CRB 指数触底回升之时，美元指数又会对应出现顶部形态，并且进入下跌趋势中。

看点 3：实战当中，两者的背离形态有时候会出现一些不同的地方，短时间内 CRB 指数与美元指数同向波动的情况也会存在，不过这不影响两者长期背离的形态。图中的矩形区域中，美元指数几乎是单边回升的情况，但 CRB 指数短时间内双向波动异常明显。之后，两者依然是背离的走势，美元指数继续回升而 CRB 指数再次回落。

美元指数、CRB 指数——日 K 线叠加图（2）如图 2-9 所示。

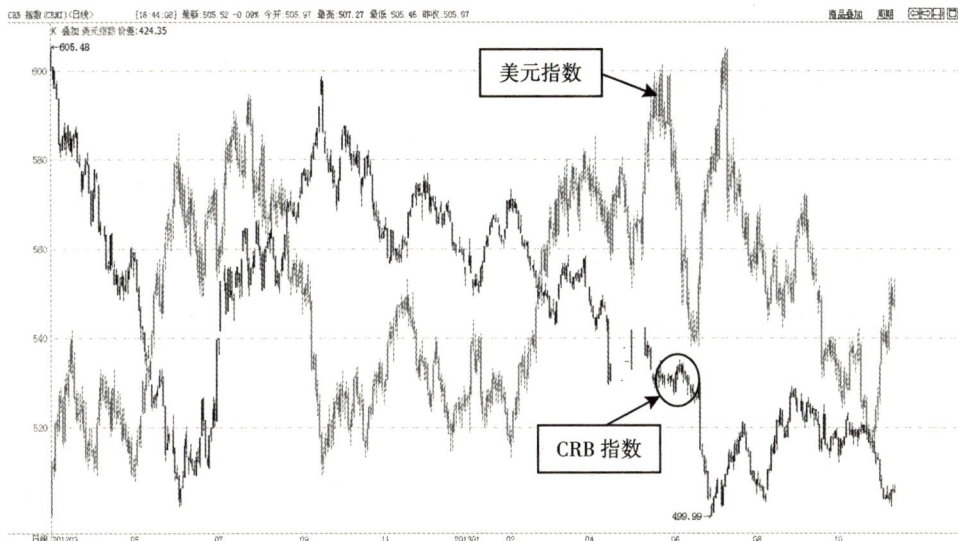

图 2-9　美元指数、CRB 指数——日 K 线叠加图（2）

看点 1：图 2-9 显示，美元指数与 CRB 指数的短期运行情况，日 K 线中两者背离运行情况也是比较明显的。不过从细节上分析，两者虽然是背离的情况，但背离并不是那么严重。图中椭圆形区域的 CRB 指数，短时间内反弹空间有限，但美元指数下跌空间却比较深。

看点 2：从美元指数波动情况看来，相比 CRB 指数还是更活跃一些。美元指数的涨跌变化，并不是每一次都能引起大宗商品巨大空间的波动。而 CRB 指数波动空间较大的时候，美元指数波动空间一般会更大一些。这样一来，根据 CRB 指数的异动来判断美元指数的运行情况，就容易得多了。

看点 3：外汇市场上美元指数涨跌影响因素很多，而大宗商品价格 CRB 指数的运行趋势更加确定。从 CRB 指数来判断美元指数的走势，投资者也需要关注其他因素对美元指数的影响。

2. 黄金期货价格与蜡烛图

大宗商品价格与美元指数有明显的背离倾向，而作为大宗商品中的一员，黄金期货价格的走势，又与美元指数走势明显背离，这也是投资者判断蜡烛图变化的重要指标。黄金与美元指数之间存在某种负相关的关系，并且很多时候这种背离走势还比较强。这样一来，投资者就可以利用两者之间的背离倾向，来挖掘外汇品种当中存在的操作机会。

黄金期货价格走势与美元指数的关联度非常强，这也是用美元标价的黄金会有的价格走势。既然黄金是用美元计价的，美元上涨必然会打压黄金；同时，黄金价格的上涨或者下跌，也会因为美元下跌或者上涨，两者背离的价格走势，为投资者提供了不错的参与炒作的机会。

通过对黄金期货价格低点和高位的判断，投资者可以在准确衡量黄金价格强弱以及运行趋势的基础上，判断美元指数的运行趋势。主要流通货币汇率走势，对美元指数走势都非常敏感。汇率蜡烛图的涨跌方向，同样能在美元与黄金价格走势关系中得到体现。

美元指数、黄金 1406 合约——日 K 线叠加图如图 2-10 所示。

图 2-10　美元指数、黄金 1406 合约——日 K 线叠加图

看点 1：图 2-10 显示，美元指数与黄金 1406 合约的日 K 线叠加图中，两者之间的背离走势非常明显。在美元上涨期间，黄金明显出现下跌，而美元短时间内涨幅越高，黄金 1406 合约的跌幅会更深一些。

看点 2：图中矩形区域，是 2013 年黄金大幅度杀跌的价格走势，这个时候的美元指数表现比较抢眼，基本运行在高位。即便至短线回落以后，短时间内反弹速度也非常快,这也在很大程度上抑制了黄金价格的上涨。

看点3:通过对黄金1406合约的分析,对美元指数涨跌情况,投资者也会非常清楚。汇率蜡烛图中大阴线、大阳线的价格走势,可以从黄金价格异动中发现。特别是黄金价格大跌之时,美元短时间内表现非常抢眼,而美元对其他主要货币的汇率表现自然会比较好。

美元指数、黄金1406合约——收盘价叠加图如图2-11所示。

图2-11 美元指数、黄金1406合约——收盘价叠加图

看点1:图2-11显示,美元指数与黄金1406合约的收盘价格走势,两者逆向运行的情况更加明显。美元指数从高位的A点回落的时候,对应的黄金1406合约正处于价格低点的A1位置。而当美元指数高位回落至B位置以后,黄金价格已经处于B1的顶部了。当然,接下来的美元指数在C、D两个高位见顶之时,黄金1406合约已经跌至图中的C1、D1两个价格低点了。

看点2:值得关注的黄金1406合约的价格高位,出现在图中的B1位置上。B1位置的价格高位,显然已经成为黄金价格反转的起点。当金价处于历史高位390元/克附近的时候,逆转出现了。判断美元止跌回升的B位置,可以通过黄金顶部来看。

第三章　单根蜡烛线形态

一、十字星

1. 形态特征

在 K 线形态中，十字星是经常用到的 K 线形态。汇价涨跌过程中，上涨或者下跌的空间可能非常小。在价格波动完成以后，很可能是以十字星的形式结束的。这样一来，判断期间的操作机会时候，就可以从十字星的角度来看了。

从实体大小判断，十字星的实体非常小，甚至没有实体。但是，价格波动空间是存在的，K 线存在很长的影线。下影线很长，表明汇价探底回升；上影线很长，说明汇价在波动期间冲高回落。在 K 线完成的时候，价格收盘在开盘价格附近，K 线形态上表现出来实体就不存在了。

2. 出现位置

十字星可以出现在任何位置中，对买卖有帮助的十字星形态，通常出现在汇价单边运行的时候。比如在汇价持续回升阶段，短时间内形成的十字星形态，虽然价格涨跌空间有限，但十字星以后的单边趋势还是有希望得到延续。这样一来，把握好这个时候的买点可获得利润。

在价格冲高回落或探底回升阶段，十字星同样能够作为反转形态，成为投资者建仓买卖的信号。如果汇价波动空间很大，有存在技术性调整需要，十字星以后很容易出现价格折返走势。

十字星出现在单边趋势，投资者可以根据十字星形态来考虑增加仓位。如果十字星出现在反转阶段，作为反转意义的十字星形态，就成为投资者逆市开仓的信号了。

3. 多空含义

十字星出现的时候，多空争夺虽然非常激烈，价格涨跌空间却不高。根据汇价所处的波动趋势，以及价格所处的位置，投资者能够判断将来买卖操作的方向。单边趋势中，十字星是投资者继续持仓的信号。如果已经根据趋势开仓获得利润，十字星出现以后还可以继续持仓，甚至增加仓位以便提高投资回报。

如果汇价波动空间持续提高，并且反转意义的十字星出现在价格高位，那么投资者可以据此判断操作方向。十字星出现的时候，价格波动空间很大，投资者在此之前的顺势操作已经获得不错利润。如果价格在十字星以后出现逆转，那么投资者可顺应价格波动开仓获利。

4. 实战操作

USD/JPY K 线图（1）如图 3-1 所示。

图 3-1　USD/JPY K 线图（1）

看点 1：图 3-1 显示，美元/日元的 1 小时 K 线图中，汇价冲高回落的时候，出现了一根明显的十字星形态。十字星的波动空间有限，价格继续回落的时候，投资者能够发现该十字星显然成为多空双方争夺的一个僵持点。僵持形态结束以后，汇价继续下挫。

看点 2：从十字星出现以后汇价下跌节奏看来，日元的下跌趋势还是很明显的。图中 B 位置的反弹走势中，汇价显然没有突破十字星出现以后的压力位。也就是说，与十字星收盘价持平的汇价上，反弹不可能得到延续。汇价继续从图中 B 位置二次回落，价格跌幅更深。

看点 3：十字星的形态出现在大阴线以后，是价格短暂的僵持阶段。过了十字星的调整期，大阴线杀跌还会继续打压汇价。图中 B 位置的反弹走势可以出现，在很多时候又不容易出现。毕竟日元处于回落趋势中，反弹只是价格短暂强势，不改变回落趋势。

USD/JPY K 线图（2）如图 3-2 所示。

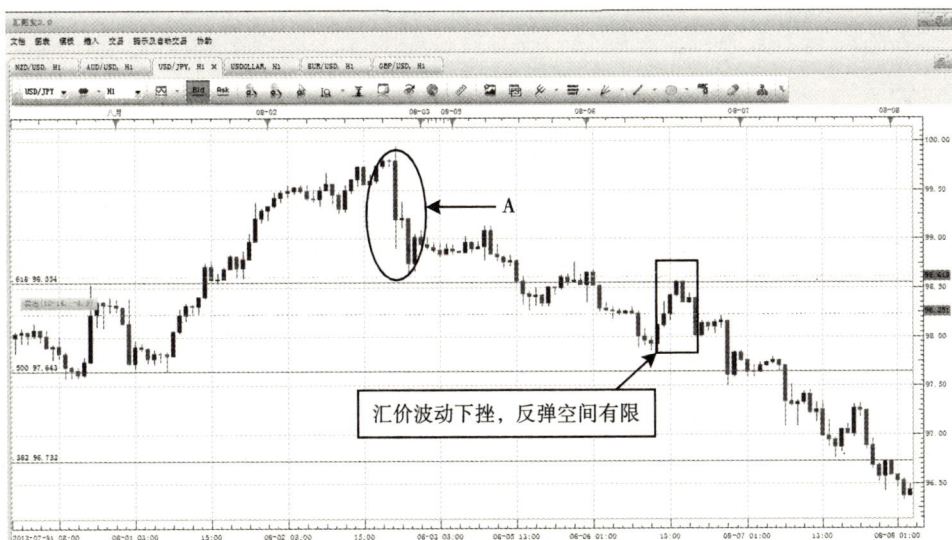

图 3-2　USD/JPY K 线图（2）

看点 1：图 3-2 显示，美元/日元的 1 小时 K 线图中，汇价持续下跌的过程中，反弹走势中价格波动空间有限。买涨投资者想要获得利润，困难程度可见一斑。随着下跌趋势延续，投资者能够发现日元的反弹非常有限。价格单边下挫的时候，做空投资者可不断获得利润。

看点 2：在日元开始回落的起点上，图中 A 位置的椭圆形区域中，正是日元反转的起点。两根大阴线夹一根十字星形态，是日元加速回落的信号。从这个位置开始，日元的下跌趋势逐步加速。做空投资者可以增加做空资金盈利。

AUD/USD K 线图（1）如图 3-3 所示。

图 3-3　AUD/USD K 线图（1）

看点 1：图 3-3 中，澳元/美元的 1 小时 K 线图显示，汇价明显出现了十字星形态。随着行情的延续，中阳线之后的十字星形态，成为突破高位阻力区域的重要起点。虽然澳元还未突破阻力位，但形态上具备走强的基础。不出意外，澳元将维持强势回升走势。把握好十字星位置的买涨机会，投资者依然能够盈利。

看点 2：从前期澳元汇价走势看来，已经明显出现过拉升的大阳线形态。在汇价高位横盘运行的时候，不经意出现的拉升中阳线，往往是改变这种调整形态的起始信号。十字星形态出现在中阳线以后，表明汇价短线冲高阻力较大。考虑到十字星的波动空间有限，投资者可以在这个位置买涨。

AUD/USD K 线图（2）如图 3-4 所示。

看点 1：澳元的 1 小时 K 线图中，十字星出现以后，接下来的一根大阳线形态，明确突破前期高位，促使汇价继续攀升。十字星形态显然没有改变澳元回升势头，根据"中阳线+十字星的形态"，投资者可以买涨盈利。

看点 2：大阳线出现以后，高达 150 点的涨幅，对买涨投资者来说的确是不错的盈利机会。汇价虽然波动空间很大，却也不经常频繁出现如此高的波动空间。前期澳元横向调整的过程中，想要获得超过 50 点的利润都很难实现，而该股在图中拉升出百点以上的涨幅，确实为投资者提供了不错的盈利点。

看点 3：十字星形态的出现，是任何投资者都不能轻易忽视的调整形态。调

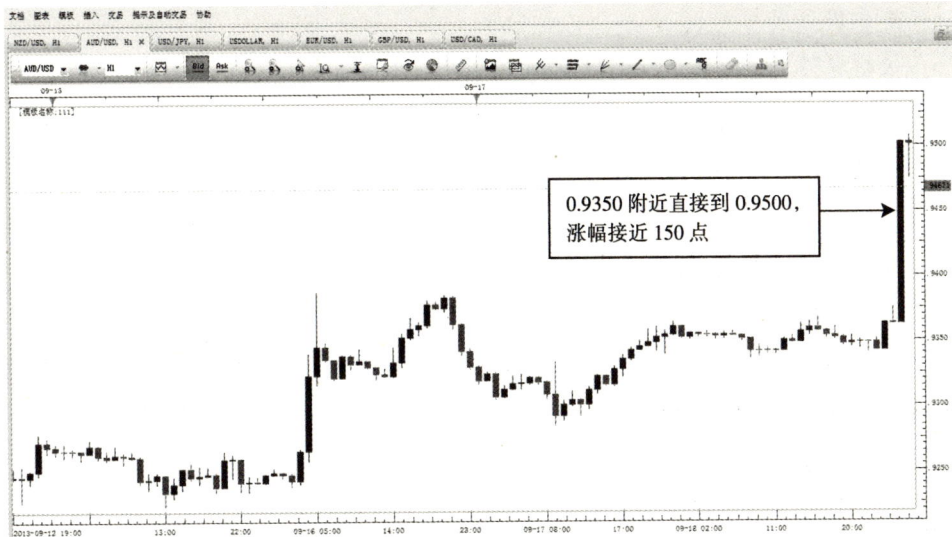

0.9350 附近直接到 0.9500，涨幅接近 150 点

图 3-4　AUD/USD K 线图（2）

整时间虽然仅仅持续 1 小时，却是价格加速单边趋势的信号。十字星结合已经出现的大阴线或者大阳线形态，可以断定汇价单边趋势会得到延续。

二、棒槌线

1. 形态特征

棒槌线形态与十字星形态非常相似，只是棒槌线形态不仅存在上影线和下影线，还存在一定的实体长度。也就是说，汇价波动过程中，价格存在向一个方向的涨跌空间。虽然汇价短时间内波动空间很大，价格依然会在宽幅震荡后完成一定的实体长度。这样，投资者也就有机会把握好其中的操作时机了。

棒槌线的形成，可以是价格突破前的异常波动信号，也可以是价格反转走势形成的信号。不管怎样，把握好这个时候的操作机会，盈利空间一定很高。投资者可以根据汇价前后价格变化，来判断棒槌线的意义，从而做出准确的操作选择。

2. 出现位置

价格突破之时以及汇价即将反转的时候，是棒槌线出现频率较高的时期。当然，调整形态中汇价波动空间有限，同样也是棒槌线出现的位置。在汇价大涨或者大跌之前，总会存在一些异动的情况。如果汇价即将大幅度回升，那么冲高回落的棒槌线，显然会为投资者提供这种看涨信号。棒槌线收盘的时候，汇价波动空间虽然很大，收盘价格上反映出来的K线实体并不长，主要是因为行情加速需要酝酿，冲高回落的棒槌线，无疑提供了买涨信号和开仓机会。

从棒槌线影线长度看来，如果影线很长的话，投资者更容易在这个时候发现汇价异动信号。棒槌线影响较长，指向的方向就是价格即将突破的地方。

3. 多空含义

从棒槌线表现的多空含义看来，前期汇价波动状况对判断多空影响很大。在调整形态中，棒槌线对价格走势影响较小。如果棒槌线的影线很长，向影线对应的反方向开仓，一般是正确做法。之所以会出现蜡烛图上的影线，说明汇价在这个方向上运行阻力较强。价格很难出现有效波动，收盘后完成的K线形态，表明价格向影线对应的反方向运行阻力较小。价格更容易出现逆市突破情况。

如果趋势上已经出现一些东西，棒槌线表现出明显的长影线形态。价格冲高回落或者探底回升的方向，是汇价将突破的位置，也是投资者可以开仓的盈利方向。事实上，棒槌线以后的K线形态，是非常重要的突破点。棒槌线还未完成的形态，可以在接下来的汇价走势中完成。

棒槌线成为趋势加速运行的起始点，表明主力在汇价波动空间增大之前已经有动作。价格在棒槌线形态上的异动，只是这一趋势开始的起点。

4. 实战操作

EUR/USD K线图（1）如图3-5所示。

看点1：图3-5显示，欧元/美元汇价出现了回落走势，图中大阴线后一根棒槌线，是多空双方争夺最为激烈的时刻。这个时候，虽然价格没有继续深跌，但趋势依然向下。把握好这个位置的卖点，投资者可以在欧元短线反弹的时候做空，以便增加做空利润。

看点2：大阴线的突破意义非常明确，价格很难在这个时候出现像样的反弹。棒槌线的形成，是大阴线作用下多空争夺激烈的产物。随着跌势延续，欧元自然回落下来。

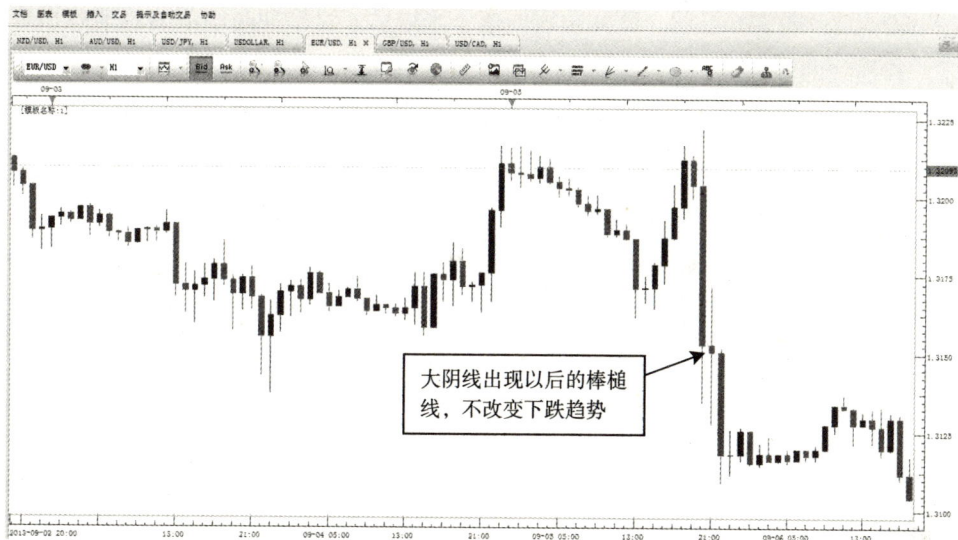

图 3-5　EUR/USD K 线图（1）

看点 3：大阴线对趋势影响很大，是改变汇价波动方向的重要看点。大阴线以后的棒槌线形态，实体很小，对趋势影响有限。不出意外，这种大阴线后出现的阴线棒槌线，是汇价进一步下跌的信号。操作上看来，投资者可以在棒槌线即将完成之时开仓做空，等待接下来的跌势中获得做空利润。

EUR/USD K 线图（2）如图 3-6 所示。

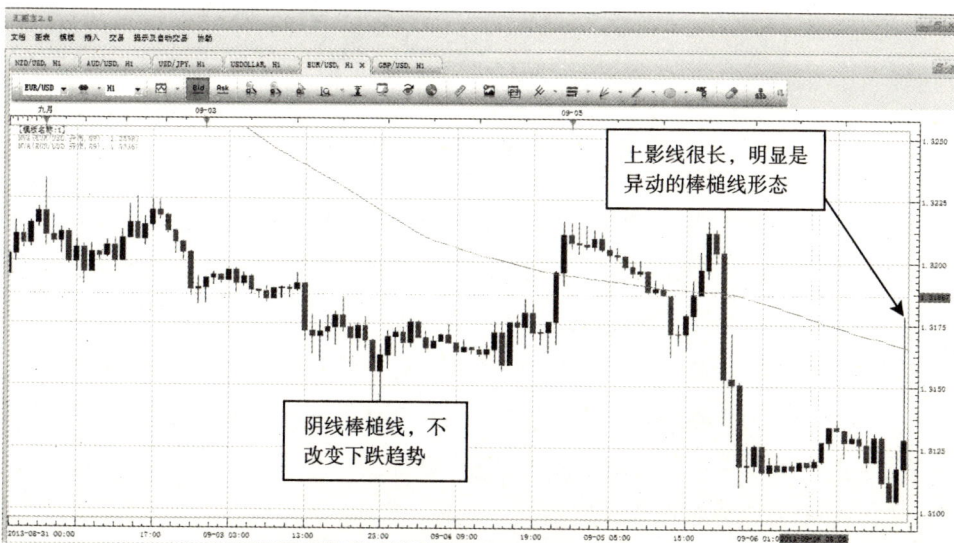

图 3-6　EUR/USD K 线图（2）

看点 1：图 3-6 显示，欧元短线回落下来以后，价格冲高回落的棒槌线形成了。棒槌线的上影线很长，显然是多方拉升前的突破信号。实体上看，棒槌线的实体与中阳线相似，说明看涨趋势还会得到延续。汇价向上有效突破前，欧元短线冲高回落依然蕴藏了很大的突破潜力。前期阴线实体很长，对汇价反弹影响很大，但不改变欧元短线强势状态。

看点 2：欧元 1 小时 K 线的 100 日均线附近，价格回升阻力很大。但是，棒槌线冲高回落以后，显然已经让高位做空投资者遭受损失。价格虽然冲高失败，做空投资者止损增加以后，欧元上行阻力会快速减轻，这也有助于欧元短线强势。

EUR/USD K 线图（3）如图 3-7 所示。

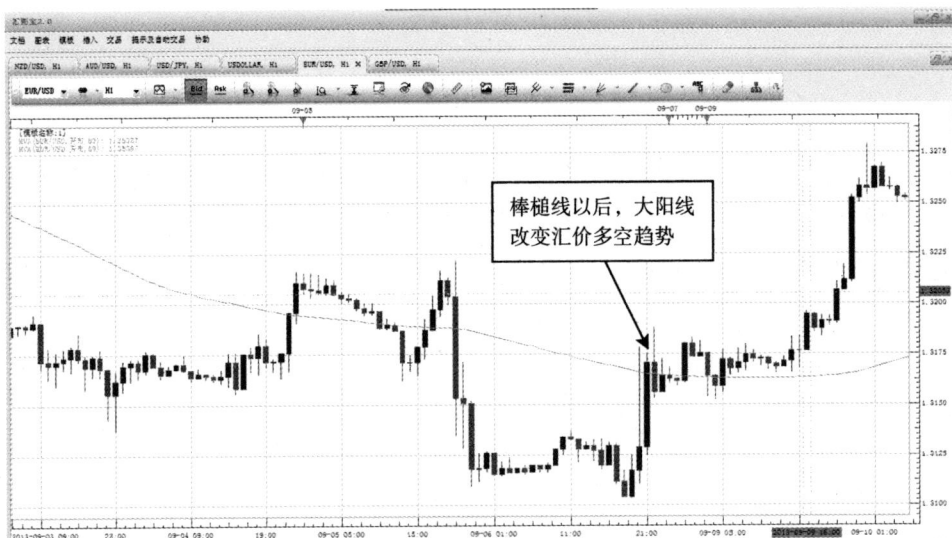

图 3-7 EUR/USD K 线图（3）

看点 1：图 3-7 显示，欧元短线冲高回落以后，棒槌线成为欧元加速回升起点。接下来出现的大阳线，改变了欧元短线弱势的状态。汇价在大阳线以后震荡走高，反转回升后上涨空间已经高达 120 点以上。

看点 2：实战表明，汇价表现出强势回升趋势的时候，投资者的获利空间在增加。棒槌线成为价格向上突破的重要看点。实体上分析，棒槌线的突破效果不明确，但接下来的一根回升阳线改变了这种状况。

GBP/USD K 线图如图 3-8 所示。

图 3-8 GBP/USD K 线图

看点 1：图 3-8 显示，英镑/美元的 1 小时 K 线图中，英镑短线杀跌以后出现了反弹信号。棒槌线的下影线很长，而收盘后完成了阳线棒槌线，明显带有支撑意义。从英镑的回落趋势看来，投资者在棒槌线以后买涨，汇价反弹后自然获得利润。

看点 2：棒槌线作为短线汇价反弹的信号，下影线起到非常大的作用。棒槌线的下影线很长，表明英镑短线获得强势支撑。价格短线反弹不足为奇。不过如果这种反弹没有回升趋势作为支撑，买涨还是应该非常谨慎。利润不可能轻易进入投资者腰包，关键在于把握好价格短线反弹节奏才能更好地获利。

NZD/USD K 线图（1）如图 3-9 所示。

看点 1：图 3-9 显示，新西兰元震荡走强，连续两次短线冲高的时候，价格却出现了冲高回落的棒槌线。大阳线以后出现棒槌线，实际上已经提示投资者接下来的新西兰元运行趋势。如果回升趋势非常强，该棒槌线也不会轻易形成。实际上，汇价短线遇到阻力，棒槌线是改变新西兰元回升节奏的重要看点。

看点 2：图中连续两次冲高的中阳线形态出现以后，新西兰元上涨空间不大。棒槌线出现以后，该货币对显然有完成双顶的可能性。一旦新西兰元短线继续下跌，双顶形态将促使汇价持续走低。这个时候，把握卖点的投资者应当可以获得不错的回报。

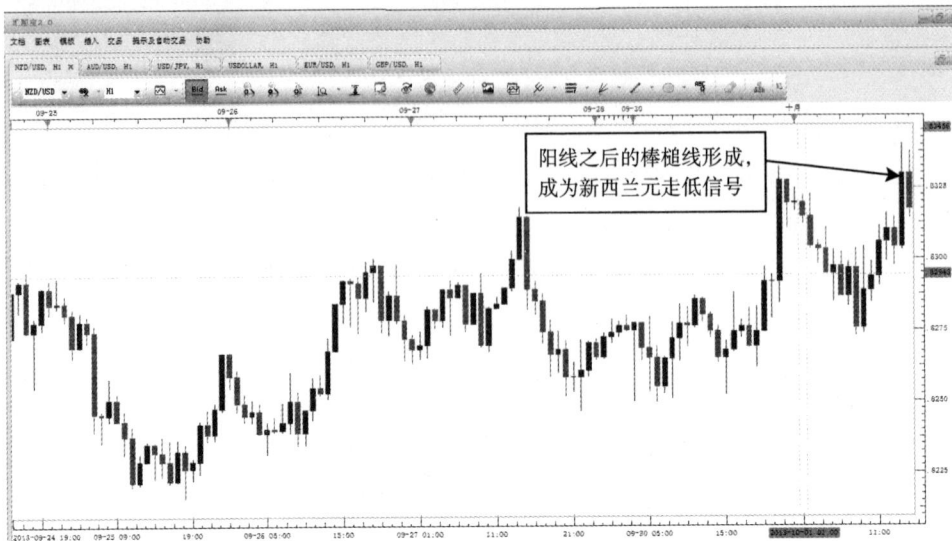

图 3-9　NZD/USD K 线图（1）

看点 3：汇价显著回升以前，应该具备回升趋势以及突破信号。在回升趋势不够明确，而汇价向上突破力度不足的前提下，新西兰元 1 小时 K 线中完成的棒槌线，是投资者做空的重要看点。

NZD/USD K 线图（2）如图 3-10 所示。

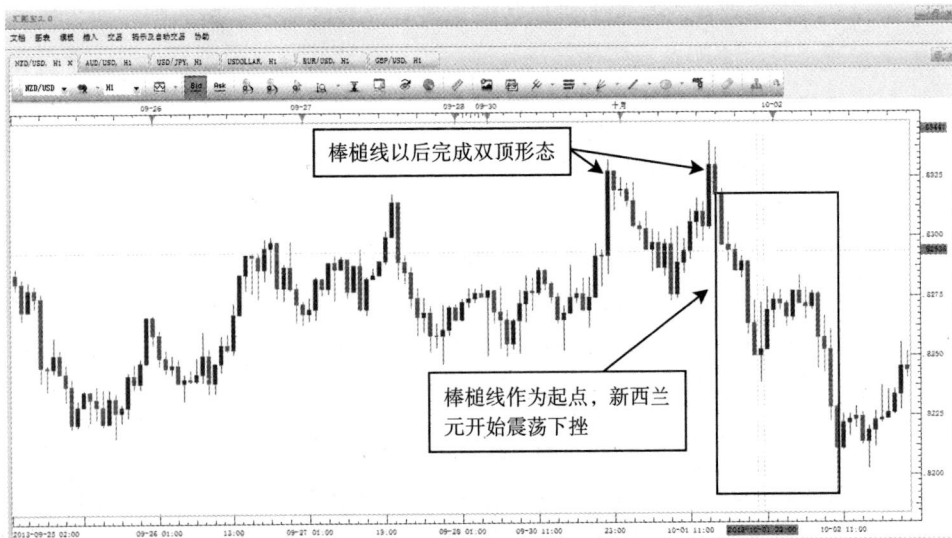

图 3-10　NZD/USD K 线图（2）

看点 1：图 3-10 显示，新西兰元短线下跌非常明显，汇价已经跌破短线低点，是投资者做空获利的大好机会。棒槌线成为汇价下跌的起始点，投资者不可不对其引起重视。

看点 2：棒槌线的实体较短，虽然没有跌破阳线实体，对趋势逆转却不容忽视。从棒槌线开始，新西兰元震荡下跌节奏得以维持下去。汇价的下跌速度不是很快，但跌幅不断扩大的过程中，投资者可以考虑在汇价逆转之初就开始增加做空资金。

看点 3：在棒槌线出现以后，新西兰元震荡下跌，双顶形态已经缓慢形成。当价格跌破短线低位的时候，双顶反转形态更加明确。这个时候，新西兰元再次连续回落，总计下跌空间高达百点以上。

三、小阴线

1. 形态特征

小阴线的 K 线形态，是比较常见的价格走势。小阴线实体长度有限，并且不具备较长的影线，是汇价下跌空间很小的 K 线形态。出现小阴线的情况可以是单边趋势中、调整形态中以及价格反弹走势中。从操作上分析，投资者对小阴线的关注程度可以不要太高。价格跌幅不大的情况下，小阴线对趋势影响程度有限，多数情况下不能改变汇价运行趋势。

2. 出现位置

多数时间里，只要汇价波动强度不大，都容易形成小阴线形态。小阴线实体较小，不具备长影线，是汇价调整走势中出现频率很高的形态。小阴线可以出现在任何价格走势中，只要汇价短时间内波动空间不足，就会在 1 小时 K 线中完成小阴线形态。根据汇价所处的运行趋势以及形态特征，判断小阴线的意义才会准确。单独一根小阴线形态，对投资者判断多空方向并无太大意义。

3. 多空含义

小阴线可以成为回升趋势反转的起始信号，也可以是下跌趋势中短暂调整的形态，同样可以是价格调整过程中的形态。

在反转形态中，汇价上行阻力较大，价格涨幅逐渐收缩的时候，小阴线的出现，加速了汇价见顶。从小阴线的回落开始，汇价的下跌趋势将逐步加速。从汇价跌幅看来，小阴线出现以后，汇价的下跌空间会逐步扩大。越是这种情况下，投资者增加做空资金的获利空间越高。

在下跌趋势中，小阴线的出现，并不改变回落态势。这个时候，投资者可以有更多的机会来增加空单规模。既然小阴线不改变回落趋势，那么投资者的做空操作毫无疑问将获得回报。价格下跌过程中，小阴线是蓄势待发信号，也是增加空单利润的起点。

4. 实战操作

EUR/USD——调整形态中如图 3-11 所示。

弱势调整形态中，小阴线出现最为频繁

图 3-11　EUR/USD——调整形态中

看点 1：图 3-11 显示，欧元/美元的 1 小时 K 线形态中，随着汇价的持续回落，跌幅不断扩大以后，欧元 1 小时 K 线中表现为跌幅有限的小阴线形态。调整形态中，价格下跌空间有限，但趋势还未发生转变。这个时候，正是投资者做空的机会。

看点 2：在没有任何征兆的情况下，小阴线频繁出现，实际上已经表明欧元下跌趋势得以延续。价格在连续缓慢回落的过程中下挫，做空机会是很多的。

看点 3：一般情况下，小阴线对趋势的延续并不产生明显影响，除非价格以小阴线的方式不断调整，并且完成了反转形态，否则投资者做空将是获利的唯一机会。

获利空间大小，关键要看趋势大小。欧元回落过程中，短时间内创造的做空回报并不高。不过随着趋势的延续，像小阴线这样的K线形态，都已经成为投资者获得利润的机会。价格下跌空间是逐步加深的，欧元的下跌节奏将会加速。做空在欧元加速回落之前，无疑是获利的机会。

EUR/USD——价格反转的顶部如图3-12所示。

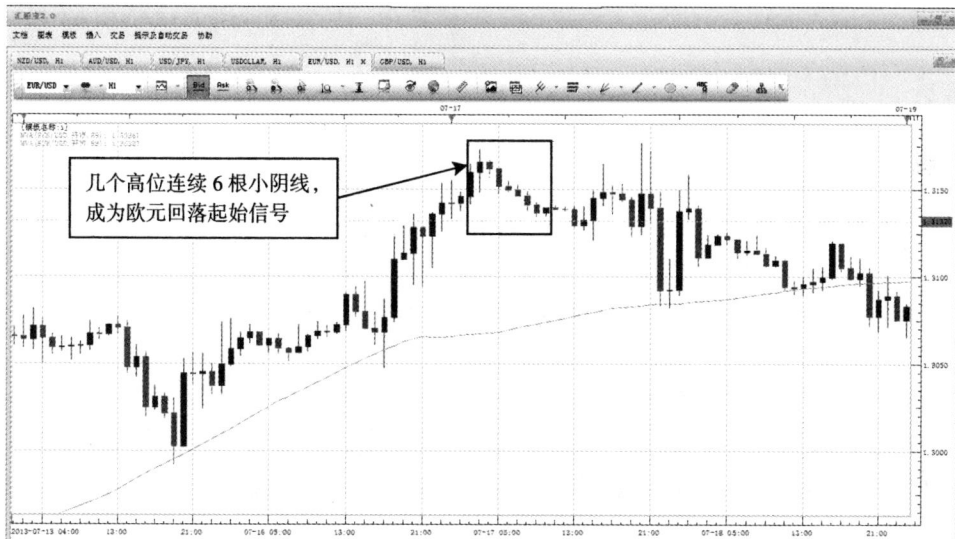

图3-12　EUR/USD——价格反转的顶部

看点1：图3-12显示，欧元1小时K线图中，汇价持续上行以后，价格出现了明显逆转。连续6根小阴线出现以后，欧元下跌趋势依然延续。虽然汇价波动空间加剧，但欧元整体弱势还未出现改观。这样一来，把握好卖点的投资者依然可以盈利。

看点2：从反转形态阶段，连续出现的6根阴线，与之前的6根回升阳线对应，完成了欧元高位反转的形态。这样一来，频繁出现的小阴线，已经不单单是量上的积累了，更是汇价转变趋势的质的变化了。

看点3：从小阴线以及之前的多根小阳线的组合形态判断，欧元回落态势得以延续。面对100日均线的支撑位，欧元下跌节奏并未出现改变。连续回升小阳线与连续回落小阴线一起，构成了欧元尖顶反转形态。在欧元短线反转以后，汇价波动空间持续扩大，但整体回落趋势得以延续。

EUR/USD——价格反转的底部如图3-13所示。

图3-13　EUR/USD——价格反转的底部

看点1：图3-13显示，欧元的1小时K线图中，汇价短线冲高回落以后，两根连续出现的小阴线形态，实际上具备了反转意义。考虑欧元短线强势回升，下跌后出现了跌幅不大的两根阴线形态，是支撑较强的体现。考虑欧元的回升态势明确，短线在双阴线形态上做多，无疑是盈利机会。双阴线构成了欧元强势回升的支撑形态，是价格走强的重要看多位置。

看点2：小阴线虽然不改变价格运行趋势，但结合欧元的冲高回落走势，投资者能够发现这个位置的双阴线，是多方短线强势后形成的。既然欧元处于反弹阶段，继续下跌又不容易形成，那么欧元从双阴线反弹的概率就增加了。图中欧元从双阴线回升以后，投资者短线买涨自然可以获利。

看点3：汇价波动总是双向的，特别是在时间较短的时候，汇价出现明显的突破更不容易。欧元短时间内企稳在双阴线上，便是这种情况。

四、小阳线

1. 形态特征

小阳线形态中，汇价波动空间有限，价格短线小幅度回升以后，完成了阳线形态。小阳线的实体小，影线更小，对短线价格运行趋势影响有限。特别是在调整阶段，小阳线并不具备大阳线一样的突破含义，表明投资者据此判断买卖方向还是很困难的。

2. 出现位置

小阳线虽然不容易改变汇价波动方向，但出现小阳线以后，投资者能够发现小阳线对买卖的意义还是很大的。特别在回升趋势中，小阳线表明的看涨含义，同样对投资者做多有利。在趋势向上的时候，小阳线的出现，将会支撑汇价反弹趋势延续。事实上，小阳线是汇价走强的起始信号，是投资者不得不关注的买涨盈利机会。

调整形态中，小阳线出现的概率最高。但对于投资者而言，调整形态中的小阳线，并不能提供有效的买卖信号。这样一来，投资者只能根据汇价波动形态以及突破信号，来判断将来的操作时机。虽然交易的进行，汇价总会出现一些突破信号，那么小阳线之后出现的突破是开仓机会。

在反转走势中，小阳线的看涨意义值得投资者关注。如果价格处于回升趋势的话，那么投资者可以考虑。

3. 多空含义

在调整形态中，小阳线对趋势涨跌影响有限。价格波动空间不高的情况下，小阳线只是调整走势中的一个简单K线形态。不过在调整结束的时候，小阳线形态经常成为价格加速运行的起点。

从小阳线代表的多空含义分析，连续出现小阳线形态以后，价格回升趋势将会加速。而调整形态接近完成的时候，小阳线将成为汇价加速运行的起始信号。操作中，调整形态结束以后出现的小阳线，投资者做多是没有问题的。小阳线实体很小，但对价格回升趋势的推动是明确的。特别是出现在调整走势即将结束阶段，阳线实体的收盘价将处于调整形态以上，为投资者买涨提供支持。

连续拉升出多根阳线以后，这样的多根小阳线组合形态，与一根大阳线的意义相似，都是推动价格回升的突破形态。

4. 实战操作

GBP/USD——加速形态中出现如图 3-14 所示。

图 3-14　GBP/USD——加速形态中出现

看点 1：图 3-14 显示，英镑/美元的 1 小时 K 线图中，价格回升的过程中，一根小阳线成为英镑短线强势的起始点。回升过程中，英镑短线调整，小阳线的实体很短，却明显向上突破，成为英镑加速上涨起点。

看点 2：操作上看来，把握小阳线的买点，投资者还需根据英镑回升趋势判断。毕竟英镑始终处于回升态势，价格调整只是暂时现象。"光头光脚"的小阳线形态，表明价格短线回升明显，为英镑再次拉升出大阳线提供支撑。

看点 3：小阳线出现比较频繁，但什么样的小阳线具备买涨含义，还需根据汇价波动趋势和小阳线形态特征来判断。回升趋势中，调整结束前出现的小阳线，如果阳线是"光头光脚"的情况，那么表明价格突破有效，是理想的买涨点。

GBP/USD——加速形态中连续小阳线如图 3-15 所示。

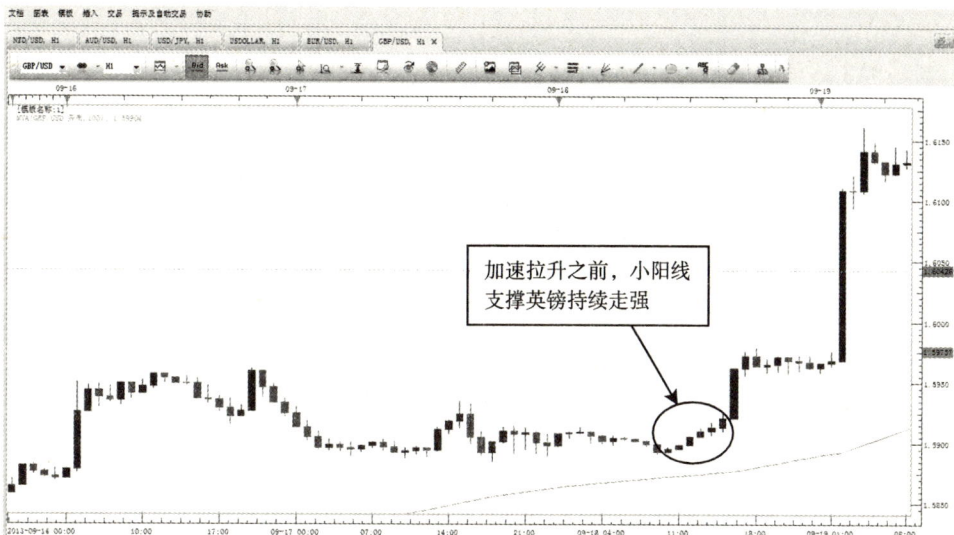

加速拉升之前，小阳线
支撑英镑持续走强

图 3-15　GBP/USD——加速形态中连续小阳线

看点 1：图 3-15 显示，英镑/美元的 1 小时 K 线图中，价格已经连续 6 小时收盘出现阳线形态，是英镑加速飙升的信号。连续回升小阳线形态，是相当明确的回升趋势。虽然 6 根阳线涨幅有限，但价格回升持续时间长达 6 小时，是趋势加速的信号。在 6 根小阳线后出现的中阳线，便是英镑回升趋势加速信号。

看点 2：汇价运行趋势的确认，要么在价格涨幅上实现，要么在回升时间上得到延续。不管怎样，如果价格回升趋势形成，汇价涨幅必然会很大并且持续时间也会比较长。而英镑的回升走势，就是这种情况下形成的。

看点 3：英镑从短线低点回升过程中，先以小步回升推动汇价走强，这个时候表现为连续拉升的小阳线形态。而接下来出现快速拉升的大阳线，推动英镑持续走强。最终，英镑实现了较大涨幅。可以说，如果没有连续拉升出的 6 根回升小阳线，那么英镑不可能出现如此高的涨幅。

GBP/USD——中继形态如图 3-16 所示。

看点 1：图 3-16 显示，在英镑的 1 小时 K 线图中，下跌趋势中的小阳线形态，表明汇价反弹强度有限，基本的回落趋势并未出现转变，投资者做空依然有利可图。这样判断，投资者可以在价格短线反弹小阳线形态中发现做空机会，并且开仓做空获得利润。

看点 2：在英镑回落过程中，小阳线反弹空间有限。即便是连续 3 根阳线反

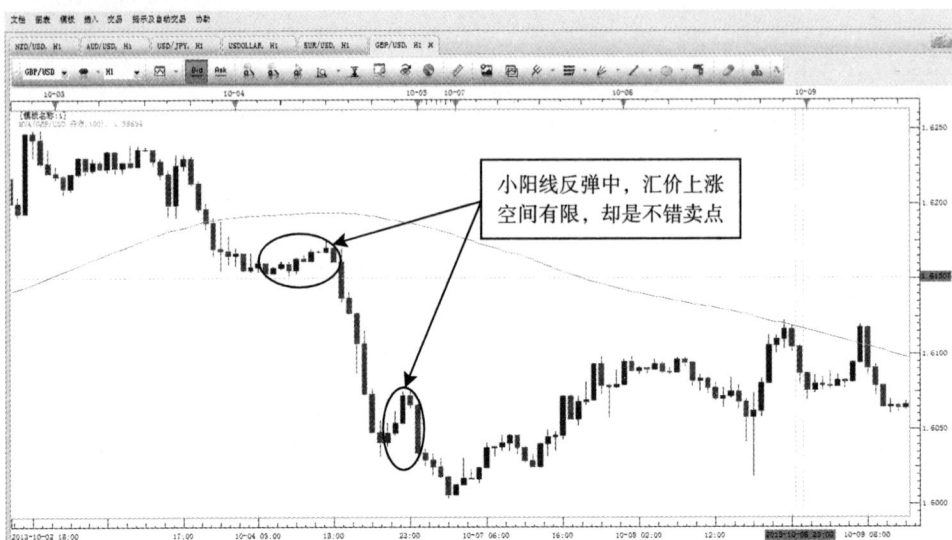

图 3-16　GBP/USD——中继形态

弹的情况下，英镑依然出现二次回落情况。可见，在下跌趋势延续的时候，任何企图买涨的做法都会遭到失败。

看点 3：判断小阳线调整形态对趋势的影响，还看汇价究竟处于什么样的趋势中。如果汇价波动趋势确认，连续出现小阳线调整形态，对趋势涨跌方向影响有限。投资者只要根据汇价波动方向判断买卖位置，就能够获得收益。价格如果处于下跌趋势，在小阳线以后做空没有问题。类似的情况下，回升趋势中出现小阳线调整走势，投资者买涨同样可以获利。

GBP/USD——加速回升 4 根小阳线如图 3-17 所示。

看点 1：图 3-17 显示，英镑/美元的 1 小时 K 线的价格低点出现连续回升 4 根阳线。第一根阳线是以十字星形态出现的，表明英镑短线出现反弹信号。而接下来的 3 根回升阳线，已经是推动英镑回升的明确信号。据此可以判断出，英镑已经处于反转当中。投资者可以采取行动做多，必然获得买涨回报。

看点 2：连续回升的 4 根阳线，显示英镑短线依然处于反弹阶段。不管反弹能否转变为真正的回升趋势，投资者可以在这个位置买涨。仓位上限定在总资金的 1/3 以下，这样既能在汇价反弹阶段获得利润，又能够减小持仓风险。

GBP/USD——汇价短线反弹 50 点如图 3-18 所示。

连续 4 根小阳线，推动英镑缓慢反弹

图 3-17 GBP/USD——加速回升 4 根小阳线

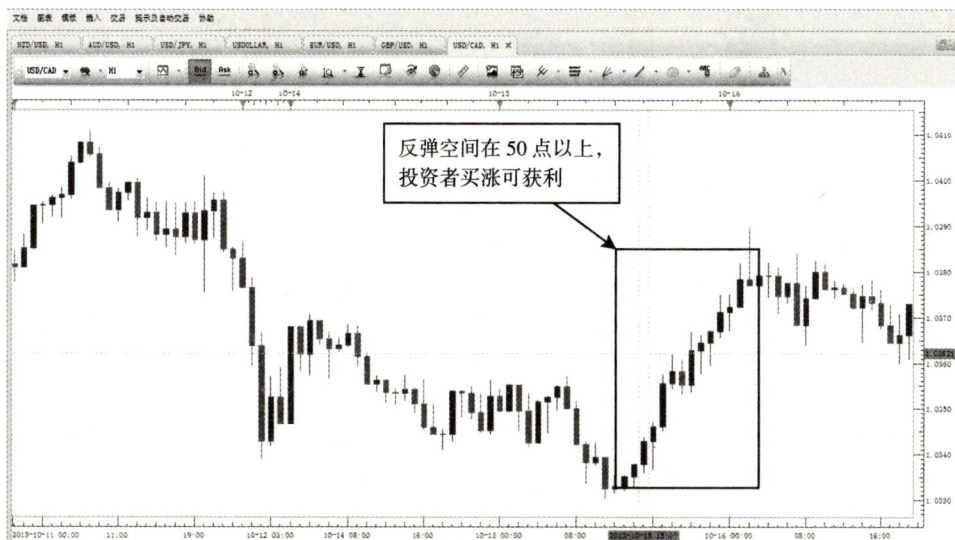

反弹空间在 50 点以上，投资者买涨可获利

图 3-18 GBP/USD——汇价短线反弹 50 点

看点 1：图 3-18 显示，英镑在连续回升 4 根小阳线推动下持续反弹，短线上涨空间在 50 点以上，已经为买涨投资者提供获利机会。虽然是汇价底部的小阳线形态，却能够明显推动英镑走强。这表明，在反转走势中，小阳线的上涨空间虽然不高，却是投资者不得不关注的反转形态。连续出现的小阳线，推动英镑走势非常明显，是不错的买涨信号。

看点 2：英镑短线反弹空间虽然在 50 点以上，却都是以小阳线的形式完成了大部分涨幅。也就是说，小阳线不仅在反弹的起始阶段扮演主要的推动角色，而且在英镑明显回升的过程中，也起到了同样的拉升价格的作用。

看点 3：投资者一旦开仓买卖外汇，就意味着一定要获得利润。不管是在价格缓慢运行的时候，还是在价格快速波动的时刻，都是这样的。而英镑从价格低点以小阳线形式反弹上涨的过程中，买点就出现在价格回升的时候。买涨在小阳线形态中，虽然投资者将不得不等待多达 10 小时，但这样的等待依然是有效的。价格从低点反转上涨的过程中，累计拉升多根阳线以后，投资者的确获得买涨利润。

五、大阴线

1. 形态特征

汇价波动强度较大的时候，回落过程中出现的大阴线形态，跌幅至少在 50 点以上。也就是说，大阴线出现了高达 50 点的下跌空间，才算得上真正的大阴线。特别是在行情出现逆转的时候，50 点以上的跌幅必不可少。大阴线的实体较大，而影线长度相比实体要小很多，这也是大阴线突破力度大的主要原因。

2. 出现位置

大阴线形态出现在汇价反弹空间较大的时候，当然，汇价上涨趋势的末期，以及价格下跌趋势的末期探底阶段，都是大阴线出现的位置。大阴线一旦出现，即便是明确的回升趋势都会受到影响。

在调整形态中，如果汇价走势很弱，调整结束以后很容易出现大阴线杀跌的情况。大阴线很快跌破了调整形态，打压汇价的力度空前高，是投资者做空的重要卖点。大阴线跌破调整形态，也是汇价反转走势开始的起点，投资者做空是没有问题的。当然，随着汇价下跌走势的延续，卖点还是会出现，不过早一点做空是没有问题的。

在回升趋势中，大阴线跌破了趋势线以后，投资者就会发现做空机会已经形成。支撑线对价格回升至关重要，一旦被跌破汇价就只有下跌了。实战当中，大阴线显示的做空机会非常有效，把握卖点的投资者可获得利润。50点跌幅以上的大阴线形态，能够突破简单的调整形态，是趋势逆转的信号。

3. 多空含义

大阴线是有效的下跌形态，是突破支撑位的重要K线形态，投资者可以在大阴线以后寻找恰当的卖点做空，一定可以获得利润。如果大阴线的收盘价对应的支撑不足，那么汇价继续下跌的概率就非常高了。在回升趋势中，大阴线就是破坏回升趋势、引领价格回落的重要信号。可见，把握好大阴线的做空机会，投资者必然可以获得利润。

大阴线实体较长，是趋势改变的重要信号。一般看来，不管大阴线出现在什么位置，都会改变汇价波动方向，是投资者做空的机会。大阴线出现以后，大批买涨投资者会因此被迫止损或者平仓。这样一来，汇价的下跌趋势就会得到延续了。

4. 实战操作

GBP/USD——跌幅60点大阴线形成如图3-19所示。

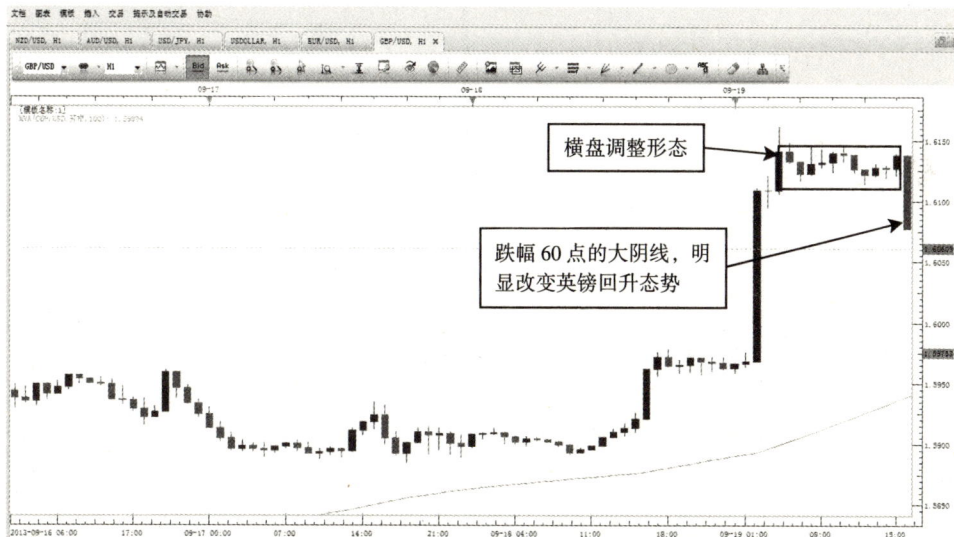

图3-19 GBP/USD——跌幅60点大阴线形成

看点1：图3-19显示，英镑/美元的1小时K线图中，汇价大幅度回升以后，横盘过程中一根跌幅在60点的大阴线打破了回升态势。从图中价格变化看来，该大阴线实际上已经逆转了英镑的回升趋势，为投资者做空获利创造了条件。

看点2：英镑大幅度杀跌之前，大阴线已经提示投资者做空机会。大阴线下跌空间还远远达不到前期英镑回升空间，但却明显改变了汇价上升势头。特别是在汇价横盘调整期间，短时间内杀跌回落的大阴线，为投资者提供了做空信号。把握卖点的投资者可以获得不错回报。

看点3：图中英镑以矩形调整形态完成了横盘动作，大阴线是打破多空平衡的重要信号。在已经做多的情况下，前边大阳线拉升的时候，多方已经获得不错的利润。大阴线的出现，只是改变多空盈亏状况的信号。行情还会继续向空方有利的方向运行，抓住阴线卖点就是机会。

GBP/USD——英镑继续回落（1）如图3-20所示。

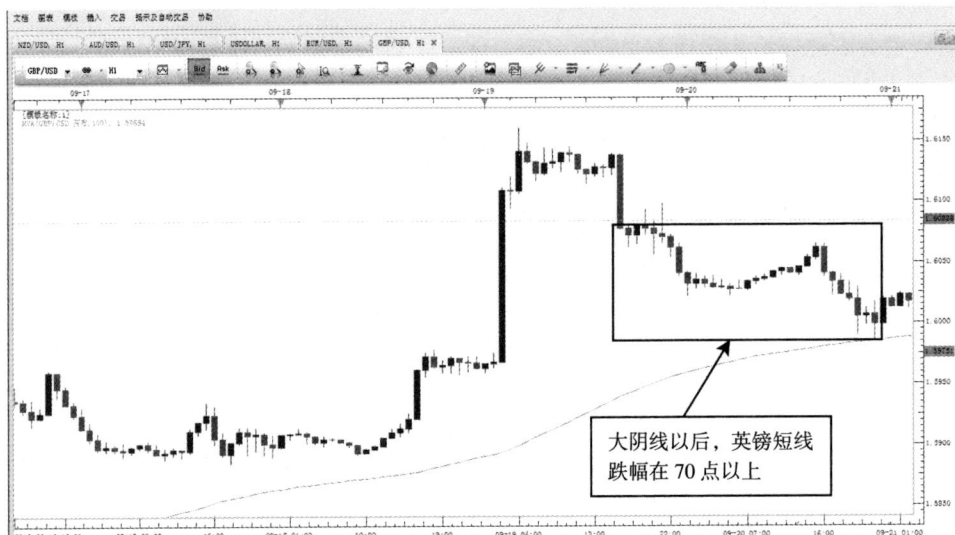

图3-20　GBP/USD——英镑继续回落（1）

看点1：图3-20显示，英镑完成了跌幅高达60点的阴线以后，汇价继续杀跌的时候，依然实现了70点的下跌空间。可见，大阴线以60点的跌幅收盘后，英镑还会继续下挫。从实战经验看来，大阴线可以瞬间打破多空双方的操作方向，看跌跌幅很深的大阴线，与接下来汇价继续下跌空间相比，还有很多差距。

看点2：英镑回落幅度虽然较大，但投资者依然有机会把握卖点。大阴线出现以后，英镑短线横向运行的小阴线形态，实际上已经提供了不错的卖点。价格短时间内回落空间有限，投资者依然可以做空获得利润。

看点3：大阴线出现在英镑高位横盘期间，实际上已经提示投资者英镑走弱的信号。接下来的价格缓慢回落态势，是汇价下跌趋势确认以后出现的。在实盘操作中，英镑的跌幅恐怕不会因为大阴线跌幅较大就再次反弹上涨。大阴线以后英镑快速进入调整期，这便是做空获利的时刻。

GBP/USD——英镑继续回落（2）如图 3-21 所示。

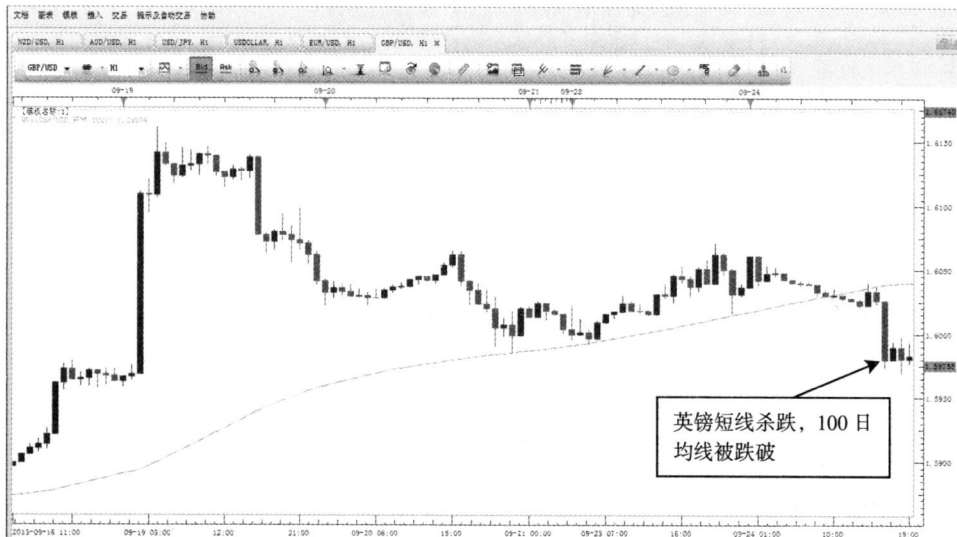

图 3-21　GBP/USD——英镑继续回落（2）

看点 1：图 3-21 显示，英镑的 1 小时 K 线图中，英镑继续回落的时候，明显跌破了 100 日均线。也就是说，前期大阴线导致的汇价快速回落的走势得到延续。英镑跌破 100 日均线，表明这一次的回调空间很大，投资者应该已经获得不错的回报。

看点 2：在回落趋势中，大阴线不仅提供了短线做空信号，而且为投资者持续做空提供了机会。大阴线以后的英镑回落态势很明显得到延续。即便是 100 日均线附近，英镑依然快速跌破。可见，大阴线逆转了英镑运行趋势，为投资者短线做空和持有空单创造了条件。

看点 3：从前期英镑拉升后涨幅看来，价格上涨空间很大，并且是以大阴线的形式完成的。因此，英镑继续跌破 100 日均线并且回落的走势，恐怕持续时间不会太长了。这样判断，投资者无疑可以在价格跌破 100 日均线以后兑现收益，以免汇价反复波动的过程中减少利润。

GBP/USD——最后一跌中大阴线（1）如图 3-22 所示。

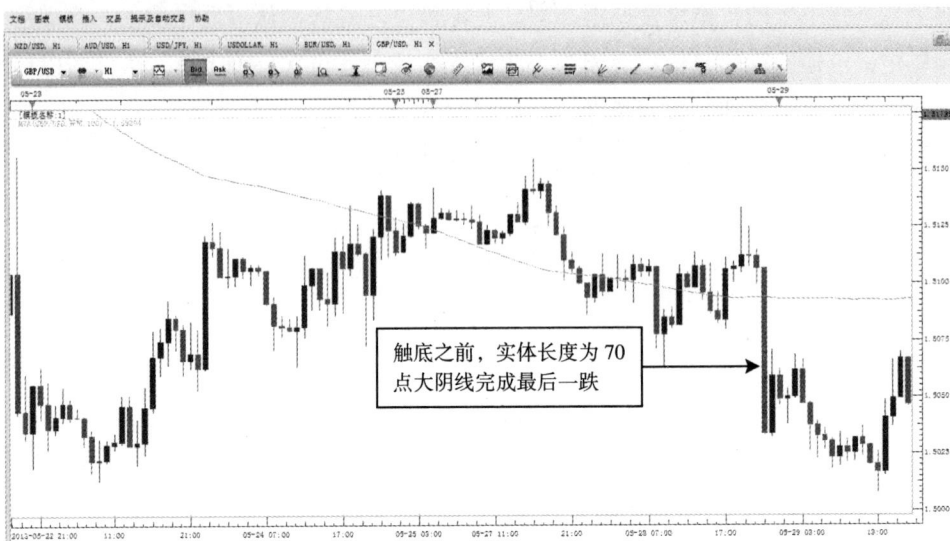

图 3-22　GBP/USD——最后一跌中大阴线（1）

看点 1：图 3-22 显示，英镑/美元的 1 小时 K 线图中，汇价弱势调整的过程中明显跌破了 100 日均线，但这也只是英镑探底的起点。大阴线出现以后，虽然英镑继续回落，但跌幅并不是很深。从大阴线收盘价算起来，英镑继续回落空间为 16 点，汇价便开始企稳回升。

看点 2：如果投资者判断汇价明显处于回落趋势中，并且出现了止跌回升迹象，那么汇价继续杀跌出现大阴线以后，很可能是最后一跌了。英镑虽然以高达 70 点的跌幅完成了大阴线形态，但接下来的汇价下跌空间有限，就说明大阴线成为空方最后一次大规模的做空行动。大阴线出现以后，汇价小幅回落便快速反弹的走势，表明空头趋势已经向多头行情转变。

GBP/USD——最后一跌中大阴线（2）如图 3-23 所示。

看点 1：图 3-23 显示，英镑不仅完成了红三兵 K 线形态，还促使英镑止跌回升，最终实现了反转走势。可见，英镑的反转走势还是非常明确的，价格逆转速度相对迅速，为投资者买涨提供了机会。

看点 2：大阴线实体虽然很长，出现在英镑回落低点的情况下，都很难再次打压英镑。这样一来，汇价短线企稳回升以后，低点的红三兵形态是理想的买点。红三兵形态持续 3 小时，虽然涨幅不大，却是难得一见的看多信号。

看点 3：图中 K 线形态表明，大阴线实际上挖了一个"大坑"，为继续做空

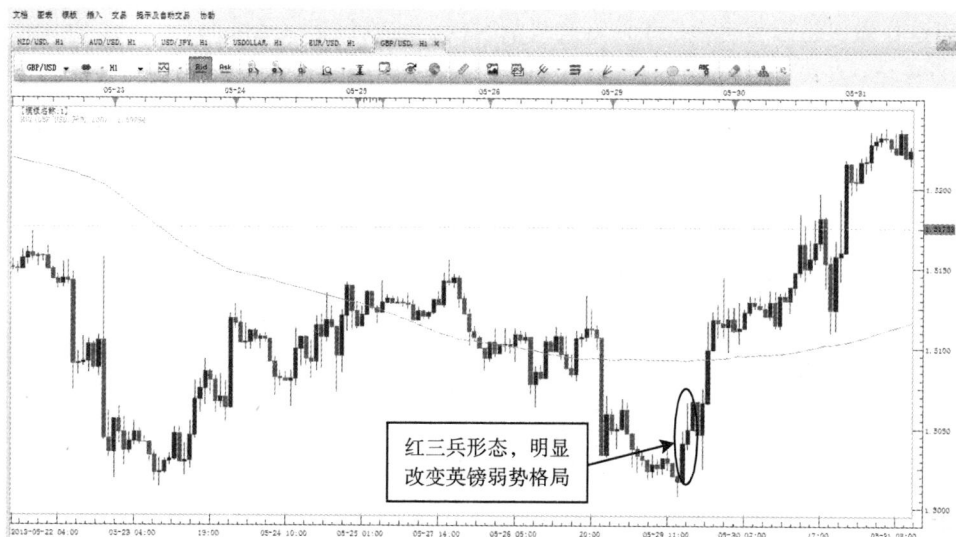

图 3-23　GBP/USD——最后一跌中大阴线（2）

投资者设置了一个陷阱。如果投资者继续考虑做空，短时间内虽然可以获利，随着英镑反弹企稳，损失将比短线做空获利要大得多。

六、大阳线

1. 形态特征

大阳线的上下没有影线或影线很短。从一开盘，买方就积极进攻，其间多空双方争夺激烈，但买方最终发挥最大力量，一直到收盘。汇价从开盘就持续飙升，直到收盘阶段完成了看涨的大阳线形态。大阳线出现以后，表明汇价强烈看涨。场内持有多单的投资者，更多的人会继续持仓获利。而场外观望的投资者，见到大阳线形态以后会马上买涨，自然推动回升上行。这样一来，根据大阳线判断买点，无疑是非常正确的做法。

2. 出现位置

大阳线形态可以出现在回升趋势中、调整形态中以及价格反弹走势中。回升趋势中，汇价已经处于多头行情，但投资者依然可以在这个时候开仓做多。之所以这样做，是因为价格处于回升趋势的时候，股价肯定会延续回升态势。这个时候做多无疑是正确选择。

大阳线在回升趋势中继续出现，显示多方做多意愿非常强烈。投资者做多还可以继续获利。不仅是在回升趋势中，突破调整形态的大阳线形态，也是投资者可以把握住的做多时机。事实上，股价可以在大阳线形成以后阶段性走强，那么买涨操作无疑可以获得利润。汇价以大阳线的形式突破调整形态以后，价格会进一步上行。投资者在大阴线以后很快就去建仓做多，是在行情出现前做了准备。

3. 多空含义

大阳线出现以后，除非是在技术性反弹阶段，否则投资者做多是没有任何问题的。多方买涨意愿非常强，不然汇价也不会以大阳线的形式大幅度上涨的。这样一来，根据大阳线形态表现出来的做多信号，投资者买涨没有任何问题。

大阳线出现以后，汇价可以一步到位地继续回升，也可以在十字星调整以后二次冲高。两者情况当中，投资者都可以在大阳线以后买涨，持仓便可获得利润。大阳线的支撑效果良好，将成为投资者做多的重要看点。

4. 实战操作

GBP/USD——突破意义大阳线如图 3-24 所示。

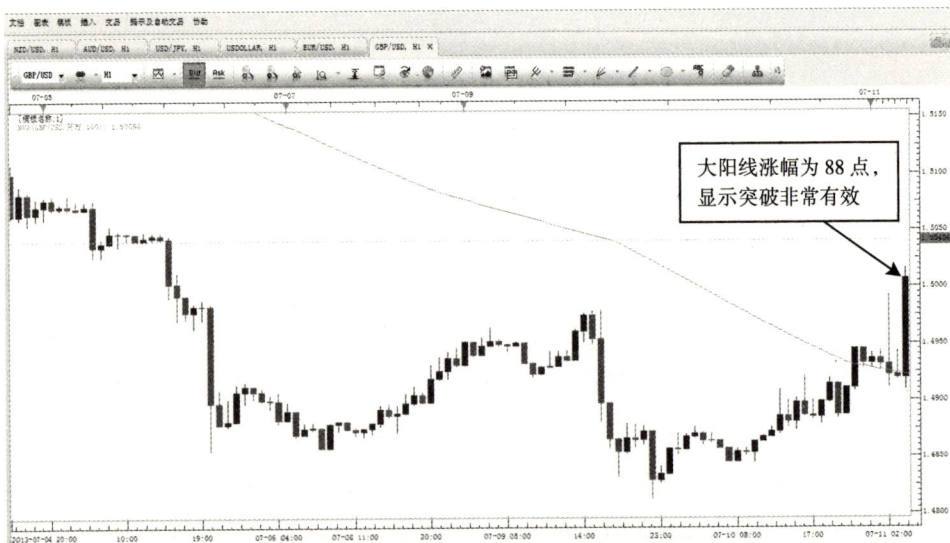

图 3-24　GBP/USD——突破意义大阳线

大阳线涨幅为 88 点，显示突破非常有效

看点 1：图 3-24 显示，英镑 1 小时 K 线图中，价格在短短 1 小时内飙升了 88 点，完成了回升大阳线形态。图中显示，大阳线有效突破前期高位，成为英镑走强的重要起始点。从这个位置开始，投资者就可以买涨了。

看点 2：英镑前期还处于持续回落的状态中，尽管出现了反弹走势，却没有逆转下跌趋势，但英镑反弹上涨并且拉升出高达 88 点大阳线以后，飙升势头显然能够延续下去了。投资者可以考虑做多开仓，短线依然能够获利。持续弱势下挫以后，英镑反弹空间很大，阳线涨幅很高的情况下依然存在上涨潜力。关键在于投资者敢于买涨并且继续持有多单，才可能抓住盈利机会。

看点 3：大阳线出现以后，英镑即便进入调整状态，也会出现非常明显的小 K 线形态。在大阳线首次向上突破以后，只要 1 小时 K 线还未出现调整的小 K 线形态，投资者就可以持仓获得收益。大阳线向上突破以后，汇价易涨却难跌。这样一来，把握买涨机会无疑是正确选择。

GBP/USD——汇价累计再次飙升 180 点如图 3-25 所示。

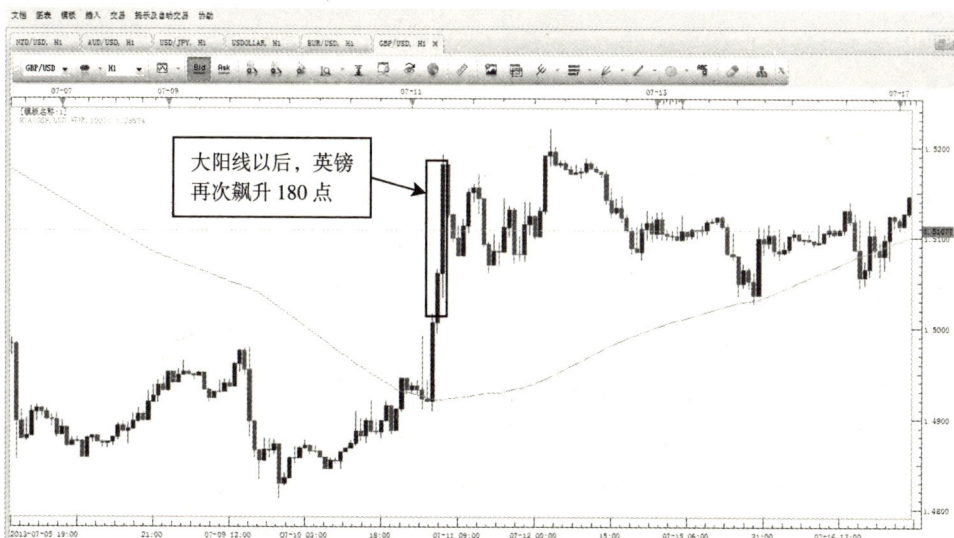

图 3-25　GBP/USD——汇价累计再次飙升 180 点

看点 1：图 3-25 显示，英镑真实汇价走势是，大阳线之后继续飙升了 180 点，已经为买涨投资者创造了丰厚获利机会。可见，大阳线突破以后，买涨投资者可以毫不犹豫地做多了。趋势刚刚出现的时候，价格上涨空间还很高。即便英镑短线调整，投资者也可以在调整出现以后再考虑减仓。大阳线出现以后做多是正确做法。

看点 2：真正的回升趋势中，大阳线也仅仅是突破口。英镑持续回升的大趋势，会因为大阳线的出现加速形成，却不会因为大阳线而开始长期调整走势。顺势操作的过程中，买涨在大阳线出现以后，无疑是正确选择。

GBP/USD——100 日均线以上的回升趋势形成如图 3-26 所示。

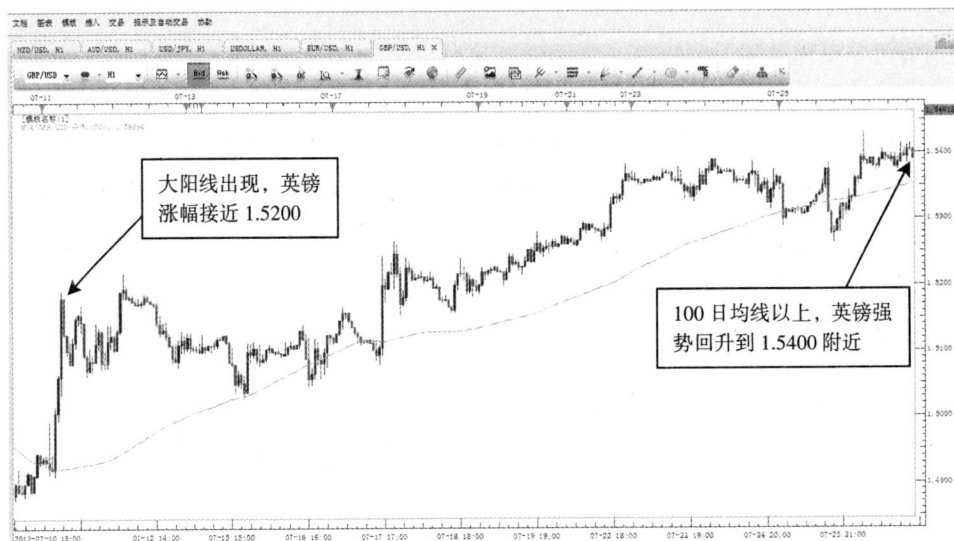

图 3-26　GBP/USD——100 日均线以上的回升趋势形成

看点 1：图 3-26 显示，英镑 1 小时 K 线中汇价持续飙升，100 日均线能够支撑英镑走强。前期大阳线的出现，显然对趋势影响很大，英镑回升趋势势如破竹。在大阳线确认回升趋势以后，操作上买涨是无须犹豫的。价格飙升时间较长，并且始终沿着 100 日均线走强，表明投资者的盈利非常容易。

看点 2：前期大阳线出现的时候，英镑冲高到 1.5200 附近。如果从 1.5200 算起，那么英镑上涨空间已经高达了 200 点，达到 1.5400 附近。可见，大阳线出现的时候，汇价上涨潜力还是很高的。英镑在大阳线中涨幅为 250 点，而大阳线以后汇价继续上攻 200 点就很能说明问题。

看点 3：大阳线出现以后，从买涨投资者来看，短线获利空间必然很高。而从做空投资者角度看来，汇价大涨必然遭受很大损失。这样一来，空方止损而多方盈利以后，场外投资者入场做多，就很容易推动价格回升。大阳线出现后英镑回调后继续大涨就是这种情况。

AUD/USD——澳元短线涨幅过高如图 3-27 所示。

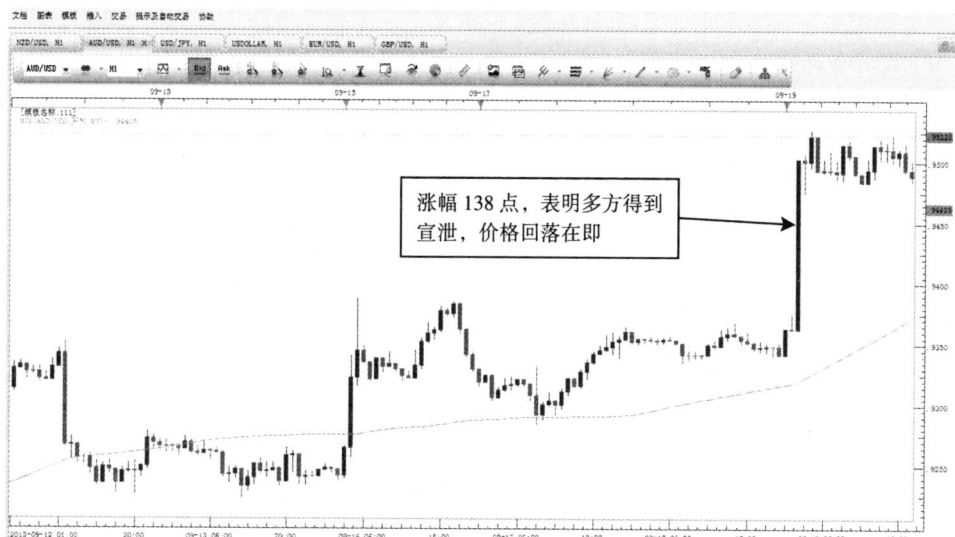

图 3-27　AUD/USD——澳元短线涨幅过高

看点 1：图 3-27 显示，澳元 1 小时 K 线图中，汇价高位横盘结束以后，一根长达 138 点大阳线向上突破，表明澳元短线上涨空间已经较大。一般情况下，大阳线出现以后汇价会继续上行。但是，澳元汇价走势有些不同。看似已经强势回升，但汇价短线上涨 138 点显然有过度释放多方能量嫌疑。这样，如果澳元短线表现不佳，投资者还是应该减少多单。

看点 2：大阳线出现以后，支撑力度必然很强。这个时候，投资者如果看到汇价处于弱势调整形态，那么短线减仓应对是最好的办法。汇价虽然短时间内跌幅有限，但价格如果长时间处于回落状态，持有多单势必遭受损失。与其说等待汇价继续走强，不如提前一步减仓应对，便可保住买涨利润。

AUD/USD——汇价下挫，投资者做空获利如图 3-28 所示。

看点 1：图 3-28 显示，大阳线出现以后，澳元上涨 138 点后弱势回调。从汇价下跌趋势看来，虽然每一次的调整空间都不大，但持续弱势回调以后总体跌幅还是很深的。澳元从 0.9500 附近下挫至 0.9300，跌幅也高达 200 点，明显已经吞噬了前期涨幅。

看点 2：澳元大幅上涨高达 138 点以后，汇价震荡走低的过程中，弱势回调跌幅远超过大阳线涨幅。可见，大阳线之后澳元近似形成了旗形形态。大阳线是

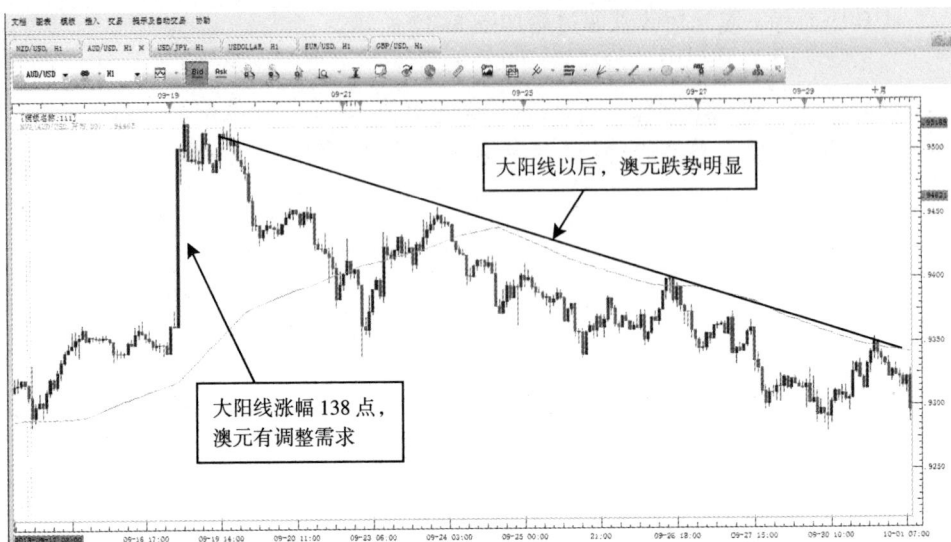

图 3-28 AUD/USD——汇价下挫,投资者做空获利

旗杆,而之后汇价弱势下挫的走势便是旗帜了。

看点 3:大阳线买涨的过程中,投资者需要考虑汇价所处位置。如果汇价并不具备大涨前提,那么大阳线以后买涨风险非常高。外汇投资中,资金主力可以短时间内拉升股价到高位,却在漫长等待中打压汇价。这样一来,买涨后获利容易,继续持仓却会遭受损失了。

七、锤子线

1. 形态特征

锤子线一般出现在下跌趋势中,是一根下影线很长而实体较短的 K 线形态。这样一来,投资者可以根据锤子线判断价格反转走势。锤子线虽然也存在上影线,但是与下影线相比较却可以忽略。锤子线下影线长度可以是上影线的两倍以上,是价格触底反弹的重要形态。

从形态特征看来,锤子线一般是探底回升阳线。锤子线的下影线越长、上影线越短而实体越小,这样的 K 线反转形态将更加有效果。

2. 出现位置

在汇价下跌的过程中，价格短线低点是锤子线出现的重要位置。如果汇价下跌空间较大，并且是持续连续下跌的形式出现的，那么投资者基本可以断定这个位置出现的锤子线，是非常理想的反转形态。考虑到汇价反弹效果很大，锤子线与汇价反弹走势形成的"V"形反转形态，将是理想的做多信号。

锤子线出现以后，价格反弹走势必然会形成。特别是在突破意义的锤子线出现之时，锤子线的阳线本身就能够突破一些 K 线形态，成为价格触底反弹的重要看点。这个时候，投资者买涨是没有问题的。从锤子线开始，汇价就已经处于回升趋势中。买涨操作无疑能够获得收益。

3. 多空含义

锤子线出现以后，汇价前后价格变化非常重要。锤子线之所以成为汇价走强的起始信号，与前后价格走势有很大关系。锤子线是价格反转的起始信号，而价格如果真的出现了逆转，才是投资者做多的机会。反转形态出现在锤子线以后，是投资者不得不关注的买涨机会。

4. 实战操作

GBP/USD——作为突破形态如图 3-29 所示。

锤子线下影线很长，而阳线实体完成逆转走势

图 3-29　GBP/USD——作为突破形态

看点1：图3-29显示，英镑/美元的1小时K线图中，汇价处于回升趋势中。不过考虑英镑前期涨幅较大，调整过程中英镑跌幅很大。下影线很长的锤子线出现在图中，表明短线英镑获得支撑有望走强。从锤子线阳线实体看来，明显突破了前期阴线，成为英镑反转形态。下影线长达100点，表明英镑短线调整明显获得支撑。长下影线的出现，说明价格已经经历了瞬间反转走势。英镑继续上涨趋势有望延续。

看点2：锤子线形态是汇价反转形态，同样也是价格加速回升的形态。就图中下影线很长的阳线来看，英镑快速回升空间很大，惯性上涨动力依然存在。持有多单的投资者，可以考虑在这个位置上做多获得利润。

看点3：在锤子线出现以后，汇价短线上涨空间会很大。价格从锤子线开始反弹的速度很快，这个位置上做多，投资者可以在很短的时间里获得利润，而不必经历长时间等待。锤子线是明确的反转形态，多数投资者都会意识到这一点。在价格有效回升的过程中，反转形态的意义将进一步得到验证。

GBP/USD——价格反弹后走势如图3-30所示。

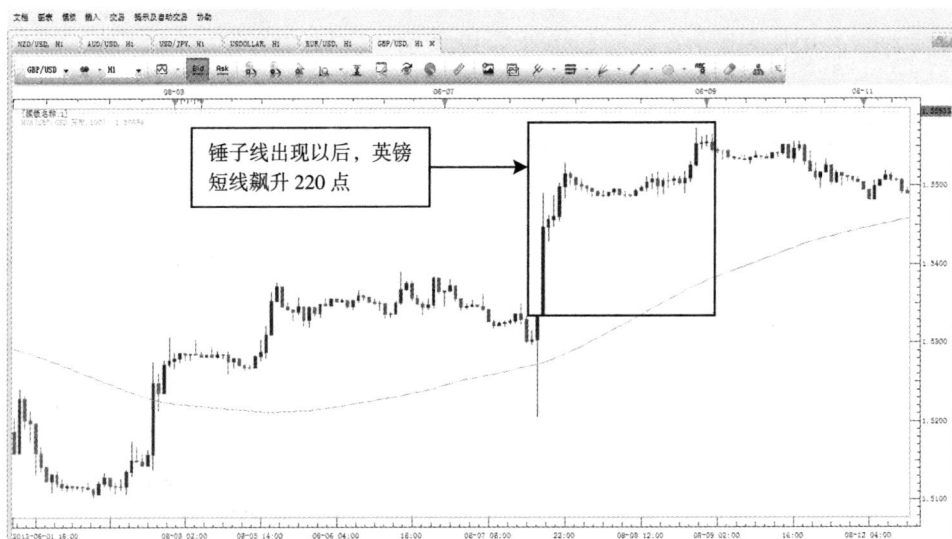

图3-30　GBP/USD——价格反弹后走势

看点1：图3-30显示，英镑/美元的1小时K线图中，汇价已经明显短线回升了。结合前期出现的锤子线形态，英镑回升趋势显然是在这之后出现的。在多头趋势中，英镑一旦形成回升趋势，上涨力度很大。而锤子线对英镑支撑非常有力度，价格大涨 220 点也自然是意料当中的事情。

看点 2：锤子线有可能出现在价格的最低点，当然短线底部的反弹过程中也可以出现。价格出现在回升趋势中，锤子线更是短线见底的重要信号。英镑 1 小时 K 线的锤子线形态，K 线低点就是从 100 日均线以上开始反弹上涨的，是投资者做多的重要看点了。

GBP/USD——锤子线的支撑长时间存在如图 3-31 所示。

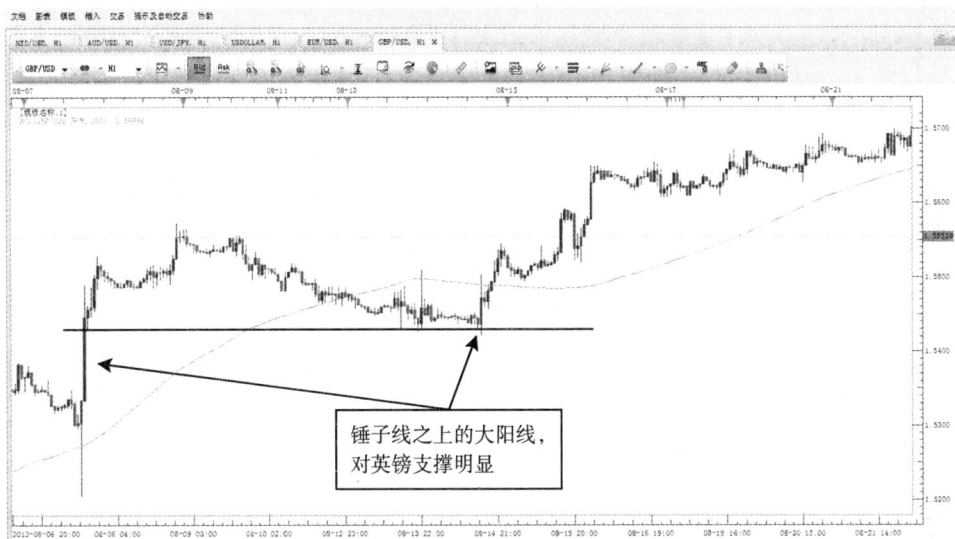

图 3-31　GBP/USD——锤子线的支撑长时间存在

看点 1：图 3-31 显示，从 1 小时 K 线形态看来，英镑的确在锤子线以后大幅上扬。锤子线出现以后，大阳线就很快形成。之后英镑冲高回落后获得大阳线支撑，依旧延续了回升趋势。短线低点形成的锤子线形态，显然已经成为英镑走强的重要看点了。

看点 2：锤子线与大阳线结合，是汇价反弹上涨的重要看点。从短线来看，英镑可以从锤子线开始加速上行；从中长期价格走势判断，汇价上涨趋势可以从锤子线、阳线的组合形态看，是支撑汇价长期飙升的重要形态。即便在汇价调整之时，投资者依然不能忽视这种形态的作用。

看点 3：锤子线可以说是阶段性低点的买涨信号，而当汇价短线冲高回落以后，支撑还不容易消失。既然价格已经处于回升态势，投资者倒不如采取行动做多，还是可以获得收益。在做多机会选择上，可以考虑在价格高位回落以后买涨。

GBP/USD——作为反转信号如图 3-32 所示。

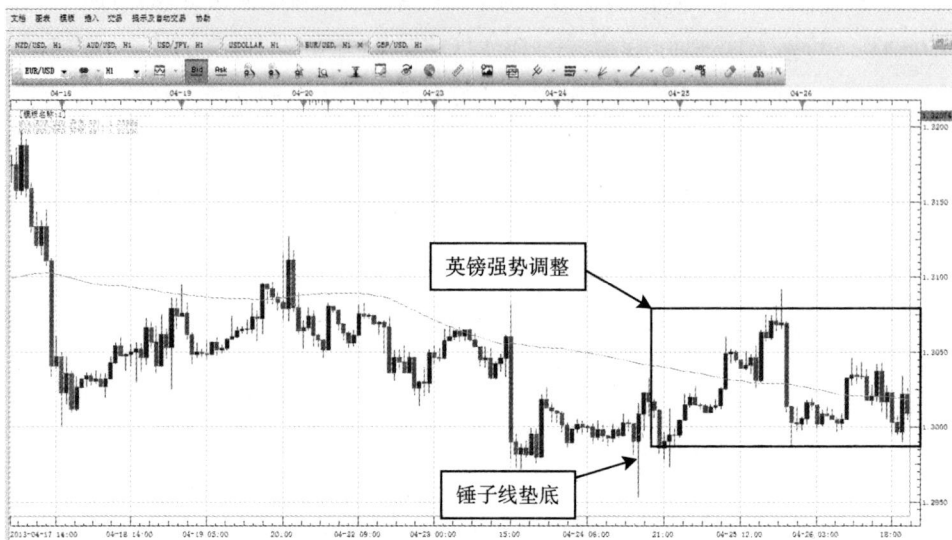

图 3-32　GBP/USD——作为反转信号

看点 1：图 3-32 显示，英镑波动情况非常复杂，但一根非常明确的锤子线成为价格走强的信号。图中显示，锤子线以上的价格走势看来很弱，但冲高回落的 K 线形态表明，英镑不具备再次回落可能。锤子线成为英镑短线强势的支撑形态，后市英镑冲高回落以后有望继续反弹。

看点 2：锤子线以后，汇价短时间内大涨的可能性存在，但短线冲高回落以后并不说明锤子线没有支撑效果。汇价大幅上涨之前，调整还需进行，英镑短线冲高回落以后，还未跌破锤子线，表明英镑二次反弹上涨可能性还是存在的。

看点 3：多方拉升汇价之前，也需要具备一定的条件。如果汇价调整并不充分，图中英镑冲高回落的走势就会形成。锤子线以后英镑冲高回落，但持续时间很短。这样一来，距离不远的锤子线形态，对英镑支撑作用依然会延续下来。操作上看，把握好锤子线的支撑点，买涨后设置止损在锤子线以下，有望重新获得做多利润。

GBP/USD——价格突破前高如图 3-33 所示。

看点 1：图 3-33 显示，英镑/美元的 1 小时 K 线图中，价格明显向上回升。前期英镑虽然冲高回落，但只是汇价二次飙升的起始信号。后市看来，英镑震荡上行的过程中，100 日均线提供了不错的支撑。而向上拉升大阳线的出现，正体

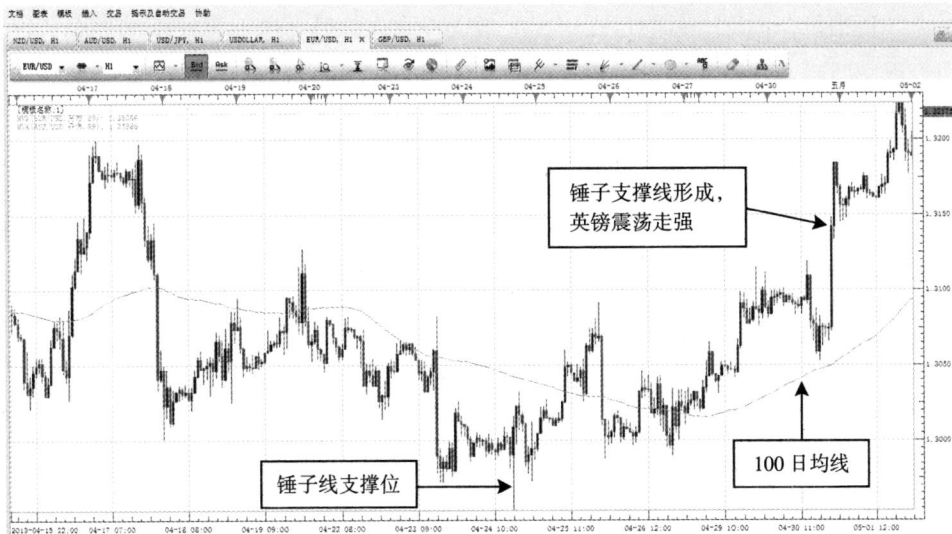

图3-33 GBP/USD——价格突破前高

现了英镑强势特征。

看点2：100日均线对汇价走势影响很大，是汇价强势上攻的重要看点。锤子线虽然出现在100日均线以下，恰好成为英镑反弹上涨的起点。后市看来，价格获得100日均线支撑以后快速上扬，显示出非常好的拉升意图。

看点3：在回升趋势中，英镑1小时K线中价格走势一波三折，但回升趋势未变。操作上看来，投资者可以在价格还未大涨之前买涨。既然锤子线已经确认了这一波行情，那么英镑拉升出大阳线之前，像样的调整不大容易形成。这样一来，投资者持有多单获利概率还是很大的。毕竟汇价上行趋势还远未完成，把握操作机会的投资者依然有获利可能。

八、上吊线

1. 形态特征

上吊线与锤子线相似，只是上吊线下影线几乎不存在，但上影线却是K线实体的两倍以上。这样一来，投资者可以发现，上吊线是价格高位回落的重要反转形态。特别是在汇价上行的过程中，上吊线将成为价格下跌的重要推动形态。价格上涨空间越大，而上吊线出现在价格高位以后，随之而来的跌幅也会越深。

当然，上吊线可能是汇价上行的起点，也可能是价格下跌的起点，这要看上吊线收盘是阴线还是阳线了。通常看来，阳线上吊线出现在价格回升趋势中，将是投资者做多的机会。多方拉升汇价上行的时候，遇到阻力回落以后，就会出现阳线上吊线。而价格一旦涨幅过高，冲高回落的阴线上吊线，也将成为价格反转向下的信号。

2. 出现位置

在价格大幅度上涨以后，投资者可以发现冲高回落的阴线上吊线。汇价上涨速度虽然很快，但很快冲高回落，表明前期涨幅需要释放很大抛售压力。已经获得买涨利润的投资者，会想方设法做空减小损失。

上吊线之所以能够成为投资者做空信号，与前期价格回升趋势有关。在价格已经处于回升趋势的情况下，连续拉升大阳线以后出现上吊线形态，是价格逆转的机会。投资者可以考虑短线减少多单数量，避免汇价下跌的时候出现损失。

3. 多空含义

出现在中阳线或者大阳线之后，上吊线显示出明确的冲高回落趋势，是投资者考虑做空的位置。事实上，价格高位下挫的过程中，投资者买涨机会很少。在上吊线出现之时，高位买涨的投资者已经出现损失。上吊线很容易成为反转形态的真实顶部，如果投资者不尽可能快速地减少持仓数量，损失瞬间放大后即难以挽回了。

中阳线或者大阳线配合阴线上吊线形成组合形态，是回升趋势中汇价见顶的重要形式。投资者一见到这种组合形态，就可以判断汇价已经成功见顶。随着行情延续，价格高位波动不会持续太长时间。价格更容易从价格高位回落下来，而上吊线便是这种回落趋势中的做空信号了。

4. 实战操作

EUR/USD——冲高回落信号如图 3-34 所示。

看点 1：图 3-34 显示，欧元 1 小时 K 线形态中，随着价格持续回升，阳线已经连续 5 次出现。不过在第 6 根 K 线中，虽然也是阳线形态，却是明显的阳线上吊线，可见欧元见顶势头已经相当明朗。上吊线出现以后，欧元短线横盘调整，波动空间非常小的连续 6 根小 K 线，表明欧元的弱势调整已经展开。结合上

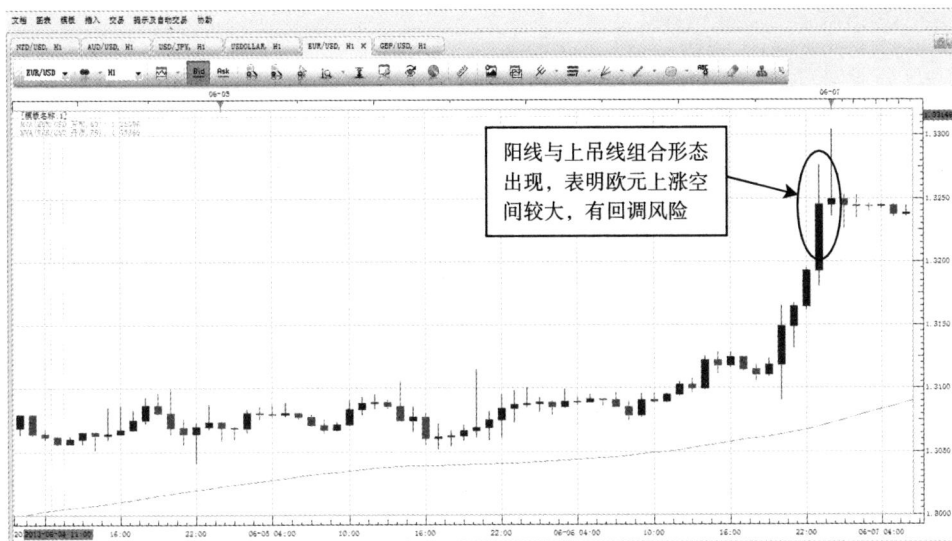

图 3-34　EUR/USD——冲高回落信号

吊线见顶形态，投资者无疑应该考虑做空了。

　　看点 2：连续拉升以后出现上吊线形态，表明上方做空压力较大。价格短线回落下来，是非常理想的做空时机。欧元前期持续上行以后，调整的起始阶段，欧元短线回调空间有限。这样一来，投资者可以考虑在价格还未大跌之前就减仓持股，这样可以免遭很大损失。

　　看点 3：越是弱势下挫的趋势中，价格回落下来以后遭受损失越大。欧元回调走势并非不会延续，只是在这个时候，多方买涨支撑了汇价高位运行。随着调整的延续，更大规模的下挫即将展开。

　　EUR/USD——价格回调走势如图 3-35 所示。

　　看点 1：图 3-35 显示，欧元高位震荡过程中，汇价波动空间瞬间加剧的时候，一根大阴线改变了欧元回调节奏。大阴线出现以后，欧元下跌行情进一步发酵。价格下跌空间还是很高的，不过投资者有机会在这个时候把握做空机会。

　　看点 2：在上吊线见顶以后，欧元下跌趋势明显。拉升阳线上涨的时候，大部分涨幅集中在 5 根阳线上，而价格回调的过程显然更长，表明投资者早应该做好做空准备。在价格弱势回调的过程中，很多投资者容易出现麻痹思想，以为价格跌幅不大，继续持仓也不会遭受太大损失，殊不知较大的亏损就是在汇价缓慢下跌的时候出现的。欧元的下跌过程还是会延续，做空成为投资者盈利的唯一机会。

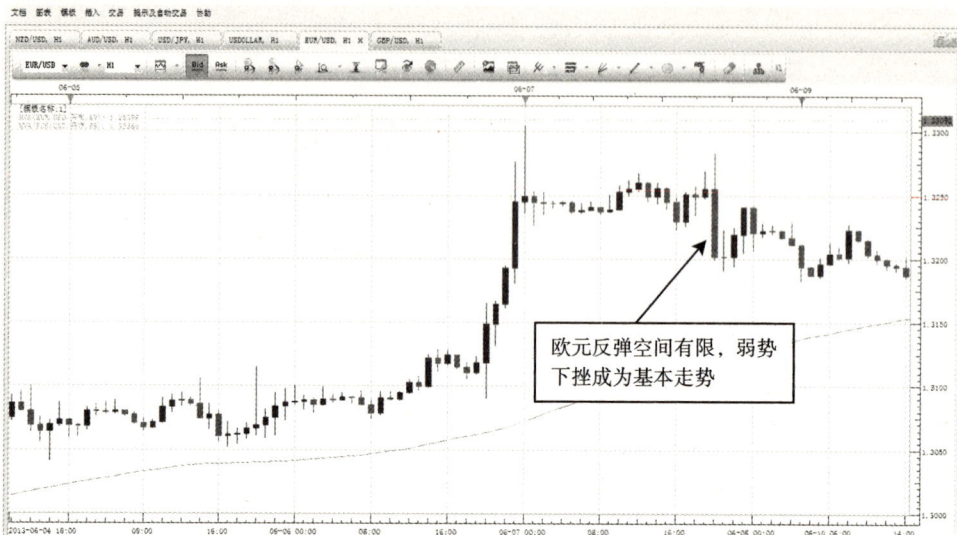

图 3-35　EUR/USD——价格回调走势

GBP/USD——显著的反转形态如图 3-36 所示。

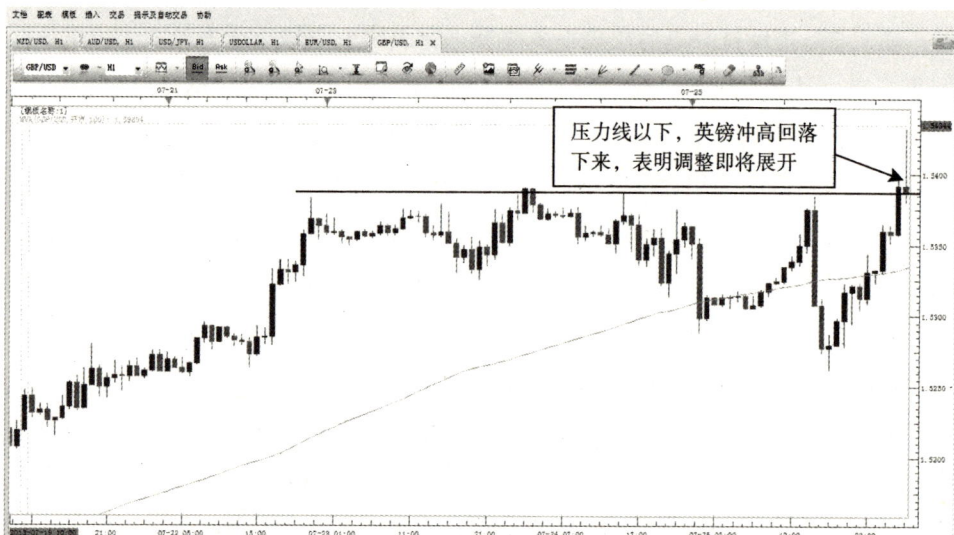

图 3-36　GBP/USD——显著的反转形态

看点 1：图 3-36 显示，英镑 1 小时 K 线图中，一根冲高回落阴线上吊线形态出现在价格高位，也将成为英镑高位下跌的重要看点。英镑的短线跌幅很大，成为价格反转的起始点。前期价格波动过程中，高位阻力显然很强。把握这个位置的做空时机，投资者获利空间很大。

看点 2：英镑 1 小时 K 线图中，价格高位的阻力已经很强，上吊线只不过是英镑的二次回落而已。前期价格连续 4 次反弹都是无果而终，这一次的上吊线更加应验了阻力存在。这样一来，马上在上吊线出现以后做空开仓，势必获得不错回报。

看点 3：英镑屡次反弹屡次遇阻以后，价格跌幅将远不止短线低点。这样一来，投资者就可以在长期做空过程中盈利了。汇价从同一个价格高位下跌以后，跌幅将会很深。后市投资者做空将不必考虑英镑的反弹，汇价易跌不易涨的格局已经形成。

GBP/USD——反转趋势很快形成如图 3-37 所示。

图 3-37　GBP/USD——反转趋势很快形成

看点 1：图 3-37 显示，在英镑冲高回落上吊线形成以后，价格弱势回调非常明显。虽然价格短时间跌幅不大，但持续下跌的过程中，英镑跌幅已经高达 120 点。考虑图中价格虽然已经达到短线低点，但价格继续下跌空间依然存在。这样的话，把握卖点的投资者仍有可能获取利润。

看点 2：价格单边回落以后，类似圆弧形下跌的形态已经具备了。英镑继续下挫还会延续，后市反弹中做空可以继续扩大利润。实战表明，圆弧形的反转走势中，汇价下跌空间只能会更深。因此在这个阶段，持有空单的投资者可以继续持有。而还未做空的投资者中，可以将做空资金投入到实盘当中，以便在英镑下跌期间盈利。

GBP/USD——单边回落向纵深发展如图 3-38 所示。

图 3-38   GBP/USD——单边回落向纵深发展

看点 1：图 3-38 显示，随着下跌趋势延续，英镑跌破短线低点以后，价格的确出现了反弹迹象。但是，回落趋势中的反弹很难获得买涨利润。特别是在英镑已经确认了下跌趋势以后，汇价反弹至短线高位，充其量是投资者做空的机会。

看点 2：实战当中，下跌趋势中汇价出现反弹走势，很容易成为短线操作机会。短线操作是指逆市买涨的操作。真正能够把握行情的投资者，会考虑价格反弹空间增加以后再次做空。不断在汇价下跌的过程中增加做空资金，以便提高获利空间。

看点 3：从英镑总体下跌空间来判断，投资者能够发现，高位 1.5400 回落至 1.5100 附近，跌幅已经在 300 点了。如此强的下跌空间，任何一个投资者都不应忽视。保证金交易的外汇投资中，300 点可以创造丰厚收益。从最初的上吊线来判断英镑的做空点，价格高位做空早已经获得不错回报。

第四章 两根蜡烛线形态

一、逃命线

1. 形态特征

汇价上涨到高位以后，连续出现的两根下跌阴线，对价格走势影响很大，是汇价反转的信号。紧跟着出现了一根反弹无力阳线，与前期两根阴线构成了逃命线，是汇价高位下跌的重要形态。

逃命线出现在价格涨幅较大的时候，表明趋势出现了逆转。如果投资者在价格高位回落期间没有把握好逃命线的做空机会，可以等待价格再次确认反转走势，然后可以考虑增加做空资金。逃命线出现以后，价格很快就逆转向下，表明趋势已经向空头行情转移。进一步出现的确认价格回落信号的 K 线形态，将有助于投资者增加做空资金，在做空中获得利润。

2. 出现位置

逃命线是价格连续下跌以后反弹无力的表现，是汇价连续单边回升以后出现的 K 线组合形态。连续下跌的两根阴线跌幅虽然不是很大，却是可靠反转形态。阳线反弹无力的情况下，汇价收盘在首根下跌阴线开盘价格下方，表明阳线反弹力度不够强。短线看来，多方无力扭转汇价下跌趋势，是投资者做空的重要机会。

3. 多空含义

从趋势线上看来，如果逃命线出现以后价格跌破了回升趋势线，那么将是可靠的做空信号。但是，逃命线形态中的两根阴线跌幅可能不会很大，而紧跟着出现的一根阳线反弹上涨，限制了价格跌幅。实战当中，投资者可以从接下来的汇价下跌空间，进一步验证反转形态可靠性。如果反转形态可靠，投资者可以连续3次以上开仓做空。

4. 实战操作

USD/JPY——出现在价格高位的逃命线如图 4-1 所示。

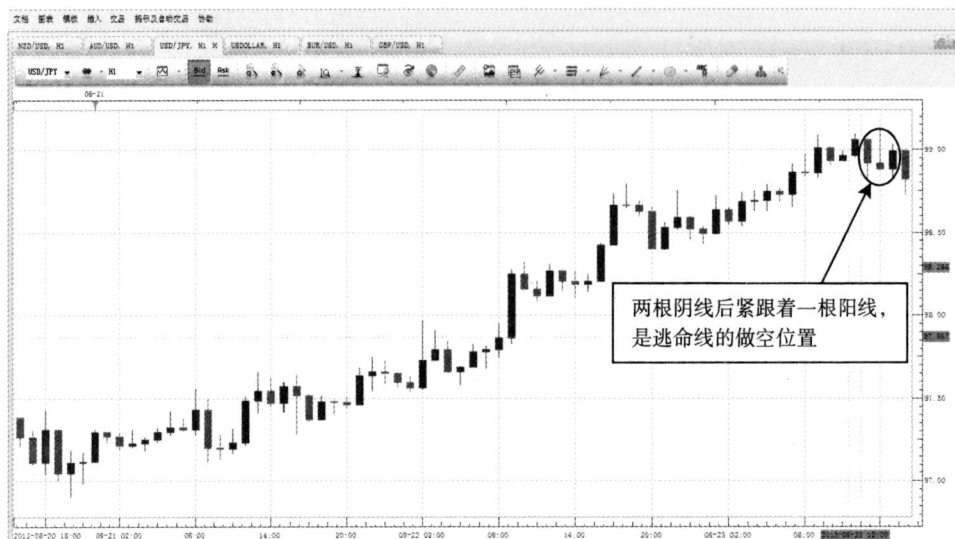

图 4-1　USD/JPY——出现在价格高位的逃命线

看点 1：图 4-1 显示，美元/日元的 1 小时 K 线图中，汇价单边回升趋势明显，但图中的逃命线形态，确实已经不足以维持价格高位运行。逃命线的出现，显示汇价反弹力度不足，空方有取代多方掌控趋势的可能性。这样看来，把握好这个位置的卖点，无疑成为投资者盈利的根本。

看点 2：逃命线刚刚出现的时候，价格下跌空间非常有限。这个时候，投资者增加做空资金无疑能够把握住最佳卖点。逃命线以后，汇价下跌趋势将会加速，投资者可以根据后市价格走势，判断是否应该考虑增加做空资金。

USD/JPY——反弹失败的杀跌走势如图 4-2 所示。

看点 1：图 4-2 显示，汇价完成逃命线不久，一根跌幅在 50 点以上的大阴线出现了。改变汇价上行趋势的，不仅仅是逃命线形态，大阴线的形成，加速了看跌趋势。实战表明，这样的卖点是不会有问题的。特别是在汇价单边上行的过程中，突如其来的大阴线，瞬间改变了回升节奏，是做空的好时机。

看点 2：图中显示的价格在逃命线中跌幅有限，却在接下来的大阴线形态中

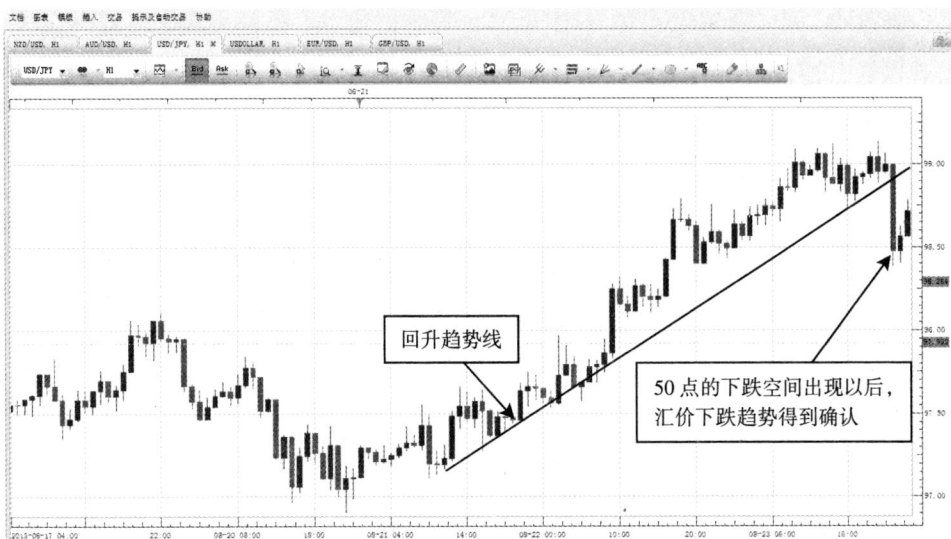

回升趋势线

50 点的下跌空间出现以后，
汇价下跌趋势得到确认

图 4-2 USD/JPY——反弹失败的杀跌走势

出现较大下跌空间。这样一来，大阴线的回落无疑确定了回升趋势结束。逃命线
是首个确认回落走势的形态，而接下来的大阴线完成之后，毫无疑问确定了汇价
的下跌趋势。

USD/JPY——汇价单边下跌趋势出现如图 4-3 所示。

大阴线以后，汇价
反弹空间有限

汇价连续杀跌，做空者
获利空间在 150 点以上

图 4-3 USD/JPY——汇价单边下跌趋势出现

看点1：图4-3显示，美元/日元的1小时K线中汇价跌幅很大。反转形态出现以后，汇价短线弱势中反弹，反弹空间却不是很高。逃命线形成以后，美元/日元震荡下跌，做空投资者由此获得利润。

看点2：汇价下跌走势并非一步到位，而是在反转形态确认以后反复确认回落趋势，才最终连续回落下来。价格震荡下跌的节奏中，投资者可以增加做空资金获利。如果消息面上并未出现影响汇价波动的因素，那么价格急速涨跌情况并不一定会出现。1小时K线中，汇价冲高回落的情况在缓慢逆转中形成，虽然没有出现大阴线形态，但价格跌幅依然高达100点，表明投资者在这一轮跌势中做空获利空间还是很大的。

AUD/USD——汇价单边下跌趋势出现（1）如图4-4所示。

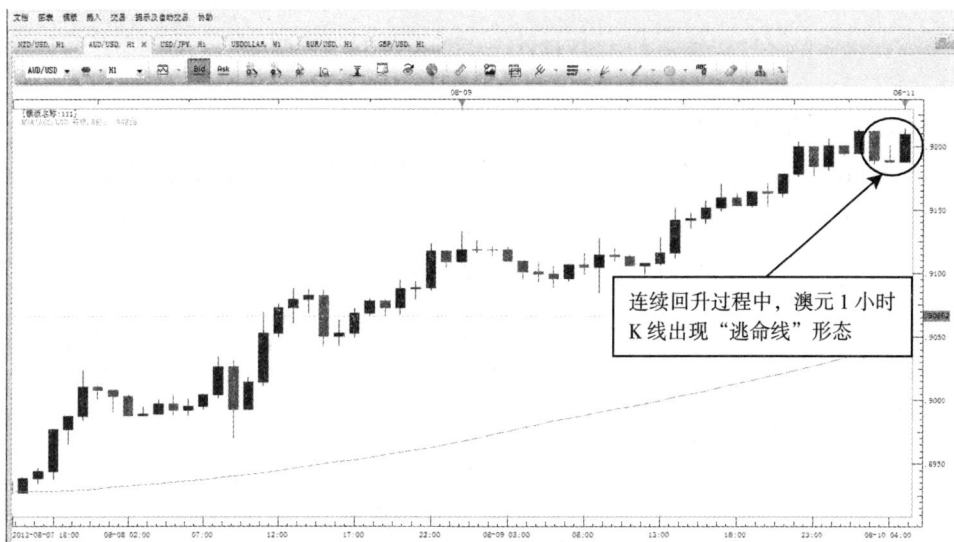

连续回升过程中，澳元1小时K线出现"逃命线"形态

图4-4　AUD/USD——汇价单边下跌趋势出现（1）

看点1：图4-4显示，澳元/美元的1小时K线图，单边回升趋势中出现了逃命线形态。两根阴线以后出现一根实体不大的小阳线，表明汇价短线存在调整意愿。实战当中，逃命线形态是可靠的做空形态，也是投资者今后考虑做空的重要起始形态。

看点2：单独看逃命线形态，投资者并不一定能够获得做空利润。但是，如果将逃命线形态放在价格反转走势中，投资者就能够得到可靠的做空机会了。既然是逃命线形态，那么接下来的汇价走势不可能再次回升至"逃命线"形态以上。这样看来，投资者可以根据接下来的汇价下跌节奏，判断做空时机。

AUD/USD——汇价单边下跌趋势出现（2）如图4-5所示。

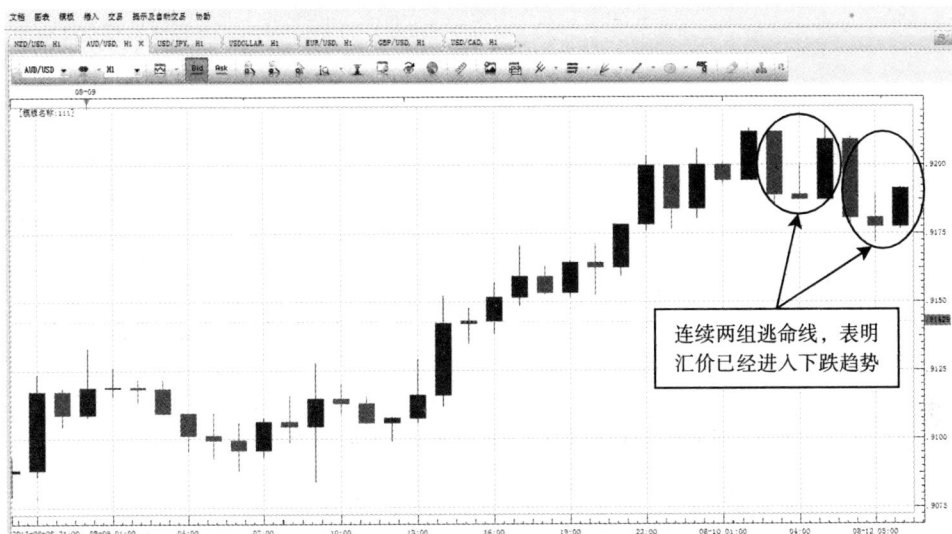

连续两组逃命线，表明汇价已经进入下跌趋势

图4-5　AUD/USD——汇价单边下跌趋势出现（2）

看点1：图4-5显示，澳元/美元的1小时K线图显示，汇价已经连续两次出现了看跌的逃命线形态，表明投资者最终做空机会已经来临。如果说一次逃命线形态不足以改变汇价下跌趋势的话，那么紧跟着第二次的逃命线形态，毫无疑问确认了下跌趋势。操作上判断，连续两次出现逃命线形态，也是投资者连续两次做空的机会。

看点2：在连续两次逃命线出现以后，汇价下跌空间在逐步扩大。从跌幅判断，逃命线出现以后汇价的确在回落当中。形态上的看跌特征，显示汇价二次回升的可能性非常渺茫。

AUD/USD——汇价单边下跌趋势出现（3）如图4-6所示。

看点1：图4-6显示，澳元/美元的1小时K线图中，汇价已经处于单边下跌趋势中。从汇价跌破100日均线后下跌空间判断，跌幅高达100点的情况下，表明看跌的逃命线形态确信无疑。实战当中，连续两组看跌逃命线形成以后，投资者做空是必要的做法。

看点2：从逃命线以后价格下跌节奏判断，澳元并非一步到位的下挫。在下跌形态出现以后，投资者可以考虑快速做空。虽然汇价下跌过程一波三折，一旦

图 4-6　AUD/USD——汇价单边下跌趋势出现（3）

价格回落，再考虑加速做空就会错过盈利机会。

看点 3：多空平衡可以在价格回落之前延续一段时间，但持续时间一定不会很长。随着交易的进行，价格以破位下跌的中阴线甚至大阴线下跌的可能性都是存在的。实战表明，早点做空以后，投资者可以享受更丰厚利润。如果判断反转形态已经存在，可以将资金分 3 次做空。首次做空在反转形态出现之时，第二次做空在反转形态确认以后，第三次做空可以在汇价反弹过程中。

二、并列线

1. 形态特征

并列线是由两条开盘价和收盘价基本接近、实体长度大体相当的 K 线组成的形态。这两根 K 线形态，可以是并列出现的双阳线，当然也可以是并列出现的双阴线。不管怎样，并列线都意味着价格会在这个时候出现逆转，是投资者采取行动的时刻。

并列线可以分为并列阴线和并列阳线。通常，并列阴线或并列阳线并不表示反转信号，但如果在明确的上升趋势里，汇价高位出现的并列阴线，将成为价格回落的起始形态。

类似的情况是，如果双阳线出现在价格低点，那么回升趋势中的双阳线是投资者买涨的起始形态。汇价探底回升以后，双阳线出现表面价格有进一步走强的意愿。虽然双阳线涨幅不高，却不能阻挡价格回升态势。操作上判断，把握好做多机会的投资者有望继续盈利。

2. 出现位置

在回落趋势中，价格短线反弹以后出现滞涨的情况，双阴线形式的并列线形态就会出现。这个时候的双阴线，表明价格出现滞涨的情况。毕竟是在回落趋势中，反弹空间虽然较大，汇价下跌态势不可能轻易逆转。特别是在大阳线反弹上涨以后，汇价以并列线的形式进行调整，最终还是会继续下挫。

当然，在汇价上行的过程中，类似的并列线形态也会形成。到那个时候，投资者就可以根据现在的价格形态，来判断汇价上行潜力了。

3. 多空含义

并列线出现以后，价格出现逆转的时候，会出现突破并列线的 K 线形态。到时候，投资者会发现，开仓以后盈利空间不仅很大，还比较容易获利。原因很简单，并列线完成以后，价格波动空间非常大。突破并列线的价格走势非常容易形成。在回升趋势中，阳线瞬间拉升以后，脱离双阳线形态便是不错的买涨时机。

如果是汇价处于下跌趋势中，价格跌破双阴线形态以后，投资者可以考虑做空操作。并列双阴线是价格加速探底的形态，也是投资者必须要关注的形态。双阴线跌幅不会太大，但接下来的价格回落空间很大。在汇价下跌图中，双阴线是明确的调整走势，并且在价格大跌之前提供了一种做空时机。谁能把握住做空机会，谁就能获得丰厚利润。

4. 实战操作

USD/JPY——反弹中的并列双阳线如图 4-7 所示。

看点 1：图 4-7 显示，美元/日元的日 K 线图中，价格虽然持续回落，但一根大阳线显然改变了汇价下跌节奏。也许很多投资者会在大阳线出现以后考虑做多，但趋势逆转非常困难。与其说短线做多，倒不如继续做空更容易盈利。

看点 2：在汇价长期回落的时候，任何回升走势都应看作反弹。也许价格能够完成大阳线形态，大阳线之后的价格走势更值得关注。图中大阳线以后出现双阳线形态。两根波动空间不大的十字星，成为汇价继续探底的重要起始形态。

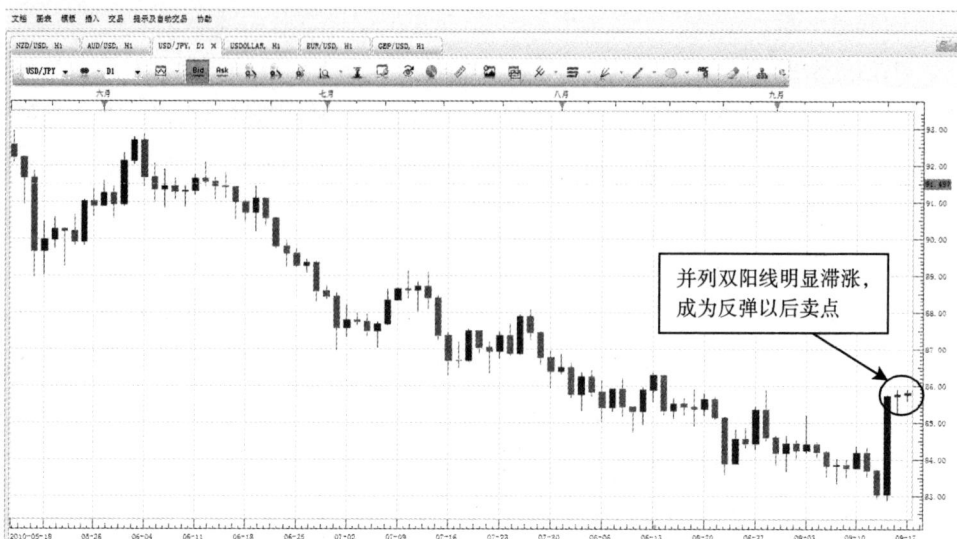

图 4-7　USD/JPY——反弹中的并列双阳线

看点 3：双阳线虽然波动空间很大，恰好说明汇价反弹乏力。这个时候，冲高回落走势更容易出现。并列双阳线是汇价明显滞涨的情况下出现的，是投资者考虑做空操作的重要机会。

USD/JPY——汇价开始加速回落如图 4-8 所示。

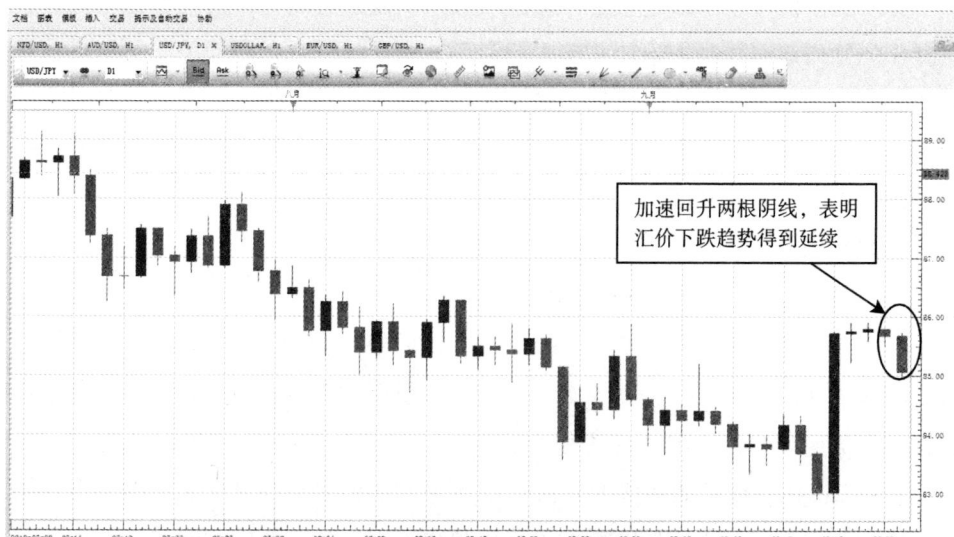

图 4-8　USD/JPY——汇价开始加速回落

看点 1：图 4-8 显示，美元/日元日 K 线图中出现两根阴线，跌幅虽然不大，却是在加速杀跌的时候出现的。汇价冲高回落以后，双阳线并列形成顶部形态。当汇价以阴线形式回落的时候，价格跌幅不断扩大，表明投资者的做空机会已经逐步明朗。操作上判断，投资者可以考虑增加做空资金获利。

看点 2：连续加速回落阴线形态，表现出明显的回落态势。投资者高位做空机会很少，如果没能把握住价格高位的卖点，今后做空获利空间就会减小。汇价反弹的大阳线实体很长，涨幅高达 269 点，说明加速回落阴线短时间内很难跌破。这样一来，投资者可以在双阳线出现的时候做空，同样可以在价格回落期间增加做空资金，获得做空利润。

USD/JPY——小阴线持续回落如图 4-9 所示。

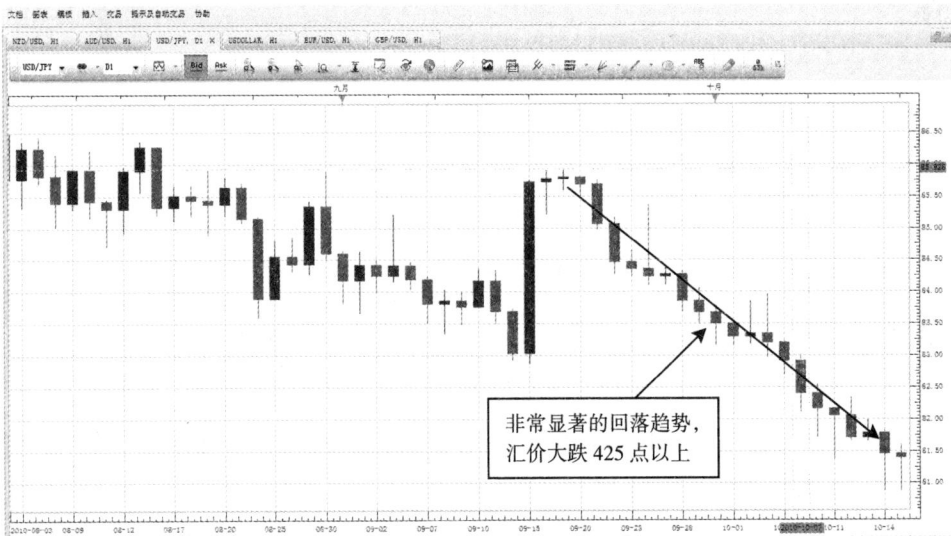

图 4-9　USD/JPY——小阴线持续回落

看点 1：图 4-9 显示，美元/日元的日 K 线中，单边下跌趋势相当明确。从 K 线形态上看来，起始于双阳线的回落趋势不断延续下去。自从汇价高位回落以来，已经连续 20 个交易日下挫，表明前期做空判断是非常正确的做法。

看点 2：单边下跌高达 425 点的连续下跌趋势中，投资者可能已经意识到，回落趋势中的大阳线仅仅是反弹走势。汇价并非已经企稳回升，而价格反弹上涨后双阳线形态提示了投资者即将出现的下跌走势。

看点 3：下跌趋势中，汇价仅仅出现了一个交易日大涨走势。虽然涨幅很大，但价格下跌趋势更为明确。超跌以后的技术性反弹总是很强，而美元/日元的日 K 线反弹走势，就是空头行情中的反弹走势。投资者不关注这种反弹情况。价格超跌反弹之后体现出来的卖点，已经成为汇价单边下跌的新起点。

USD/JPY——反弹中的双阴线形态如图 4-10 所示。

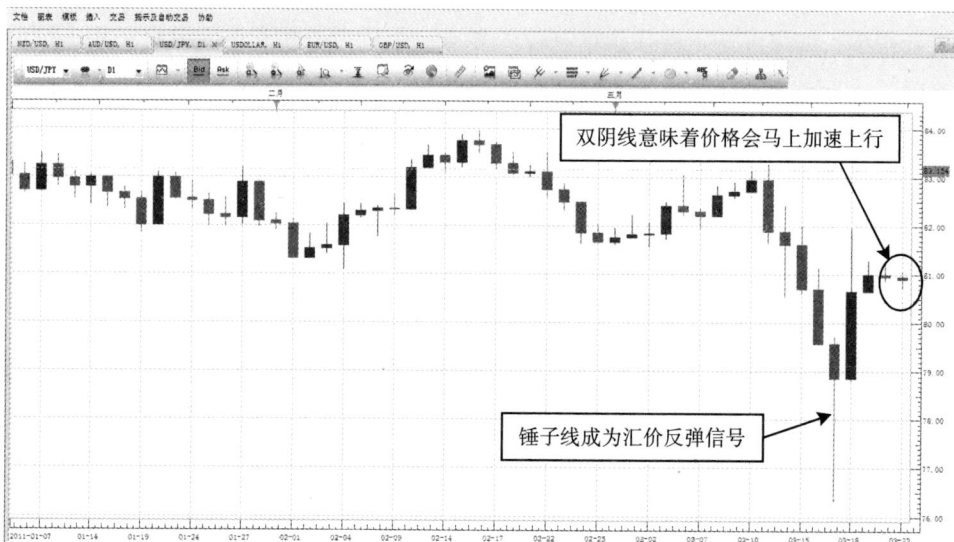

图 4-10　USD/JPY——反弹中的双阴线形态

看点 1：图 4-10 显示，技术性反弹的锤子线出现在价格低点以后，美元/日元的日 K 线走势中出现了并列双阴线形态。双阴线的出现，并非汇价继续走低的信号。从锤子线长长的下影线判断，这一次的反弹很可能是有效果的，那么图中并列双阴线将成为汇价继续上涨的起始形态。

看点 2：图中汇价形态判断，锤子线是探底形态，紧跟着一根大阳线是明确无误的反转走势。其间，虽然出现连续两根小阴线，但只可能是反弹以后的调整走势。汇价调整空间有限，反弹成果并未消失。由此可以断定，并列双阴线以后至少还会出现相似的涨幅。

USD/JPY——反弹得到延续如图 4-11 所示。

看点 1：图 4-11 显示，日 K 线中连续回升的 3 根阳线形态，显示出价格回升趋势在继续。锤子线支撑汇价反弹空间显然还很高，并列双阴线调整完成以后投资者可以考虑做多获利。

看点 2：并列双阴线是以时间换空间的调整走势。虽然连续两个交易日横向

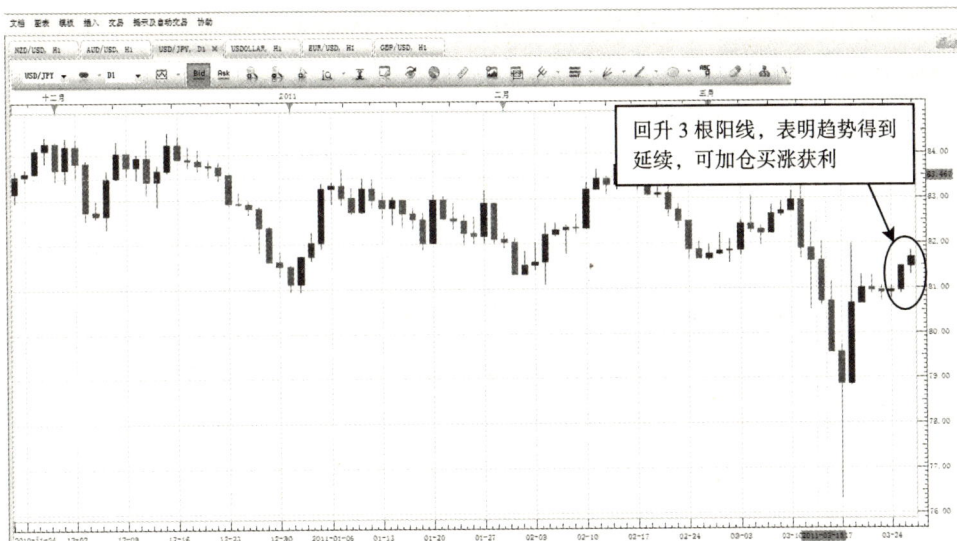

回升 3 根阳线，表明趋势得到延续，可加仓买涨获利

图 4-11　USD/JPY——反弹得到延续

运行，价格跌幅却非常有限。从这里判断，多方并未放弃拉升汇价，价格强势横盘后继续回升是反弹行情的延续，说明投资者进一步买涨是可以获得收益的。

看点 3：锤子线探底以后，汇价反弹上涨的形态更像 V 形反转走势。价格短线调整的并列阴线，是 V 形的调整形态，也可以说是 V 形的颈线。颈线之上汇价继续走强，显示出反转趋势延续，买涨操作没有任何问题。

USD/JPY——连续拉升 10 个交易日的阳线如图 4-12 所示。

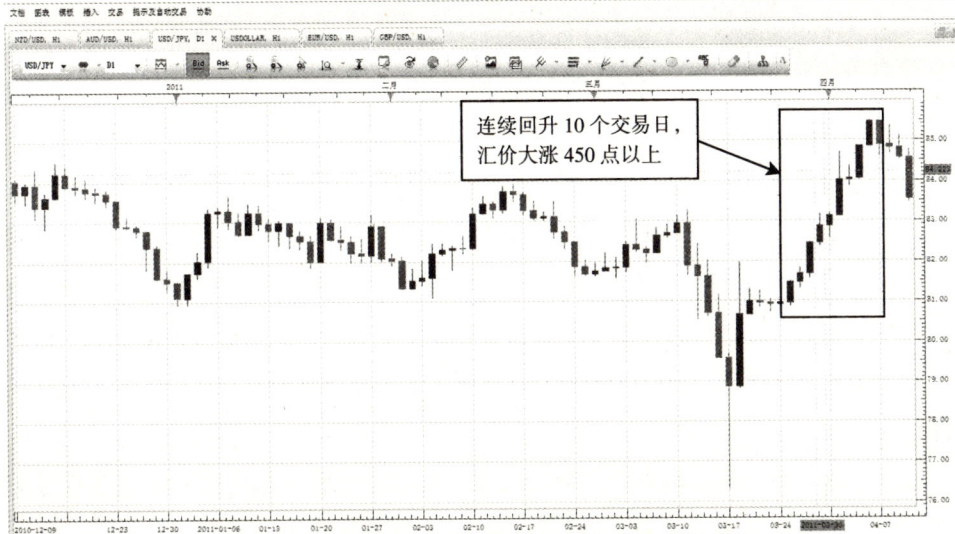

连续回升 10 个交易日，汇价大涨 450 点以上

图 4-12　USD/JPY——连续拉升 10 个交易日的阳线

看点1：图4-12显示，连续拉升出10根回升阳线，这就是并列双阴线调整以后汇价的上升形态。双阴线之前的汇价反弹空间在450点左右。而双阴线结束调整以来，汇价继续飙升了450点。在汇价反弹上涨的时候，反转形态的高度，就是汇价短线上涨潜力。而美元/日元的V形反转的高度为450点，调整之后继续飙升空间也在450点，就很能说明问题。

看点2：实战当中，把握反转行情能够获得不错的回报。锤子线是探底形态，反弹阳线确认汇价反转走势。双阴线是反转走势得到延续的中继形态，该形态虽然不改变价格回升趋势，却为投资者提供了买涨机会。不管是跌幅有限上判断，还是从两个交易日的调整形态判断，投资者都可以断定汇价的上行势头依然延续。

三、穿头破脚形态

1. 形态特征

穿头破脚形态中，第二根K线将第一根K线从头到脚全部穿在里面了，表明行情即将出现逆转。从穿头破脚代表的含义看来，该形态有底部穿头破脚和顶部穿头破脚两种情况。

底部穿头破脚形态，是阳线实体吞没阴线实体，表明行情即将转跌回升，是投资者考虑做多的机会；而顶部穿头破脚形态，是行情高位回落的信号，也是投资者考虑做空的起始形态。

2. 出现位置

穿头破脚形态，出现在多头趋势价格顶部，或者出现在回落趋势价格底部。该形态一旦出现，表明汇价马上会形成逆转。事实上，实战当中的穿头破脚形态，可以是任何小趋势或者大行情的起始形态。穿头破脚形态越是明确，价格突破后的走势越明显。把握穿头破脚形态的买涨机会以后，投资者可以获得稳定利润。

投资者判断一波行情即将结束的时候，看价格反转过程中能否出现这种穿头破脚形态。一旦出现，可马上开仓获得收益。既然穿头破脚形态非常有效，那么价格反转效率也会非常高，把握操作机会的投资者很短时间内就会赢得利润。

3. 多空含义

阳线包裹阴线的穿头破脚形态，是价格触底回升信号，也是投资者买涨的起始点。阴线形态如果是中阴线，被中阳线或者大阳线穿头破脚以后，汇价上涨空间会很大。毕竟多空双方争夺非常激烈，穿头破脚形态完成以后多方占优，价格自然显著回升。

同样，阴线吞噬阳线的穿头破脚形态中，阴线实体更长，汇价短时间内跌幅也会更大，是买涨重要时机。

4. 实战操作

EUR/USD——阳线穿头破脚形态如图 4-13 所示。

图 4-13　EUR/USD——阳线穿头破脚形态

看点 1：图 4-13 显示，欧元单边下跌过程中，一根阳线穿头破脚阴线以后，价格回升起始信号出现了。虽然短线看来汇价跌幅并不是很大，但是阳线实体已经明确突破了阴线实体，显示出看涨趋势。这样一来，买涨操作必然能够获得不错的回报。

看点 2：在穿头破脚形态出现以后，投资者可以根据价格走势调整仓位。首次出现这种形态以后，投资者可以开始做多了。接下来的回升趋势如果得到延续，投资者可以考虑继续增加做多资金获得利润。穿头破脚形态一经出现，汇价短线上涨空间就会很高。特别是在阳线实体很长的情况下，汇价上涨空间就更大了。

EUR/USD——价格强势调整如图 4-14 所示。

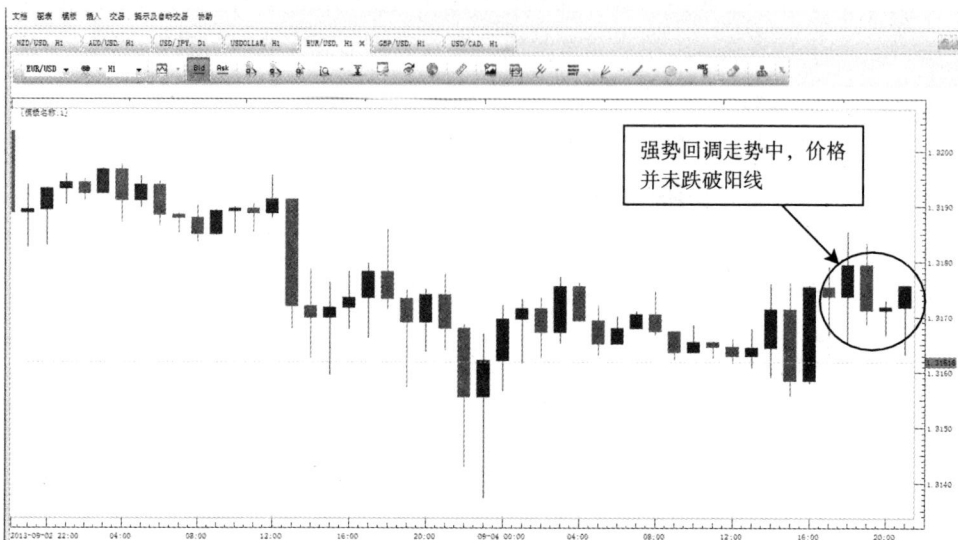

图 4-14　EUR/USD——价格强势调整

看点 1：图 4-14 显示，价格在接下来的 5 小时中横向运行，调整过程中却从未跌破大阳线的开盘价格。这表明，在强势调整的过程中，穿头破脚形态是具备看涨意义的。也就是说，投资者可以在这个时候继续持有做多资金，以便在价格回升期间获得收益。

看点 2：调整形态出现在大阳线以后，表明价格上涨还需要进一步确认。确认回升趋势的方式有很多种，不管怎样，价格不能跌破穿头破脚形态中的阳线开盘价格。欧元/美元的汇价走势中，价格调整的确没有轻易跌破阳线实体，表明买涨操作可以进一步得到确认。做多以后，投资者有望获得不错的回报。

EUR/USD——短线飙升 36 点如图 4-15 所示。

看点 1：图 4-15 显示，欧元/美元的 1 小时 K 线图中，价格明显拉升出两根大阳线，汇价上涨空间在 36 点以上，显示出回升趋势中投资者盈利空间还是很大的。任何一个投资者都不能忽视这种盈利机会，虽然仅有 36 点，却是明显能够获得的收益。

看点 2：穿头破脚形态不会经常出现，一旦出现这种反转形态，考虑开仓是

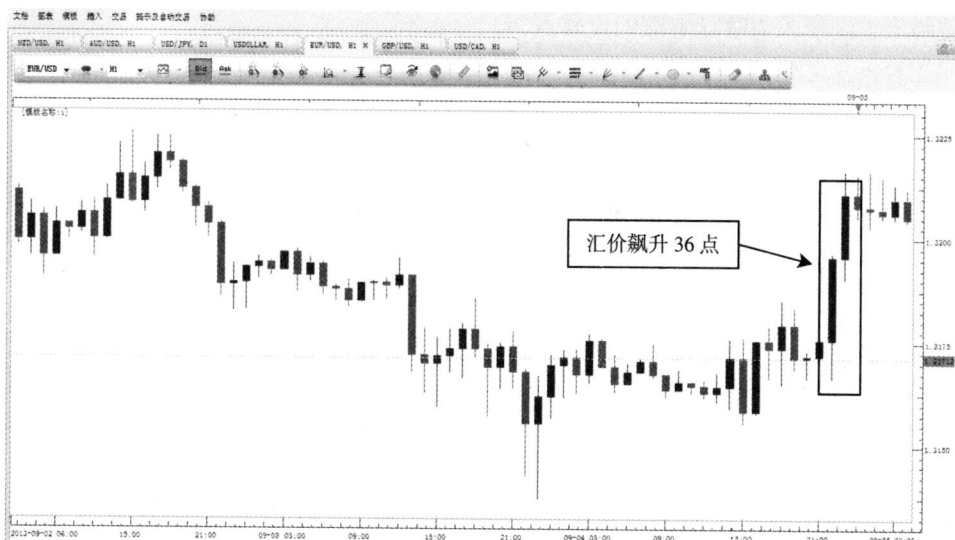

图 4-15　EUR/USD——短线飙升 36 点

没有任何问题的。汇价波动空间会随着穿头破脚形态的确认得到延续，操作上做多可获得回报。

EUR/USD——穿头破脚后大涨 150 点如图 4-16 所示。

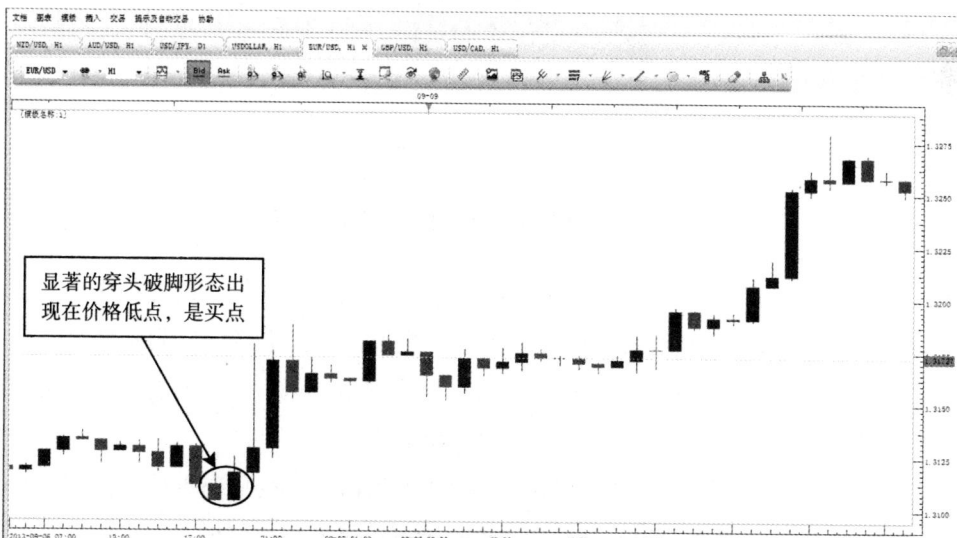

图 4-16　EUR/USD——穿头破脚后大涨 150 点

看点 1：图 4-16 显示，欧元/美元的 1 小时 K 线中，穿头破脚形态再次成为欧元上涨的反转形态。这一次反转形态出现以后，连续两根阳线很快形成。穿头破脚形态已经成为欧元上涨的反转点了。

看点 2：在汇价快速杀跌以后，穿头破脚的反转形态是可靠的做多机会。价格跌幅虽然较深，穿头破脚表明的反转趋势也很明显。有意做多的投资者可以考虑在该形态出现的时候买涨。

看点 3：1 小时 K 线中欧元上涨时间还是比较长的，这也是源于最初的穿头破脚形态。价格连续拉升出 3 根阳线后，震荡上行的过程中，投资者获利空间已经被放大至 150 点以上。

EUR/USD——变形的穿头破脚形态如图 4-17 所示。

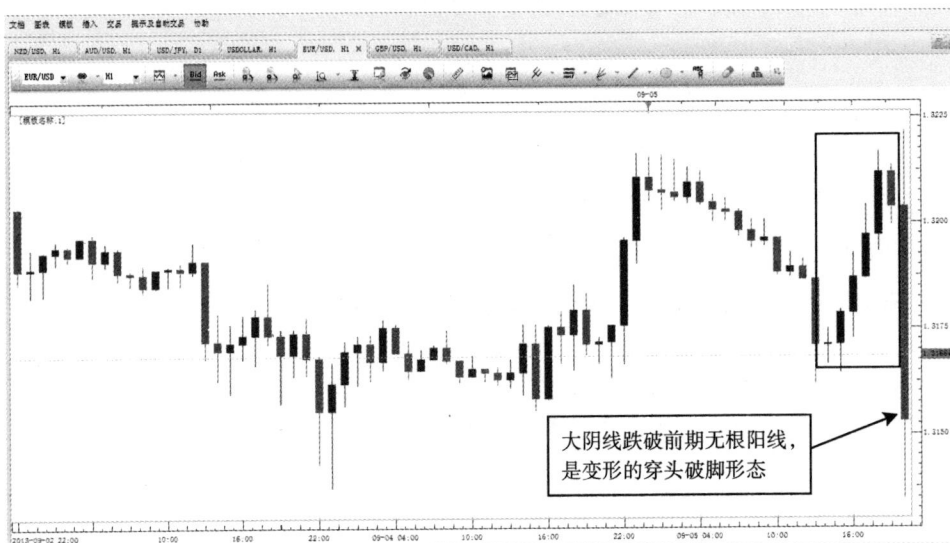

大阴线跌破前期无根阳线，是变形的穿头破脚形态

图 4-17　EUR/USD——变形的穿头破脚形态

看点 1：图 4-17 显示，欧元/美元的 1 小时 K 线图中，汇价以大阴线形式出现以后，欧元短线回落空间高达 50 点。这种情况下，投资者可以判断这是一种变形的反转形态。也就是说，大阴线跌破前期无根阳线以后，表明变异的阴线穿头破脚形态出现了。这种情况下，投资者只能做空盈利。

看点 2：阴线实体较长的情况下，大阴线跌破诸多阳线形态以后，体现出来的卖点更加明确。价格下跌效率很高，投资者可以考虑很快就做空获得收益。如果回落趋势中投资者还未出现及时做空，很可能错过这一波行情的盈利机会。

EUR/USD——穿头破脚后大涨 150 点如图 4-18 所示。

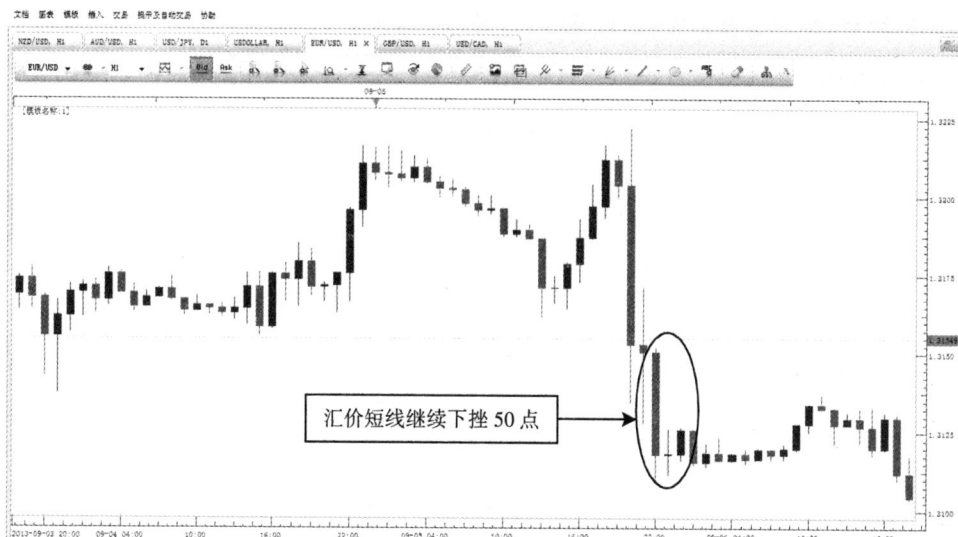

图 4-18 EUR/USD——穿头破脚后大涨 150 点

看点 1：图 4-18 显示，欧元 1 小时 K 线总出现连续回落阴线，汇价跌幅又达到了 50 点。也就是说，大阴线以穿头破脚形式跌破诸多根小阳线形态后，汇价跌势未变。

看点 2：急跌大阴线带动价格续跌，表明做空以后获利效率很高。投资者根本不用等待就能够在短短 2 小时里获得 50 点以上的回报。在汇价反转过程中，穿头破脚形态提供的操作机会不仅非常成熟，而且获利效率很高，一般都能为投资者带来不错的回报。

四、孕育线形态

1. 形态特征

孕育线是一根小的 K 线实体被包含在前一根大的 K 线实体内部，是行情即将展开的 K 线形态。孕育线出现在行情逆转的时刻，是多空行情转折的重要起始形态。回升趋势中，汇价高位出现的孕育线形态，是一根大阳线以后出现一根小阴线形态，是汇价即将大跌的信号。而下跌趋势中，大阴线以后出现一根包含在内部的小阳线，是行情即将展开跌势的回落信号。

2. 出现位置

单边上涨趋势中，价格上涨空间很大，大阳线以后很可能意味着汇价即将出现反转回落行情。这个时候，大阳线以后出现一根实体很小的阴线形态，而阴线形态的实体完全处于前一根阳线的实体内部，被确认为看跌的孕育线形态。阳线孕育阴线的 K 线形态，是回升趋势向回落趋势转变的信号，也是投资者做空的重要起始点。

单边回落趋势中，汇价很可能在反转上涨之前出现大阴线形态。大阴线的实体很长，是汇价超跌信号。超跌以后出现的小阳线形态，虽然实体很小，却是难得的看涨信号。小阳线实体被大阴线实体包含，是汇价转跌回升的反转形态。操作上看来，可以考虑在下跌趋势的孕育线以后买涨，可获得回报。

3. 多空含义

多数孕育线是反转走势的起始形态，孕育线中的小 K 线，代表了价格即将反转的方向。既然多空方向已经得到确认，投资者可以考虑在孕育线出现以后开仓，准备获得投资回报。当然，失败的孕育线出现以后，价格也许会继续向前期波动方向运行。判断孕育线是否成功，还需要根据汇价之后的波动方向来确认。

4. 实战操作

USD/JPY——大阴线孕育小阳线如图 4-19 所示。

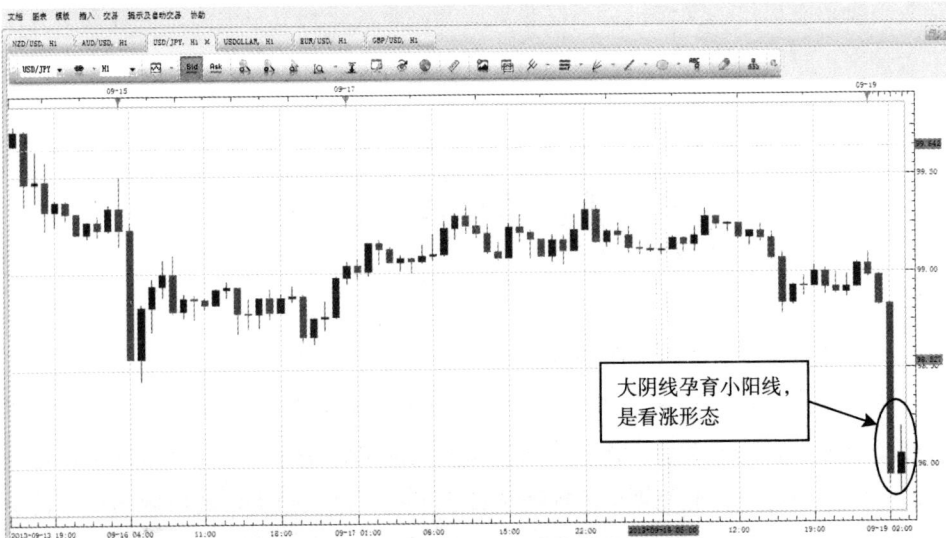

图 4-19　USD/JPY——大阴线孕育小阳线

看点1：在图4-19中，日元的1小时K线中价格大幅杀跌。虽然跌幅很大，但之后出现的一根阳线形态，明显与大阴线构成了看涨的孕育线形态。由此可见，孕育线之后的价格回升趋势很可能即将展开，投资者可以考虑买涨开仓获得利润。

看点2：孕育线中，阳线回升空间虽然不高，却是明显的企稳信号。价格从孕育线以后强势反弹的概率很大。实战当中，汇价波动总能出现看似无规律的异常波动，大跌阴线就是这种情况下出现的。大阴线以后，空方获利而多方损失惨重，多空双方调仓过程中出现孕育线形态，是行情逆转的信号。

USD/JPY——价格震荡回升如图4-20所示。

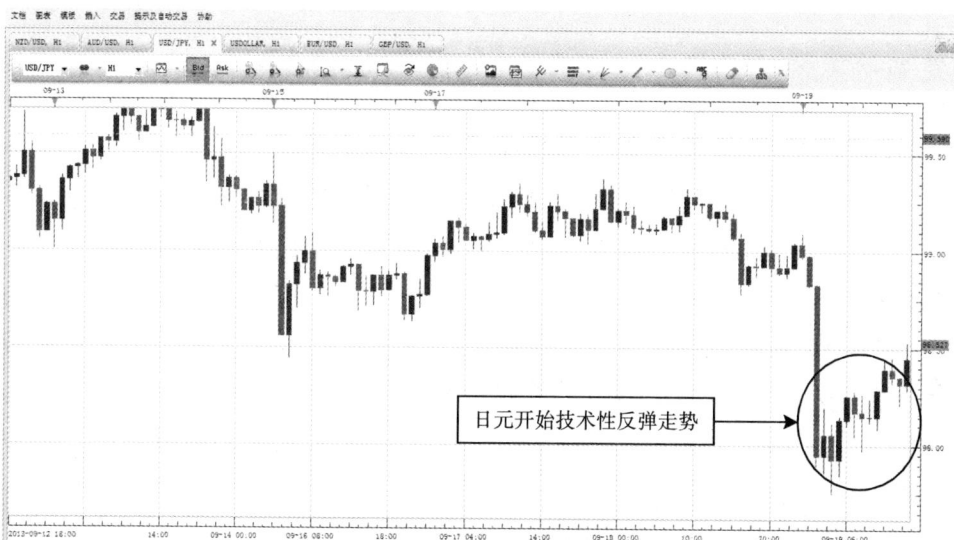

图4-20　USD/JPY——价格震荡回升

看点1：图4-20显示，在美元/日元的1小时K线图中，汇价波动空间还是很大的。价格深度下挫以后，图中显示的汇价已经出现了反弹。虽然涨幅还不是很高，投资者却能够利用这一机会做多盈利。随着交易的进行，日元上涨潜力还有待挖掘，把握多头趋势的投资者可以获得不错利润。

看点2：既然是反弹行情，那么汇价短时间内涨幅不高，却也正常。图中孕育线出现以来，日元震荡反弹空间不高，但回升趋势依然得到了延续。随着交易的进行，日元继续回升空间还很高。投资者可以把握住时机买涨获利。

USD/JPY——汇价反弹至前期高位如图4-21所示。

图 4-21　USD/JPY——汇价反弹至前期高位

看点 1：图 4-21 显示，美元/日元的 1 小时 K 线走势中，价格已经明显上行，并且达到了前期高位以上。在汇价涨幅高达 150 点以上，孕育线显然已经成为投资者做多的起始形态。

看点 2：对于孕育线提供的做多形态，投资者可以考虑在起始阶段就开仓做多。实战当中，如果价格上涨潜力很大，那么孕育线提供的盈利空间会很高。图中显示，孕育线以后价格虽然缓慢回升，涨幅已经远远超过大阴线跌幅，投资者做多获利空间相当高。

EUR/USD——阳线孕育阴线形态如图 4-22 所示。

看点 1：图 4-22 显示，汇价短线反弹大阳线出现以后，一根小阴线成为明显的孕育线形态。从形态上分析，日元下跌概率还是很高的。毕竟价格已经出现孕育形态，今后汇价缓慢跌破大阳线的起始点的可能性还是很大的。

看点 2：大阳线反弹空间虽然很高，但随之出现的小阴线，是明显的看空信号。价格逆转的速度很快，小阴线仅仅是起始形态。随着交易的进行，价格回落趋势还是会延续。实际上，接下来的汇价下跌空间可能有限，但下跌趋势必然会得到延续。

EUR/USD——汇价震荡走低如图 4-23 所示。

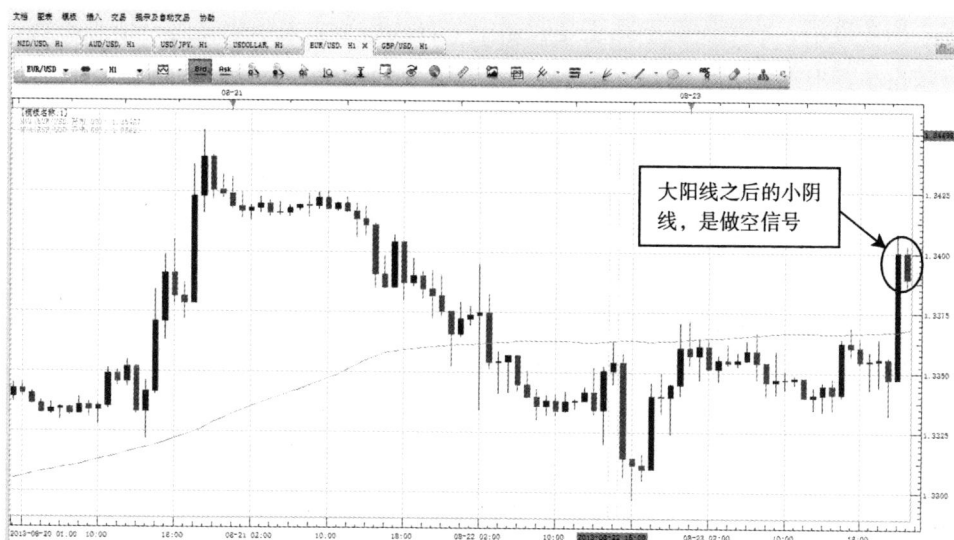

图 4-22　EUR/USD——阳线孕育阴线形态

图 4-23　EUR/USD——汇价震荡走低

看点 1：图 4-23 显示，欧元/美元的 1 小时 K 线形态中，价格跌幅还是很大的。高达 75 点的下跌空间，正是出现在孕育线形态之后。可以判断，孕育线形态已经成为汇价下跌的反转形态。考虑到孕育线中汇价跌幅有限，投资者可以有足够的时间加仓做空获得利润。

看点 2：大阳线反弹空间虽然很大，但却避免不了接下来的汇价下跌趋势出现。图中显示，欧元震荡下跌正是起始于孕育线形态。大阳线之后一根小阴线，显示出孕育出来的下跌趋势明显得到了确认。实战当中，投资者可以据此判断做空操作了。

看点 3：孕育线出现的时候，表明价格的确到了反转的时刻。虽然孕育线中反转运行的小 K 线实体有限，但却不影响价格折返的意义。孕育线出现之时，汇价反转空间非常有限，这为即将开仓的投资者创造了盈利空间。孕育线出现的起始阶段，投资者便可增加做空资金盈利了。实战表明，价格下跌空间还很大，缓慢下跌通常是孕育线以后的重要价格运行状态。

五、仙人指路看涨形态

1. 形态特征

仙人指路形态中，价格必须首先出现一个带上影线冲高回落形态。特别在汇价上行过程中，冲高回落形态，是多方短线做多的信号。从这个位置开始，投资者可以发现汇价已经有走强的迹象。但价格遇阻回落以后，二次反弹回升并且突破前期高位之时，便是仙人指路发挥效果的时刻。

2. 出现位置

在汇价持续回落期间，反弹上涨的价格短线冲高回落，就会出现带上影线的阳线形态。这个时候的阳线形态，表明价格已经出现企稳迹象。事实上，冲高回落的小阳线，是多方首次拉升汇价的体现。虽然价格短线回调，但不排除价格继续走强可能。当汇价冲高回落以后二次反弹之时，仙人指路形态就会形成。在汇价回升的初期阶段，仙人指路形态更容易出现。

当然，汇价上行趋势的末期，也会出现仙人指路形态。只是这个时候价格是从高位回落以后触底反弹。当价格二次下挫并且跌破前期探底回升阴线以后，新的跌势来临。

3. 多空含义

仙人指路形态出现以后，价格如果走势很强，止跌回升以后还会经历二次拉升的动作。这样一来，价格上行效率更高。实战当中，汇价快速上行的过程中，投资者能够发现其间的盈利空间还是很大的。冲高回落形态表明主力资金拉升汇价遇到明显阻力。价格回落下来以后，投资者还有机会买涨。当汇价二次反弹上涨并且突破前期高位以后，仙人指路形态支撑价格回升就算开始了。

在汇价高位回落的时候，短线下跌以后汇价出现反弹信号。而带很长下影线的阴线形态，成为汇价反弹上涨的重要起始形态。价格还会以二次下跌的形式完成回落走势，关键在于投资者把握好卖点的情况下，等待汇价二次下跌做空获利。

4. 实战操作

EUR/USD——冲高回落仙人指路如图 4-24 所示。

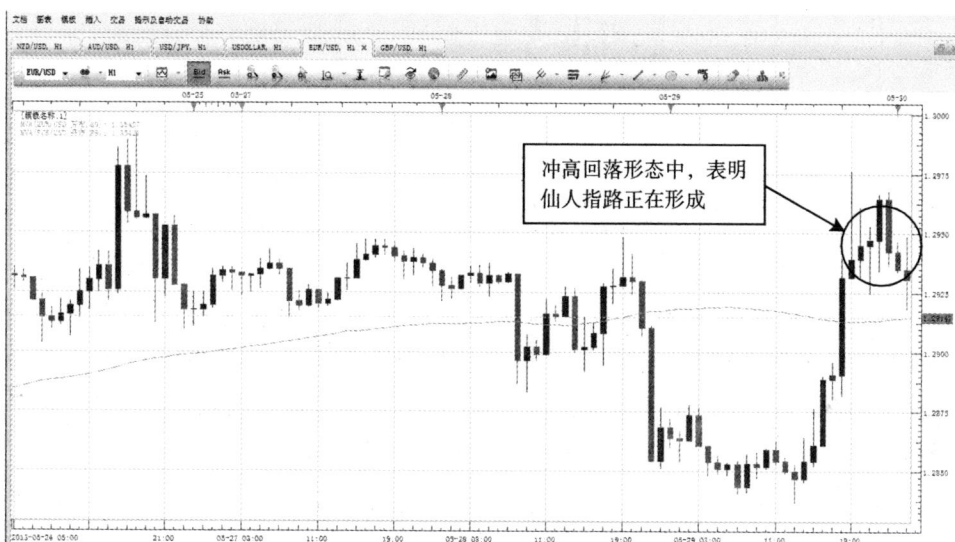

图 4-24 EUR/USD——冲高回落仙人指路

看点 1：图 4-24 显示，欧元/美元的 1 小时 K 线图中，汇价明显形成了冲高回落走势。虽然价格短线回落，并且完成了看似尖顶形态的反转走势。但欧元下跌之路还未真正开始。从冲高回落阳线来看，多方主力拉升价格冲高回落，有试探性做多的意味。这个时候，价格更容易在短线回调以后重拾升势，并且实现更大规模的涨幅。

看点 2：如果投资者考虑欧元还未出现明确的走强迹象，那么汇价冲高回落以后可以等待更好的买点形成。价格开始拉升的时机非常重要，即便欧元真的会短线大涨，调整还未结束之前，继续横向运行也是有可能的。这样一来，根据汇价走势分阶段地进行做多操作，是必不可少的做法。

EUR/USD——价格止跌回升，涨幅 100 点如图 4-25 所示。

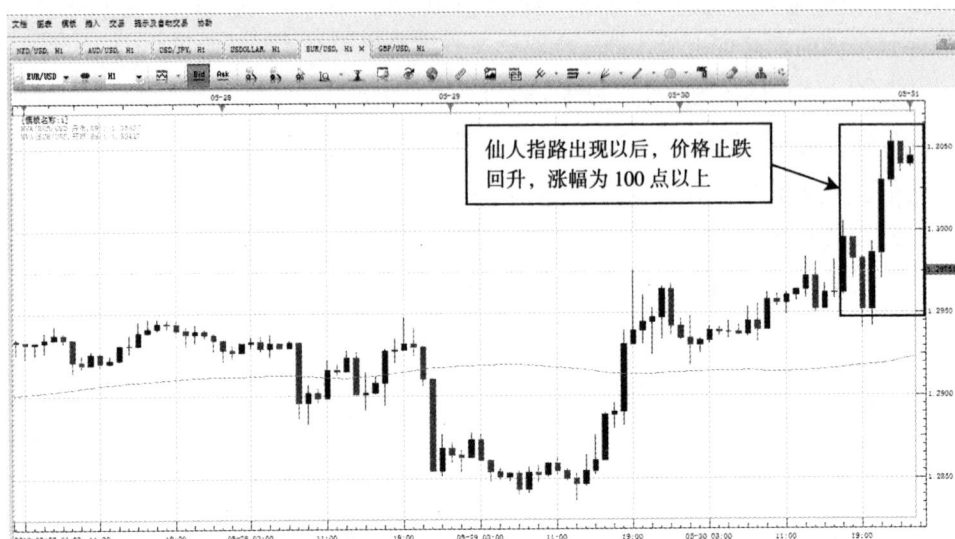

图 4-25　EUR/USD——价格止跌回升，涨幅 100 点

看点 1：图 4-25 显示，欧元/美元的 1 小时 K 线图中，汇价开始加速上行的起始点，正是图中汇价波动强度加速的时刻。随着交易的进行，汇价上涨空间已经高达 100 点。100 点的利润基本是在 3 根阳线中形成，是投资者做多操作的重要信号。

看点 2：实战当中，汇价上行的趋势非常明确，这也为投资者盈利创造了条件。仙人指路形态完成以后，价格上涨潜力很大。在投资者买涨的过程中，止损空间有限。价格很容易在仙人指路形态完成以后继续走强，操作上把握买涨机会是盈利关键。

看点 3：在仙人指路形态中，价格冲高回落以后，不仅回调空间有限，汇价企稳回升的上行效率很高。虽然不能确定价格会以尖底的形态开始上涨，投资者以在价格加速上行的时候把握好买涨时机。

EUR/USD——两次仙人指路，预示价格上涨如图 4-26 所示。

看点 1：在图 4-26 中，欧元冲高回落两次以后，价格明显遇到了反弹阻力。在两次冲高过程中，欧元都在短线高位形成了冲高回落的阳线形态，显示出多方虽然尽力拉升汇价，但还是以失败结束。实战当中，这种看似失败的拉升形态，却是多方主力二次反攻的起始形态。

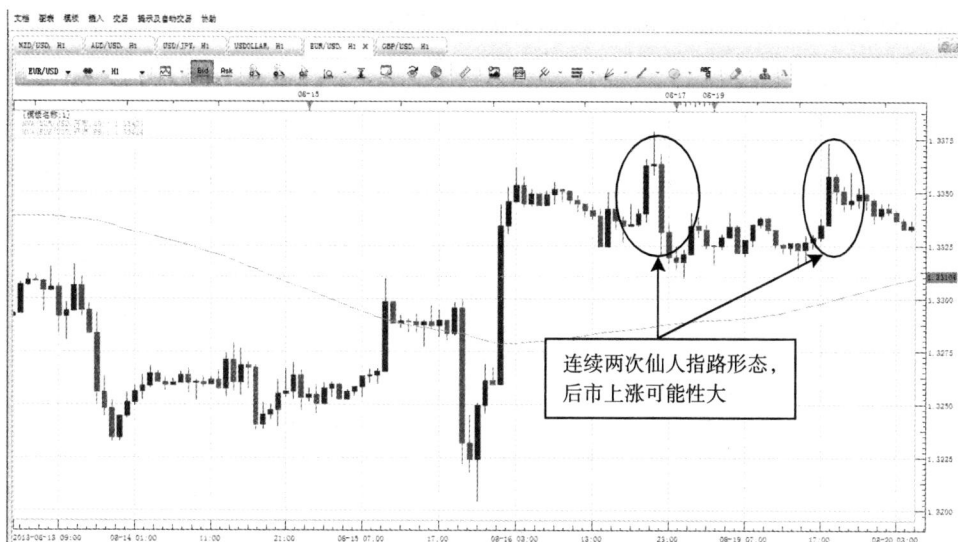

连续两次仙人指路形态，后市上涨可能性大

图4-26 EUR/USD——两次仙人指路，预示价格上涨

看点2：最重要的看点是，汇价虽然冲高回落，但是跌幅却非常有限。在汇价短线低点还未被跌破的过程中，投资者有足够的时间完成买涨动作。事实上，欧元冲高回落以后，价格跌幅非常有限。更多的交易时间当中，价格处于强势运行状态。一旦价格短线调整到位，投资者买涨将迎来获利时期。

看点3：连续两次冲高回落的仙人指路形态并不常见，而价格高位强势运行的过程中，投资者有更多的时间买涨并且获得投资回报。在欧元加速上行之前，两次仙人指路形态表明投资者短线买涨机会还是不错的。一旦汇价震荡企稳，增加做多资金可获得投资回报。

EUR/USD——反弹阳线预示价格即将走强如图4-27所示。

看点1：在图4-27中，欧元短线反弹阳线显然突破了前期高位，是投资者增加做多资金的重要看点。事实上，可以说欧元已经在图中位置加速回升。如果投资者追涨的速度不够快，很容易错过这一波行情。前期已经说过，连续两次的仙人指路形态，事实上已经提供给投资者买涨机会。在接下来的时间里，投资者可以考虑在图中位置上买涨获利。

看点2：在多头趋势还未结束的时候，投资者可以考虑在价格上行的时候增加买涨仓位。毕竟，行情真的形成以后，价格波动空间再逐步加剧。欧元短线上涨潜力还可以进一步释放，关键在于投资者仓位上跟上价格回升步伐，才能够获

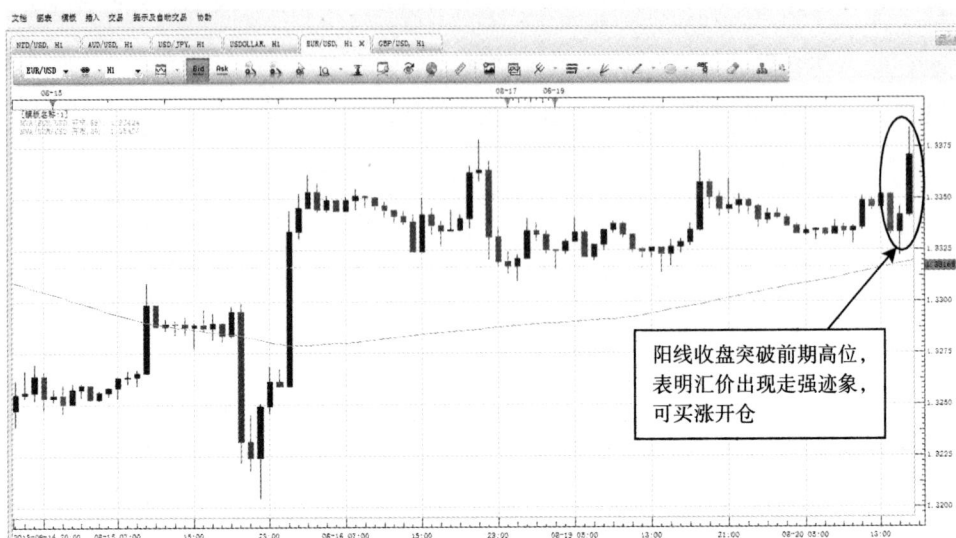

图 4-27　EUR/USD——反弹阳线预示价格即将走强

得利润。

　　EUR/USD——价格止跌回升，涨幅超过 100 点如图 4-28 所示。

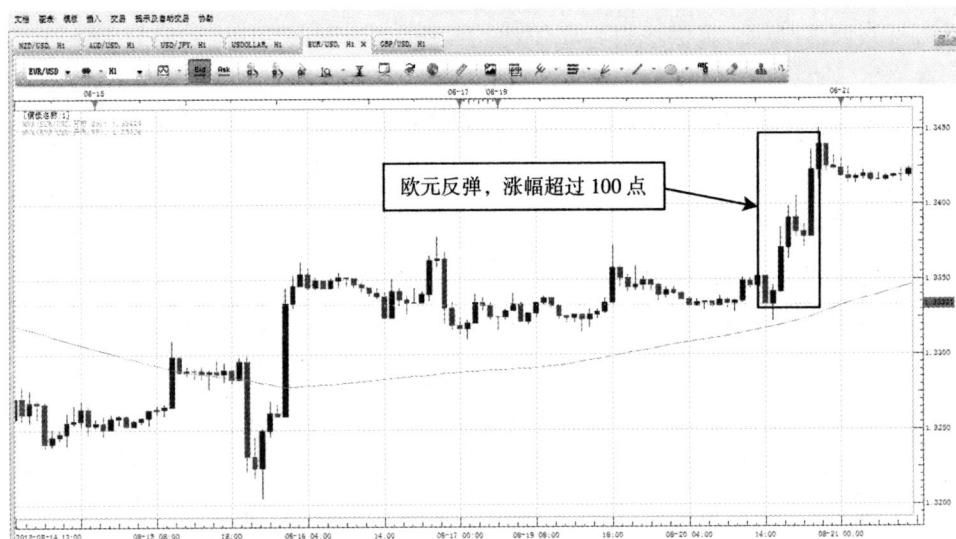

图 4-28　EUR/USD——价格止跌回升，涨幅超过 100 点

　　看点 1：图 4-28 显示，欧元/美元的 1 小时 K 线图中，价格上涨空间高达 100 点以上。事实上，起始于两次仙人指路形态的欧元，价格大涨也在意料当中。多方早有拉升欧元的意图，只是在价格还未走强之前采取了行动。

看点 2：欧元上涨空间很大，主要是因为价格调整得比较充分。两次仙人指路形态，其实也是价格大涨之前的调整走势。冲高回落的欧元获得支撑后，上涨过程中的做空压力较小，汇价自然出现较大涨幅。

六、仙人指路看跌形态

1. 形态特征

在汇价高位下跌之前，价格短线杀跌后出现反弹形态。一根下影线很长的十字星，是汇价触底反弹的重要起始点。虽然价格短线反弹上涨，却不改变回落趋势。反弹空间不大的情况下，汇价二次下跌的过程中，空头行情就很容易形成了。在汇价高位回落的时候，仙人指路形态中的探底回升阴线，其实是空方发动攻势的起始形态。价格早晚会出现较大跌幅，关键在于价格还未出现大跌之前，投资者就应该发现这一看跌迹象，并且积极做空获利。

2. 出现位置

汇价上涨乏力的情况下，价格从高位回落下来的探底回升形态，是投资者判断做空时机的重要看点。事实上，价格短线杀跌后探底回升，是仙人指路形态的空头趋势中的反映。价格还是会二次回落，关键在于汇价获得了短线支撑，而空方再次发动攻势的时候，价格就会大幅度下挫。

在多头行情即将结束的时候，汇价高位下挫的过程中，就会形成看空的仙人指路形态。该形态提示投资者，汇价震荡下挫行情即将到来。在价格短线反弹以后存在做空的机会。

3. 多空含义

看跌的仙人指路形态，也可以出现在汇价下跌的趋势中。如果价格反弹空间不大，反弹结束以后就会出现这样的看跌形态。在看跌仙人指路形态中，价格短时间的跌幅还是很大的，但却不能改变汇价的下跌状态。从价格杀跌的效率看来，汇价杀跌后的技术性反弹走势，表明做空力度还是很大的。不然的话，汇价也不可能在杀跌中形成技术性反弹走势。这样一来，投资者判断汇价下跌趋势也就有了依据。技术性反弹走势不改变汇价的下跌趋势，在阴线十字星反弹走势中，投资者可以考虑做空获得利润。

4. 实战操作

GBP/USD——英镑短线探底回升如图 4-29 所示。

图 4-29　GBP/USD——英镑短线探底回升

看点 1：图 4-29 显示，英镑的 1 小时 K 线图中，汇价探底回升以后，仙人指路形态已经形成。虽然英镑看似出现了反弹，但是短线杀跌的力度很大，K 线长长的下影线形态就很能说明问题。既然汇价已经短线杀跌，止损位设置不当的买涨投资者必然会出现被动止损局面。这样一来，汇价二次回落的概率就增加了。

看点 2：在英镑短线杀跌的过程中，价格探底回升的走势表明，买涨投资者承受了巨大压力。虽然英镑短线反弹向上，却不能掩饰空方主力打压汇价的决心。也就是说，英镑反弹完成以后还是会再次回落。

GBP/USD——英镑短线二次见顶如图 4-30 所示。

看点 1：图 4-30 显示，英镑短线两次冲高回落以来，汇价出现较大下跌空间。图中显示，价格震荡两次冲高无果而终，最终还是以回落结束。实战当中，把握这样的做空机会，投资者可以获得不错的回报。

看点 2：仙人指路形态早已经提示投资者即将出现的回落。虽然英镑短线反弹上涨，价格快速杀跌对买涨投资者造成的影响依然存在。这样一来，投资者可以考虑汇价两次高位回落后增加做空资金。很显然，短线杀跌后十字星指向的价

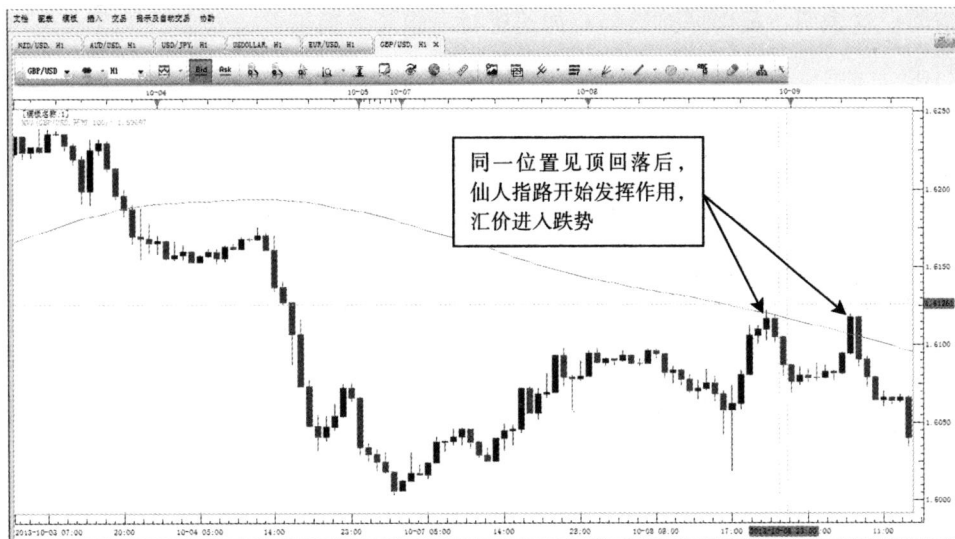

图 4-30　GBP/USD——英镑短线二次见顶

格低点，明显不是英镑的真正底部。随着交易的进行，进一步下挫还将延续。把握卖点的投资者，可以在接下来的跌势中获利。

GBP/USD——连续下挫出现如图 4-31 所示。

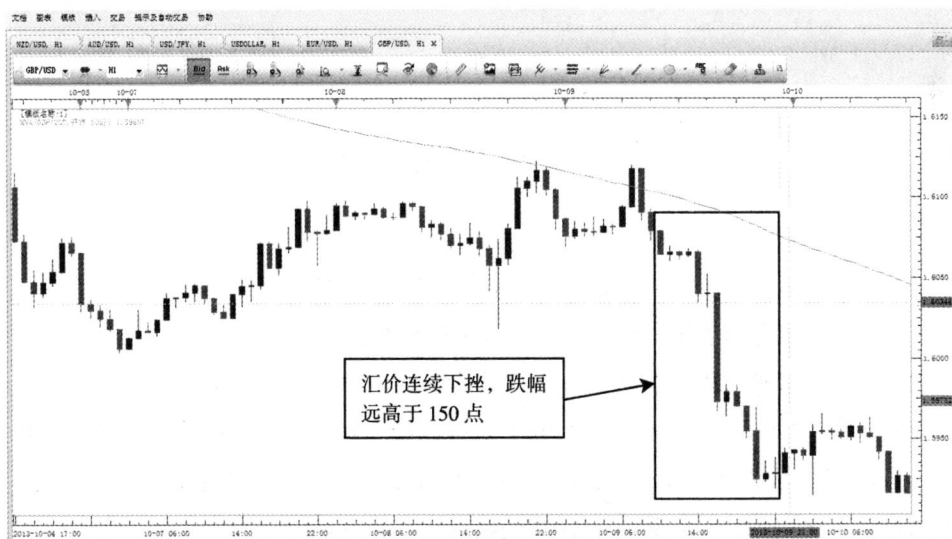

图 4-31　GBP/USD——连续下挫出现

看点 1：图 4-31 显示，英镑在调整过程中跌破了反弹走势，并且在接下来的回落趋势中跌破前期十字星显示的价格低点后，出现了高达 150 点以上的下跌空间。这表明，英镑回落趋势在加速进行，投资者前期开仓做空已经进入获利状态。

看点 2：在仙人指路形态中，价格跌破价格低点非常容易。汇价短线反弹并不意味着下方支撑较强。相反，多空争夺过程中汇价波动存在反复性。一旦汇价二次下挫，跌破支撑位非常容易。图中英镑大跌走势，是前期已经出现价格回落的情况下形成的，投资者可以据此判断。

EUR/USD——欧元杀跌，价格进入跌势如图 4-32 所示。

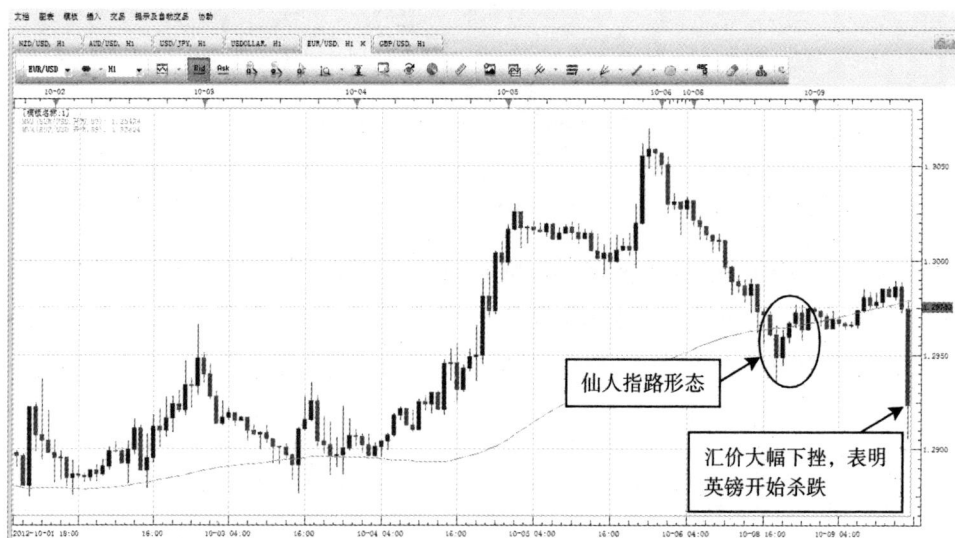

图 4-32　EUR/USD——欧元杀跌，价格进入跌势

看点 1：图 4-32 显示，欧元/美元的 1 小时 K 线图中，汇价高位下跌的时候，仙人指路形态早已经形成。价格连续单边回落的过程中，欧元很快跌破了100 日均线，表明回落还是在持续，并且价格跌幅出现了破位情况。

看点 2：在操作当中，图中大阴线破位下跌的情况已经有前车之鉴。在仙人指路形态中，汇价探底的时候，跌幅也是很深的。虽然欧元短线反弹上涨，不能避免二次下跌的结局。可见，要想获得投资回报，把握好价格高位反转趋势是必要的做法。大阴线提示投资者反转在加速进行，及早做空就能获得更多利润。

EUR/USD——空头中快速杀跌如图 4-33 所示。

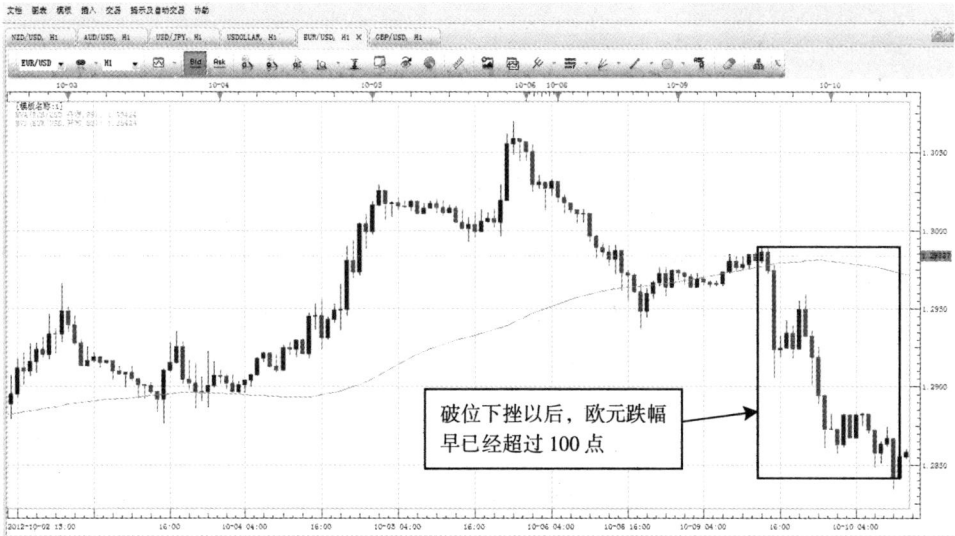

图 4-33　EUR/USD——空头中快速杀跌

看点 1：图 4-33 显示，欧元/美元的 1 小时 K 线图中，汇价跌幅较大的情况下，投资者有足够耐心去做空获利。在欧元大跌的过程中，大阴线成为加速回落的起点，而不容忽视的仙人指路看跌形态，也是值得关注的。

看点 2：仙人指路形态中，汇价可以短线杀跌并且探底回升，当然也可以在单边下跌的过程中触底反弹。两种情况下，对价格下跌趋势影响是相似的。随着交易的进行，欧元进一步走低的过程中，100 点以上的下跌空间很容易形成。

第五章　蜡烛线的上升三法

一、简单上升三法

1. 形态特征

在回升上涨过程中，突然在某个交易日出现一根大阳线，而大阳线之后价格连续几日调整后，第二根大阳线形成。这样一来，从汇价上行形态上看来，已经出现了两根大阳线夹着许多小 K 线的看涨形态，这便是投资者做多的机会了。

首次出现的大阳线，表明汇价上攻的信号。经过调整以后，大阳线二次出现，并且以穿头破脚诸多根小阴线的形式实现上涨，表明价格加速向上，是买涨机会。简单上升三法中，一般是两根大阳线夹着两到三根小 K 线，是汇价加速回升信号。

2. 出现位置

在汇价止跌企稳的初期，上升三法更容易形成。在价格走强的过程中，多方拉升汇价一定能够出现大阳线。大阳线是突破阻力的有效形态，而短线调整结束以后二次形成大阳线，则不断验证了回升趋势。投资者在汇价上行的初期，需要密切关注价格形态。一旦出现相应的简单上升三法，采取措施买涨将获得不错回报。

3. 多空含义

上升三法中，看涨信号主要体现在时隔不长出现的两根大阳线上。价格处于回升趋势中，表明投资者可以买涨盈利。大阳线的出现，说明多方有进一步拉升的迹象。当空方打压汇价的时候，大阳线第二次形成，显示多方买涨的意图明确。这个时候做多，投资者无疑可以稳定获得利润。

在看涨的上升三法中，价格上涨潜力会得到充分释放。如果投资者想要获利，必须关注接下来的价格走向。在上升三法出现的那一刻起开仓买涨，并且在趋势延续的时候增加做多资金，便能够获得不错的回报了。

4. 实战操作

GBP/USD——简单上升三法如图 5-1 所示。

图 5-1　GBP/USD——简单上升三法

看点 1：图 5-1 显示，英镑已经在 1 小时 K 线图中完成了看涨的上升三法形态。价格虽然涨幅不高，确实是明确的看涨形态。随着交易的进行，英镑有望短线加速上行。把握这个位置买点的投资者，可以获得不错的回报。

看点 2：上升三法虽然简单，阳线实体也不是很大，这并不影响价格回升态势。实际上，行情的发酵还需要时间。在价格震荡上行的时候上升三法提供了买点。

GBP/USD——再次出现上升三法如图 5-2 所示。

看点 1：图 5-2 显示，英镑冲高到 100 日均线以后再次出现调整形态。汇价短线调整至 100 日均线的过程中，一根大涨的阳线出现了。也就是这个时候，新的上升三法形成。只是这一次出现的上升三法，是更为复杂的形态。两根大阳线之间夹着 5 根小 K 线，表明大阳线突破还是非常有效果的。

图 5-2 GBP/USD——再次出现上升三法

看点 2：实盘操作中，汇价以大阳线的形式向上突破，表明投资者参与买涨后盈利空间还是很高的。大阳线突破力度较强，而价格向上突破后投资者有足够的盈利空间。图中显示的大阳线虽然涨幅较大，英镑上升潜力显然还未完全释放。

GBP/USD——英镑短线大涨如图 5-3 所示。

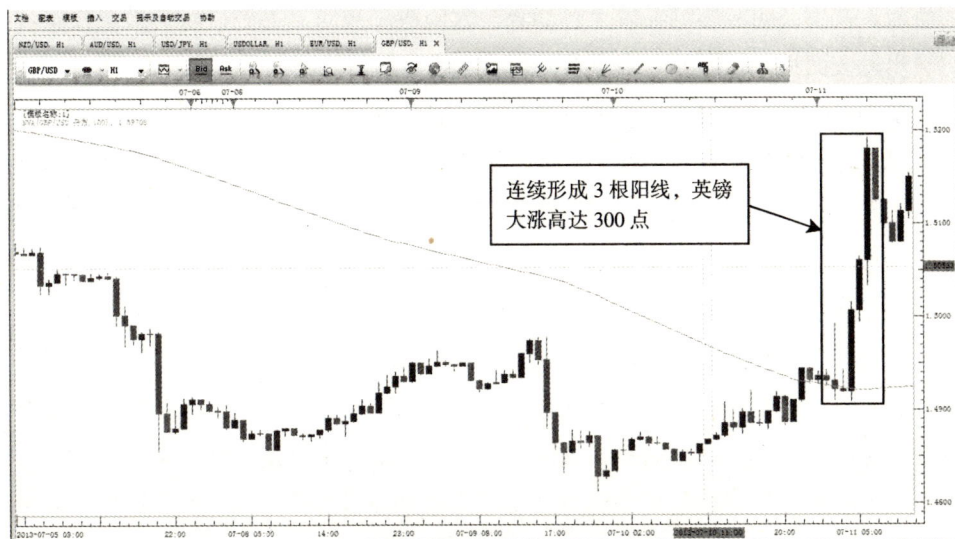

图 5-3 GBP/USD——英镑短线大涨

看点 1：图 5-3 显示，英镑/美元的 1 小时 K 线图中，汇价上涨空间还是很大的。连续拉升出 3 根大阳线以后，高达 300 点的涨幅形成了。事实上，300 点的上涨空间已经是非常难得的涨幅了。特别是用时仅 3 小时的情况下出现如此高的涨幅。对于投资者来讲，在这个时候做多无疑是获利的机会了。

看点 2：上升三法中，汇价上涨空间较大。特别是英镑在大涨之前还出现了连续两个有效的上升三法形态。这样的回升形态，更值得投资者密切关注。实盘操作中，明确的看涨形态需要投资者花费更多的资金买涨。看涨形态明确的情况下，大笔资金做多获利空间更大。多头行情会不断得到确认，关键就在于投资者能够发现其间的增仓时机。

二、复杂上升三法

复杂的上升三法中，价格在大阳线出现以后持续调整。复杂的上升三法，复杂程度就体现在价格回调的走势上。上升三法都是两根大阳线夹着多根小 K 线形态。这样看来，把握操作机会的情况下，投资者可以考虑做多盈利。

越是复杂的调整形态，被大阳线有效突破后上涨潜力越大。小 K 线的调整空间有限，并不会明显影响汇价上行趋势。大阳线二次向上突破以后，做空投资者将会出现大面积止损操作。多方拉升汇价大涨也就很容易做到了。

AUD/USD——澳元复杂上升三法如图 5-4 所示。

看点 1：图 5-4 显示，澳元震荡上行的过程中，汇价即将突破前期高位的时候，上升三法出现了。两根中阳线夹着多达 8 根调整的小 K 线，表明主力做多热情开始升温。

看点 2：如果说仅仅一根看涨阳线还不能说明问题，特别是在汇价向上突破的阶段，很容易冲高回落下来。但是，在价格出现第二次冲高阳线以后，突破意义就更大了。连续两根阳线向上突破，上方价格阻力已经很小。这个阶段，投资者与其说等待操作机会，倒不如尽快采取行动买涨，方能够获得利润。

AUD/USD——价格短线企稳（1）如图 5-5 所示。

图5-4　AUD/USD——澳元复杂上升三法

图5-5　AUD/USD——价格短线企稳（1）

看点1：图5-5显示，澳元短线上攻以后，虽然是上升三法，但价格还是出现了回调走势。图中显示的调整走势持续时间不长，当澳元获得支撑反弹的时候，回升趋势更为明确。实战当中，回升趋势中的买涨操作更容易获利，特别是在看涨的上升三法支撑下，澳元有望延续强势回升行情。

看点2：在澳元震荡上行期间，操作上看来，投资者应该把握好买点。即便是上升三法，价格频繁调整的情况也会出现。调整当中价格不会出现较大跌幅，投资者必须正确面对调整走势，才可能持续获得收益。事实上，澳元企稳以后震荡上涨，即便是回调也是以十字星阳线的形态出现的，这有助于投资者判断回升趋势。

AUD/USD——价格短线企稳（2）如图5-6所示。

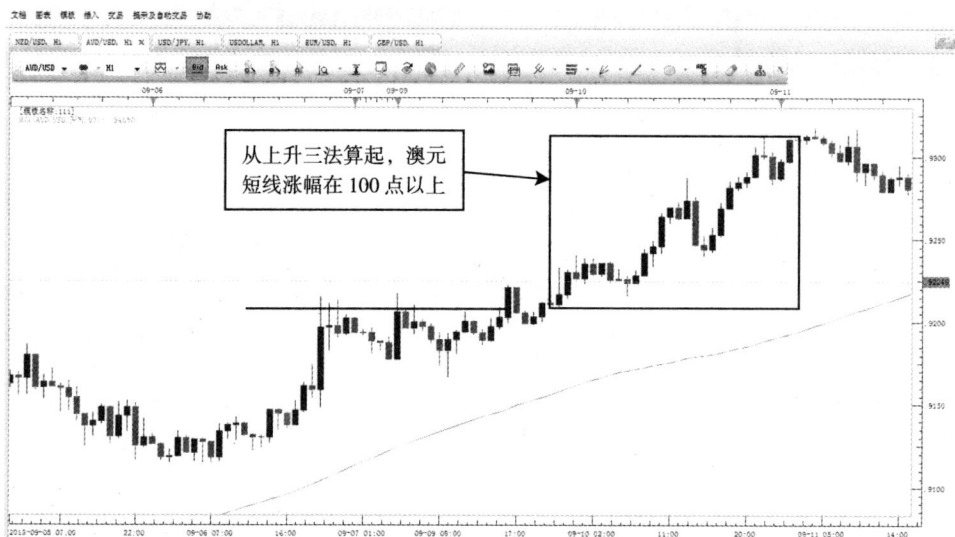

图5-6　AUD/USD——价格短线企稳（2）

看点1：图5-6显示，澳元震荡上涨的过程中，虽然看起来回升趋势非常缓慢，但依然存在100点以上的涨幅。从上升三法出现以后，该股震荡上涨的情况更加显著了。投资者可以在价格明确回升的时候增加一些多单，这样更容易盈利。

看点2：既然上升三法支撑效果理想，那么价格二次回调至上升三法很难出现。更何况澳元回升趋势显著情况下，大跌情况更难出现。

三、交替出现的上升三法

USD/CAD——价格低点的上升三法如图5-7所示。

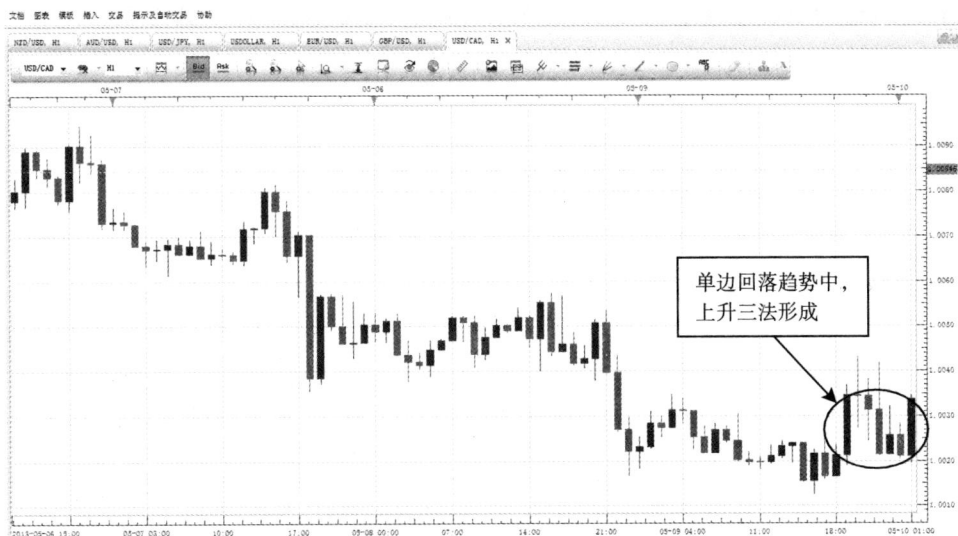

图 5-7　USD/CAD——价格低点的上升三法

看点 1：图 5-7 显示，美元/加元的 1 小时 K 线图中，价格已经显著反弹的情况下，时隔不久出现的两根中阳线，组成了明显的上升三法。上升三法中，汇价短线调整了 5 小时。调整完毕以后，两根阳线夹 5 根调整 K 线的看涨形态出现。

看点 2：在汇价震荡下挫的时候，看涨的上升三法是投资者不得不关注的买涨形态。在上升三法完成以后，价格反转效率会很高。

看点 3：图中看涨的上升三法完成以后，投资者就可以早早地买涨开仓了。中阳线形态完成的看涨形态，后市还会有更大的看涨形态出现。这样看来，投资者做多操作无疑是正确的。

USD/CAD——短线高位出现上升三法如图 5-8 所示。

看点 1：图 5-8 显示，美元/加元的 1 小时 K 线图中，随着价格冲高回落，短线高位出现了看涨的上升三法形态。价格上涨空间虽然不高，现在的回升形态表明加元还是会继续上行。

看点 2：上升三法可以出现在价格回升的任何时刻，特别是汇价开始上涨的初期阶段，更是如此。在美元/加元开始触底反弹之时，便是以上升三法开始的。价格回升至高位以后，冲高回落的汇价再次走强，同样以上升三法开局。这样看来，图中看涨的上升三法是投资者高位加仓的机会。随着交易进行，汇价上升潜力还将进一步释放。

图 5-8　USD/CAD——短线高位出现上升三法

USD/CAD——第三次出现上升三法如图 5-9 所示。

图 5-9　USD/CAD——第三次出现上升三法

看点 1：图 5-9 显示，汇价冲高至前期高位以上，价格短时间内完成了看涨的上升三法形态。从图中价格走势分析，该上升三法是由两根中阳线和 3 根调整 K 线组成的。

看点 2：在前期价格高位完成的看涨上升三法形态，说明价格在高位阶段依然看涨。该形态出现在高位，表明多方做多热情未改。看涨形态出现以后，汇价上升速度可能会减弱，但回升趋势还是会继续下去。后市投资者可以根据价格走势判断减仓或加仓操作。

USD/CAD——加元涨幅扩大如图5-10所示。

图5-10　USD/CAD——加元涨幅扩大

看点1：图5-10显示，美元/加元的1小时K线图中，价格突破前期高位以后，依然实现了50点的涨幅。事实上，这也多亏了短线高位出现的上升三法形态。价格上升潜力很大，遇到调整以后汇价依然能够止跌回升。

看点2：首次确认汇价的上行趋势的时候，上升三法的看涨意义不容忽视。在价格回升的过程中，调整总是不可避免地出现。这样一来，投资者就可以根据价格调整的节奏来选择买涨机会了。价格短线调整持续时间不长，而上行的趋势还是会继续。这样一来，投资者就可以在价格回升的时候增加做多资金了。K线形态中出现一次看涨的上升三法形态，投资者就可以增加仓位一次。

第六章　蜡烛线的下降三法

一、简单下降三法

1. 形态特征

在汇价下跌过程中，突然在某个交易日出现一根大阴线，而大阴线之后价格连续几日调整后，第二根大阴线形成。这样一来，从汇价上行形态上看来，已经出现了两根大阴线夹着许多小 K 线的看涨形态，这便是投资者做空的机会了。

首次出现的大阴线，表明汇价出现下跌的信号。经过调整以后，大阴线二次出现，并且以穿头破脚诸多根小阳线的形式实现下跌，表明价格加速下挫，是做空开仓机会。简单下降三法中，一般是两根大阴线夹着 2~3 根小 K 线，是汇价加速下挫信号。

2. 出现位置

在汇价冲高回落的初期，下降三法更容易成为现实。在价格高位回落的过程中，空方打压汇价一定能够出现大阴线。大阴线是突破阻力的有效形态，而短线调整结束以后二次形成大阴线，则不断验证了汇价下跌趋势。投资者在汇价下跌的初期，需要密切关注价格形态。一旦出现相应的简单下降三法，采取措施做空将获得不错回报。

3. 多空含义

下降三法中，看空信号主要体现在时隔不久出现的两根大阴线上。价格处于回落趋势的时候，表明投资者可以做空获利。大阴线的出现，说明空方有进一步打压汇价的迹象。当空方打压汇价的时候，大阳线第二次形成，显示多方买涨的意图明确。这个时候做多，投资者无疑可以稳定获得利润。

在看空的下降三法中，价格回落潜力会得到充分释放。如果投资者想要获利，必须关注接下来的价格走向。在下降三法出现的那一刻起开仓做空，并且在趋势延续的时候增加做多资金，便能够获得不错的回报了。

4. 实战操作

EUR/USD——下降三法出现如图 6-1 所示。

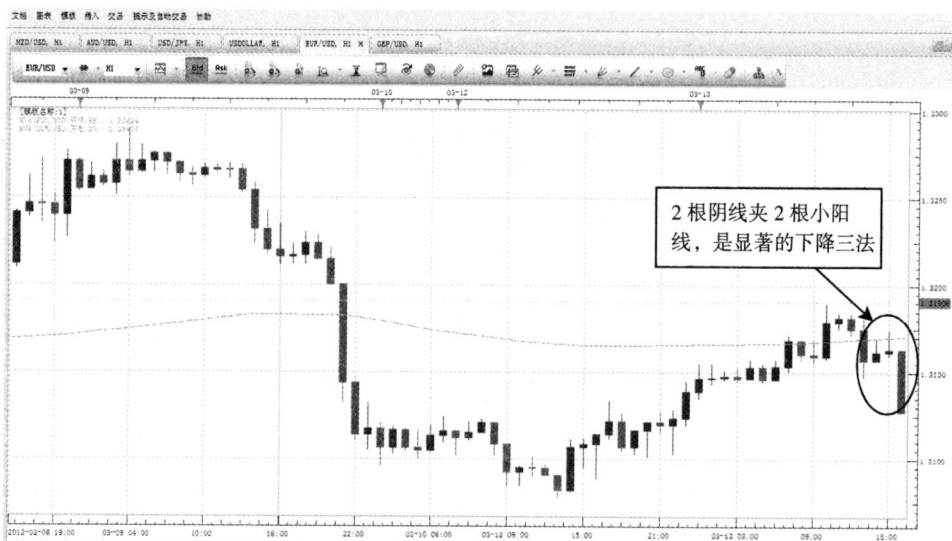

图 6-1 EUR/USD——下降三法出现

看点 1：图 6-1 显示，欧元/美元的 1 小时 K 线图中，汇价冲高回落以后形成了看跌的下降三法。价格虽然出现两根 K 线的反弹走势，却很难逆转汇价下跌趋势。接下来的大阴线很快出现了破位，表明两根阴线构成的下降三法形成。

看点 2：下跌趋势中，大阴线对趋势影响最大，是汇价下跌趋势得以延续的重要形态。而大阴线与之前的阴线构成下降三法形态，表明阶段性的下跌行情还是会持续下去。这个时候，也正是投资者考虑做空的有利时机。随着价格的回落，做空投资者有望获得不错回报。

EUR/USD——3 根 K 线组成下降三法如图 6-2 所示。

看点 1：图 6-2 显示，阳线反弹空间有限的情况下，第三根阴线形成。这样一来，两根大阴线夹一根小阳线的下降三法形成。虽然形态比较简单，对趋势的影响却非常大。连续两次完成下降三法形态以后，投资者考虑做空是没有问题的。

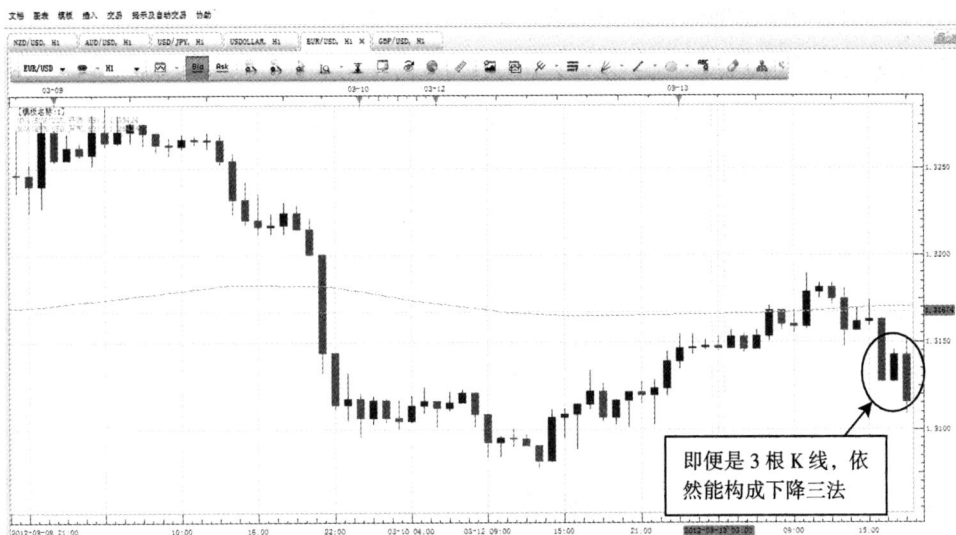

即便是 3 根 K 线，依然能构成下降三法

图 6-2　EUR/USD——3 根 K 线组成下降三法

看点 2：图中下降三法形态中，中间的大阴线其实与两个下降三法共用了阴线。也就是说，连续形成的下降三法，打压汇价到价格低点。这个时候，投资者做空操作是没有任何问题的，关键是在把握做空时机的情况下大笔资金做空开仓，就能够获得不错的回报。

EUR/USD——欧元跌幅扩大如图 6-3 所示。

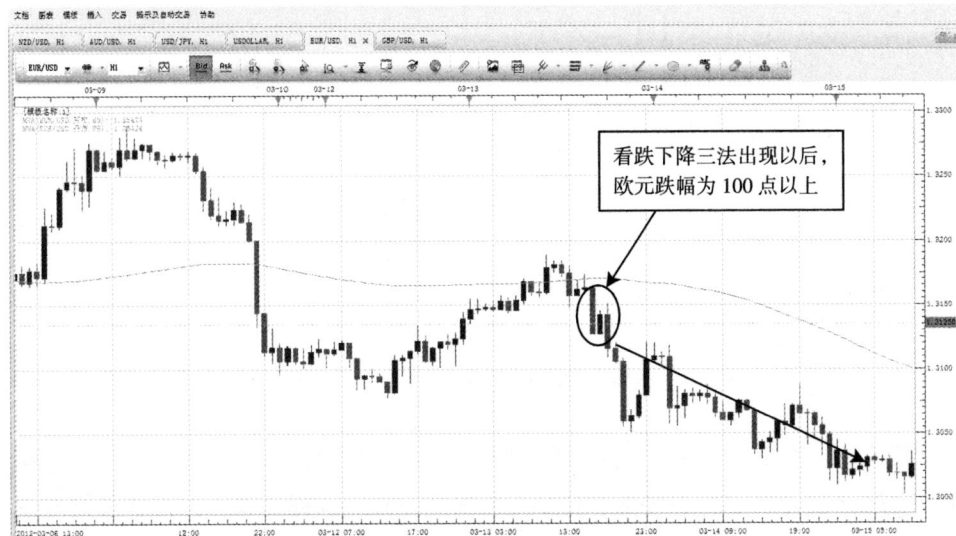

看跌下降三法出现以后，欧元跌幅为 100 点以上

图 6-3　EUR/USD——欧元跌幅扩大

看点 1：图 6-3 显示，欧元 1 小时 K 线中的下跌节奏还是非常连续的。汇价在单边回落的趋势中持续走低，投资者选择价格高位做空的机会很小。汇价单边下挫的时候，投资者只能在价格下跌过程中增加做空资金，才可能把握这一波行情。

看点 2：看跌的下降三法形态完成以后，欧元的下跌节奏非常紧凑。压力线以下，价格反弹空间有限。总体看来，汇价下跌空间已经高达 100 点以上。欧元短线跌幅高达 100 点并不经常出现，而单边下跌走势中，100 点的下跌空间却容易实现。这样一来，图中显示的下降三法后的做空机会，做空利润已经在百点以上，成为投资者不容忽视的操作时机。

二、复杂的下降三法

EUR/USD——大阴线开始的下降三法（1）如图 6-4 所示。

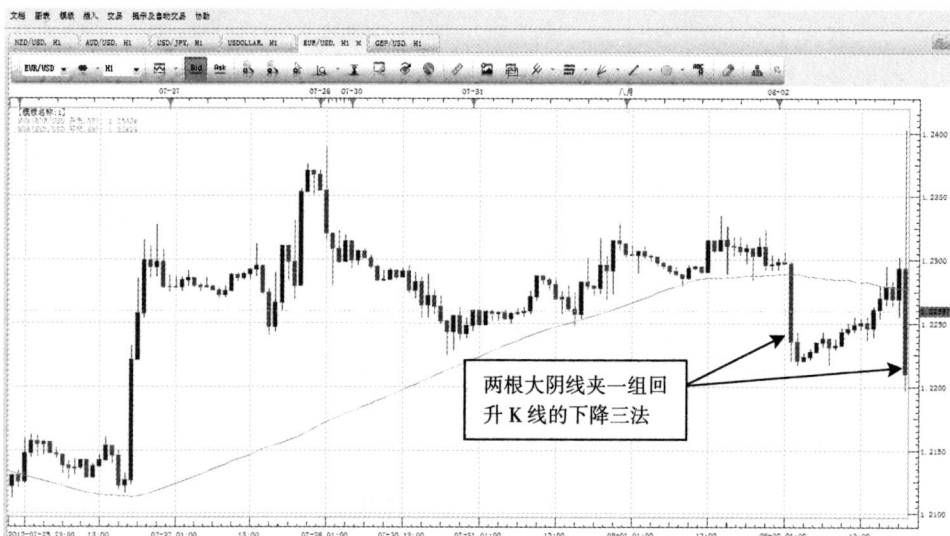

图 6-4　EUR/USD——大阴线开始的下降三法（1）

看点 1：图 6-4 显示，欧元/美元的 1 小时 K 线图中，汇价高位回落的过程中，连续两根大阴线夹众多小 K 线的看跌形态出现。这样一来，投资者可以考虑快速做空获利了。大阴线跌幅较大，并且一举跌破了诸多小 K 线，是非常可靠的看跌形态。把握这样的做空机会，盈利空间将会很高。

看点2：大阴线首次破位下跌的时候，价格单边下挫趋势还未明显形成。这是价格反弹无果而终的时候，大阴线第二次出现并且跌破了K线调整形态，将是不错的做空时机。

看点3：大阴线组成的看跌下降三法中，由于其间的汇价反弹时机较长，这样的价格走势很容易迷惑投资者。大阴线无疑指引了方向，说明价格很难高位运行的情况下，下跌趋势将进入加速阶段。操作上看来，投资者把握好做空节奏，开仓做空必然能够盈利。

EUR/USD——大阴线开始的下降三法（2）如图6-5所示。

图6-5　EUR/USD——大阴线开始的下降三法（2）

看点1：图6-5显示，欧元/美元的下跌趋势中，价格探底回升的形态表明，汇价短线遇到了技术性反弹走势。价格反弹空间不高，且难以逆转回落下跌节奏。这个时候，投资者做空获利还是能够成功的。

看点2：随着下跌趋势的延续，投资者有更多时间获得利润。大阴线高位出现以后，价格震荡下挫趋势短时间内很难逆转，持有空单的投资者可以等待价格进一步回落中获得利润。

EUR/USD——汇价跌幅大至60点如图6-6所示。

图 6-6　EUR/USD——汇价跌幅大至 60 点

看点 1：图 6-6 显示，欧元的 1 小时 K 线中跌幅较大，大阴线出现以后的下跌空间在 60 点以上。可见，判断汇价下跌趋势的时候，下降三法是有效的做空信号。随着大阴线的形成，买涨投资者因此大量遭受止损打击，汇价短时间内惯性下跌成为可能。

看点 2：汇价波动空间很大，特别是在消息面出现左右汇价的情况时，更是投资者关注的重点时期。大阴线跌幅较深，是价格异动过程中形成的看跌形态。从下降三法的完成以后汇价在 3 小时内下跌空间判断，即便汇价短线走低，投资者仍然可以根据下降三法做空获利。

EUR/USD——看跌下降三法如图 6-7 所示。

看点 1：图 6-7 显示，欧元高位回落的时候，中阴线与大阴线夹多根小 K 线的下降三法形成。在随后的价格走势中，3 根连续回落的十字星，是汇价单边趋势延续的结果。虽然欧元在大阴线出现以后跌幅有限，却为投资者提供了高位做空的机会。事实上，下降三法以下，汇价短时间内很难出现像样的反弹。这样，投资者做空无疑是容易获得收益的做法。

看点 2：从汇价的下跌节奏看来，短线反弹走势也正是汇价遇到支撑的结果。随着调整的结束，相信更大规模的回落还会出现。下降三法以下，汇价将震荡走低，大跌之前卖点把握非常重要。

大阴线出现，下降三法形成

图 6-7 EUR/USD——看跌下降三法

EUR/USD——中阴线再次出现如图 6-8 所示。

汇价继续下挫，跌破诸多K线以后，完成下降三法

图 6-8 EUR/USD——中阴线再次出现

看点 1：图 6-8 显示，欧元在反弹无望的情况下出现下跌阴线，价格很快出现破位情况，是投资者再次做空的机会。形态上判断，图中下跌阴线与前期破位大阴线构成新的看跌下降三法，表明欧元回落趋势得到确认。

看点 2：在 100 日均线以下，下降三法对汇价下跌趋势影响很大。也就是说，图中汇价跌破 100 日均线以后，再次出现下降三法的时候，将是理想的做空机会。价格不会因为反弹走势而结束，投资者做空操作还是可以继续获得收益。

EUR/USD——汇价跌幅大至 100 点如图 6-9 所示。

图 6-9　EUR/USD——汇价跌幅大至 100 点

看点 1：图 6-9 显示，欧元/美元的 1 小时 K 线图中，汇价下跌空间快速扩大至 100 点以上。也就是说，欧元经过前期高位反转的下降三法以后，价格跌幅已经快速扩张了。实战当中，投资者对于大阴线构成的下降三法显然多关注才行。这类看跌的 K 线形态一旦出现，价格不仅仅是走弱的问题，跌幅扩大至投资者意想不到的程度，也是不错的盈利机会。

看点 2：相比大阴线跌幅，欧元累计下跌空间要大得多。大阴线只是一个突破口，完成看跌的下降三法以后，汇价震荡走低的过程中，投资者能够发现期间的盈利机会还是很多的。不过考虑到价格回落速度较快，把握卖点还需要投资者尽快做空才是。

三、交替出现的下降三法

在汇价进入跌势的过程中，下降三法是驱动价格回落的重要形态。该形态如果出现在价格逆转的主要高位，那么对汇价走低影响将会非常显著。随着交易的进行，交替出现的下降三法更成为汇价走低的重要形态。当价格在回落过程中遇到支撑以后，短线就可能出现反弹情况。而汇价结束反弹走势的形态，也正是交替出现的下降三法。

可以说，在大阴线主导的回落走势中，交替出现的阴线主导了汇价下跌趋势。操作上看来，投资者可以考虑在大阴线形成之时发现看跌的下降三法，并据此做空获利。

EUR/USD——100 日均线下方的下降三法如图 6-10 所示。

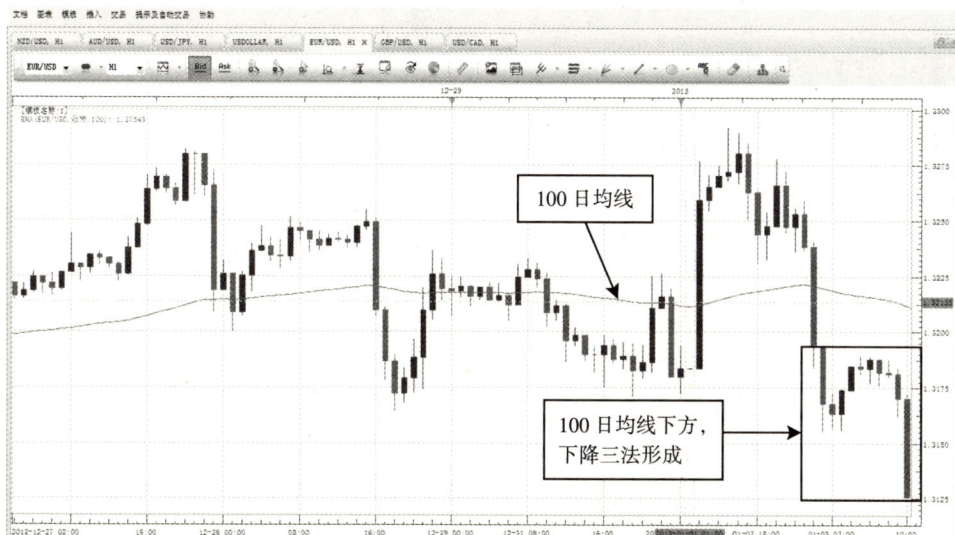

图 6-10　EUR/USD——100 日均线下方的下降三法

看点 1：图 6-10 显示，欧元/美元的 1 小时 K 线图中，价格高位震荡下挫的过程中，100 日均线下方出现下降三法。也就是说，欧元跌破 100 日均线以后，以下降三法的形式加速回落，显然是看空信号。

看点 2：在汇价下跌的过程中，大阴线出现后一步步确认回落趋势。图中欧元在 100 日均线以下反弹空间有限，价格终结二次下跌，显示出回落趋势有加速迹象。针对下降三法确认的空头趋势，投资者不得不将资金用于做空欧元。下降三法首次确认以后，价格短时间内跌幅较大。利用欧元每次反弹的机会增加做空资金，一旦汇价再次破位，新的下降三法被确认以后，做空资金自然处于盈利状态。

看点 3：当汇价首次明确出现下降三法的时候，价格今后的下跌走势很可能延续这种回落形态。也就是说，每当价格短线反弹以后，都会最终以大阴线杀跌的形式结束反弹走势。大阴线一旦形成，就会出现两根阴线夹多根反弹 K 线的下降三法形态，成为投资者做空的重要形态。

EUR/USD——连续下降三法如图 6-11 所示。

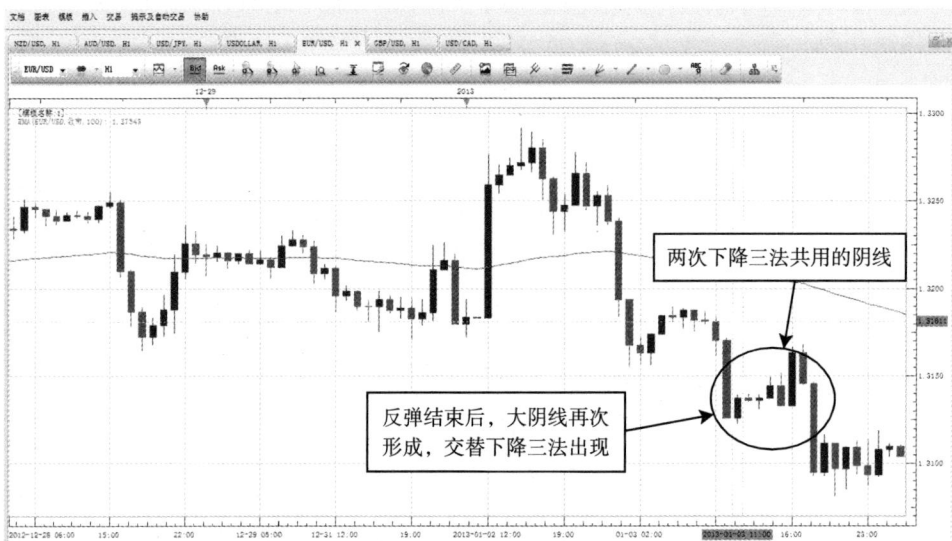

图 6-11　EUR/USD——连续下降三法

看点 1：图 6-11 显示，欧元/美元的回落趋势中，第二次形成的下降三法形态，使得汇价再创新低。值得注意的是，第二个下降三法的首根下降阴线，是上一次下降三法的第二根阴线。共用一条下降阴线的下降三法形成，这也是汇价下跌速度较快的反映。

看点 2：在汇价波段下跌的时候，反弹空间很小，投资者抢反弹的获利空间根本不值一提。这样一来，把握波段行情高位做空，成为盈利的重要手段。欧元虽然处于回落态势，以下降三法形式回落的趋势，非常适合投资者持续增加做空资金获利。

看点3：下降三法形态中，价格回落趋势的下跌节奏很强。高位与低点轮番出现，但价格低点更低，高位却不能达到前期高点。随着汇价下跌趋势不断被下降三法强化，投资者能够发现欧元下降趋势将更加明确，以至于不需要下降三法的情况下，汇价进入连续下跌阶段。

EUR/USD——下降三法致使欧元大跌如图6-12所示。

图6-12　EUR/USD——下降三法致使欧元大跌

看点1：图6-12显示，欧元/美元的1小时K线图中，汇价波段下跌的情况显而易见。价格虽然震荡下挫，总体跌幅却高达300点。可见，针对下降三法的下跌趋势，投资者不能轻易失去盈利机会。

看点2：欧元以下降三法形式回落的时候，卖点非常多。图中显示，阴线1是首个下降三法的下跌阴线。阴线1和阴线2、阴线2和阴线3以及阴线3和阴线4组成了三组下降三法。投资者在这三个下降三法的任意一个反弹阶段都可做空获利。

看点3：三组下降三法连续出现，表明汇价下跌节奏非常快。欧元的反弹空间有限，大阴线频繁出现后，主导了汇价的下跌走势。

第七章　蜡烛线的持续形态

一、三角形

1. 形态特征

汇价波动过程中，三角形调整形态总是非常容易形成。作为调整形态，三角形是比较简单的形态。虽然是简单的调整形态，价格波动情况却非常复杂。三角形逐步形成的过程中，汇价波动可以从小到大，也可以从大到小转变。事实上，三角形的调整形态，是价格波动从小到大，再到小的过程中实现的。当然，当价格短线涨跌空间较大，价格波动空间逐步收窄的时候，也容易形成三角形调整走势。总的来看，只要投资者把握好价格波动趋势，三角形调整同样提供了不错的盈利机会。

2. 出现位置

三角形调整形态，一般会出现在价格连续涨跌幅过大的时候。这个时候，是投资者考虑开仓的重要短线机会。价格波动空间虽然很大，却掩饰不了汇价反转形态出现。三角形调整形态完成之前，价格进入调整状态。一旦三角形调整形态完成，该形态就可能成为汇价单边涨跌的起始形态。投资者可以考虑在三角形完成的时候开仓，以便获得投资回报。

价格高位和低点，都是三角形调整形态出现的位置。在这些价格反转点上，多空双方争夺还是非常激烈的，短时间内完成反转走势并不实际。这样一来，把握操作机会的投资者可以在三角形调整过程中盈利。

3. 多空含义

在三角形调整走势中，判断价格涨跌方向非常困难。与其说等待价格运行趋势形成，倒不如在汇价调整期间开仓买卖，这样做更容易获得收益。三角形调整形态中，汇价调整的三角形扩大力度越大，投资者短线买卖的盈利空间就越高。事实上，汇价调整结束之前，投资者有足够的机会完成短线操作，并且获得不错的回报。

三角形调整形态中，投资者买卖的时刻，可能处于三角形扩张时段，当然也可能在三角形的两边收缩时段。如果价格正处于扩张阶段，那么投资者开仓的盈利空间会高于前期价格波动空间。如果是收缩阶段，开仓以后获利空间会明显减小，甚至不能在开仓后获得利润，这也是应该注意的地方。

4. 实战操作

USD/CAD——直角三角形调整如图 7-1 所示。

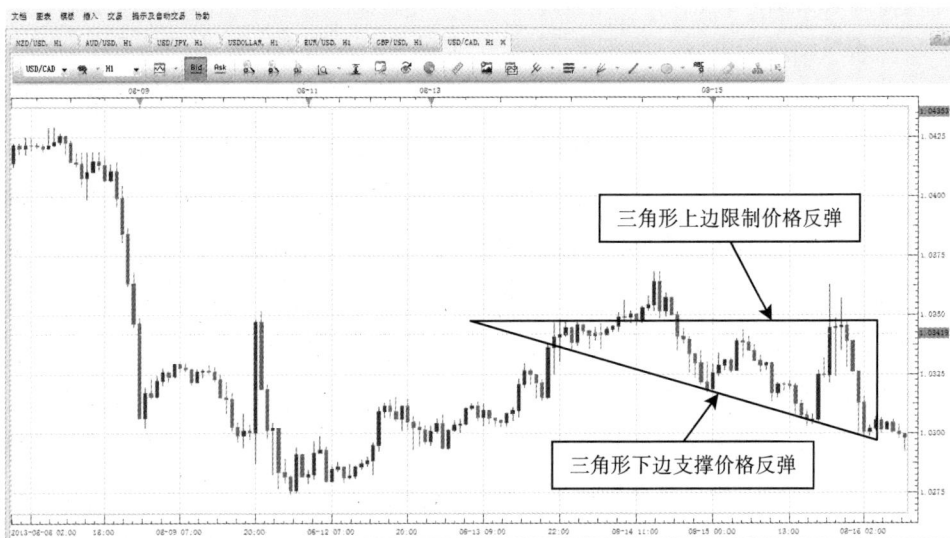

图 7-1　USD/CAD——直角三角形调整

看点 1：图 7-1 显示，美元/加元的 1 小时 K 线图中，汇价明显处于短线回落阶段。在上有压力下有支撑的情况下，汇价反弹的高位止于前期高点，而价格低点不断下降。这个时候，连接阻力线和下跌支撑线以后，很容易就得到了下降趋势线。

看点 2：在三角形形态中，汇价震荡下跌的时候，三角形波动空间正处于增大期间。这个时候短线买卖更容易获得利润。汇价短线底部还未形成，而高位压力存在的情况下，从短线高位做空可获利空间在增加当中。而汇价下跌的时候，投资者在价格反弹期间总是可以持仓，等待价格反弹至短线高位再考虑平仓。

USD/CAD——新型三角形调整如图7-2所示。

图 7-2　USD/CAD——新型三角形调整

看点1：图7-2显示，美元/加元的1小时K线图中，汇价震荡下挫的情况出现缓解。当价格短线止跌回升并且反弹至前期高位的时候，新的三角形调整出现。虽然价格已经达到短线高位，仍然不能突破阻力位。这样一来，图中大阴线回落就很容易理解了。将汇价波动放在更大的三角形调整形态中来看，大跌阴线只是说明价格依然处于调整期，并未出现任何有效突破。

看点2：三角形调整走势中，价格双向波动持续时间很长，总是会出现几个波动的行情，而投资者如果以这样的波动行情低点买涨而高位做空，必然获得不错利润。

看点3：三角形形态即将结束的时候，突破三角形一边的价格走势会很快出现，但何时三角形调整结束，还需要投资者来判断。如果调整正处于进行阶段，买卖还需根据调整形态的压力位和支撑位来判断平仓时机。

USD/CAD——汇价突破三角形上边如图7-3所示。

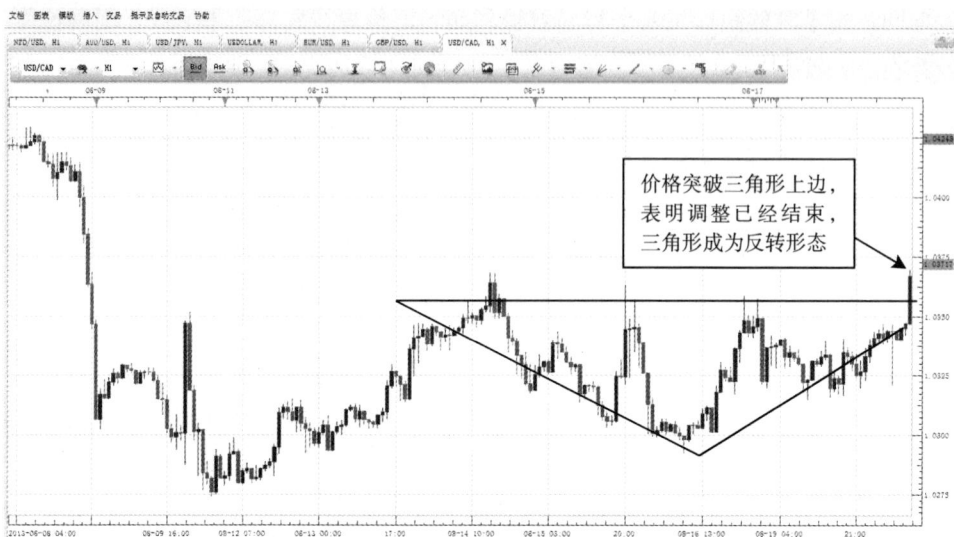

图 7-3　USD/CAD——汇价突破三角形上边

　　看点 1：图 7-3 显示，图中三角形调整形态上边出现大阳线的有效突破信号，可以作为突破成功信号。前期三角形调整已经足够充分，价格双向波动的时间也比较长。这个时候，汇价很容易向上大幅度攀升。图中显示的三角形调整形态，经历了波动空间逐步增加以及波动空间收缩的过程。可以说，这两个过程完成以后，价格基本会继续回升，买涨投资者的盈利空间有望打开。

　　看点 2：作为调整形态，三角形的调整走势是比较理想的企稳形态。在三角形调整形态结束的时候，开仓可以获得不错利润。汇价处于三角形内部调整阶段，投资者可以考虑频繁买卖来获取价格双向波动的利润。

　　USD/CAD——高位调整三角形如图 7-4 所示。

　　看点 1：图 7-4 显示，美元/加元的汇价高位出现了三角形的调整形态。价格冲高回落以后波动空间不断收窄，最终完成了看跌的三角形调整形态。三角形调整形态的出现，表明汇价高位运行的可能性已经不存在了。这个时候，最佳盈利策略是做空操作。当然，如果投资者利用调整的机会获利，汇价达到三角形底边的时候可以考虑买涨盈利，而一旦价格反弹空间增加，价格达到三角形上边的时候，做空依然能够获得短线回报。

　　看点 2：图中显示，汇价在三角形调整阶段至少出现了三次双向波动。也就是说，汇价在三角形调整形态中频繁冲高回落的时候，投资者至少可以有三次买

图 7-4　USD/CAD——高位调整三角形

涨盈利机会，并且有三次做空获利机会。

看点 3：三角形调整过程中，价格何时完成调整走势，还需根据实际情况判断。图中汇价双向运行时间很长，投资者有足够多的机会买卖获利。不过，当三角形调整形态中价格波动空间特别小的时候，盈利空间有限还是暂且回避开仓为好。

二、喇叭口形

1. 形态特征

喇叭口是一种扩散形态，价格波动空间逐渐加剧的时候，容易出现这种调整走势。虽然喇叭口形态波动空间快速扩张，价格走势依然存在一定的规律。喇叭口的上边，是汇价反弹上涨的阻力位，而喇叭口的下边，是汇价下跌的支撑线。随着交易的进行，喇叭口形态中的买卖机会还是很多的。

喇叭口形态不断扩张的过程中，投资者可以考虑在价格低点买涨，并且在价格高位做空，来回几个回合以后，便可获得不错的利润了。价格双向运行的过程中，价格总会出现一个方向的突破。只要突破还未出现，投资者就可以认为是价格处于喇叭口形态的内部，这样高卖低买的交易方式就能够获得利润了。

2. 出现位置

实战当中，投资者会发现价格每当大涨以后的汇价高位，都容易形成喇叭口形态。当然，在汇价持续下跌以后的低点，也容易出现这种调整形态。喇叭口形态也是一种调整走势，但价格波动空间更高了。在喇叭口调整形态中，多空双方争夺非常激烈。价格双向波动的过程中，低点和高位成为开仓的重要时机。

出现在汇价即将反转的位置上，喇叭口形态就具备了反转形态的意义。如果价格可以在喇叭口形态中宽幅波动，那么多空中的一方必然会因为价格双向波动而损耗大笔资金。随着行情逐渐明朗，多空中一方控制局面以后，喇叭口形态就将被突破。这个时候，将是调整形态向反转形态转变的时候。

3. 多空含义

如果喇叭口形态出现在单边趋势中，那么该形态将具备调整形态的意义。也就是说，在喇叭口形态完成以后，汇价将延续前期的运行趋势。当然，如果喇叭口形态出现在行情末期，这种调整形态就不会延续前期趋势了。调整结束以后，价格会出现逆转的。喇叭口形态双向波动的情况将会结束，结束的那一刻便是逆开仓的时机了。

喇叭口形态波动空间虽然很大，该调整形态必将成为单边趋势中的起始点。汇价波动空间加剧的时候，投资者不必因为难判断价格运行趋势苦恼。汇价总是会出现突破的，关键在于投资者需要把握机会才行。

4. 实战操作

AUD/USD——高位调整的喇叭口形态如图 7-5 所示。

看点 1：图 7-5 显示，澳元在汇价高位完成了明显的喇叭口形态。当汇价连续两次冲高回落完成以后，图中连接 A、B 点高位以及 C、D 点低位的喇叭口形态出现了。从喇叭口形态来看，价格波动空间已经相当大。行情还未明显进入回落趋势之前，投资者可以考虑在喇叭口形态内部短线操作。

看点 2：从汇价波动空间判断，B 点价格高位明显高于 A 点；而 D 点价格低位要低于 C 点。这样的情况能说明一个问题，即价格波动空间在加大，而行情还未完全出现。考虑到图中 D 点恰好为喇叭口形态的低点，投资者可以考虑买涨获利。

看点 3：从当前汇价波动情况分析，投资者可以断定的是，价格还远没有完

图 7-5 AUD/USD——高位调整的喇叭口形态

成突破。也就是说，汇价一定会在喇叭口形态内部双向波动，买涨在图中 D 点，价格上涨幅度有望达到 B 点以上。如果涨幅真的这么高，那么澳元涨幅将达到 200 点。

AUD/USD——汇价大跌 200 点以上如图 7-6 所示。

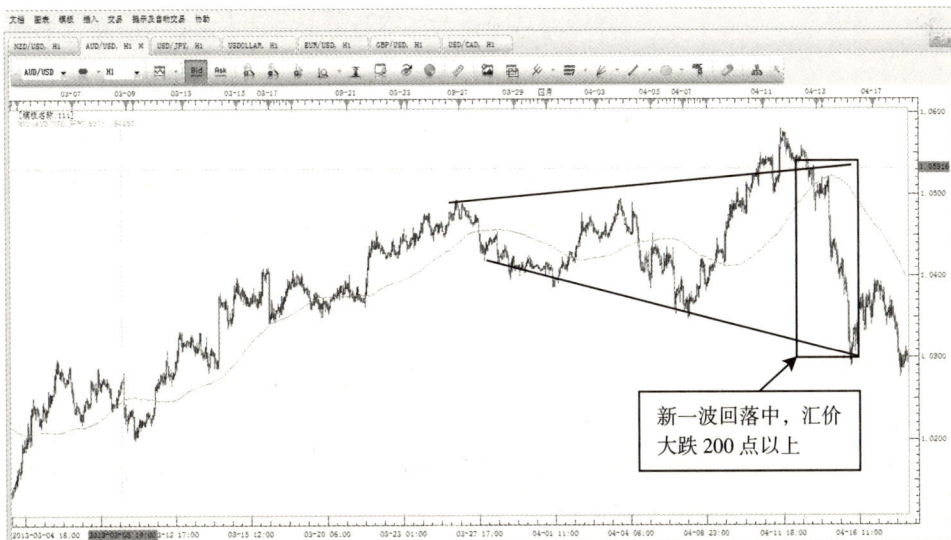

图 7-6 AUD/USD——汇价大跌 200 点以上

看点 1：图 7-6 显示，澳元从喇叭口形态下方反弹的过程中，的确涨幅高达 200 点。价格达到喇叭口上边的时候，由于高位做空压力存在，汇价震荡下挫，并且重新回落至喇叭口下边附近。这样一来，投资者可以判断澳元的双向波动又进行了一次。

看点 2：从双向波动的澳元 1 小时 K 线分析，汇价冲高回落的一个来回中，涨跌空间在 200 点以上。虽然喇叭口形态中汇价已经连续第三次冲高回落，投资者仍然可以在汇价下挫至喇叭口形态的下边之时考虑买涨。

看点 3：喇叭口形态持续时间长，价格波动空间大，是非常难得的短线买卖机会。但随着交易的进行，投资者也需要关注价格在异常波动的过程中，还会存在向喇叭口一边的突破走势。也就是说，价格一定会突破喇叭口一边，并且进入到单边趋势中，这是值得关注的地方。一旦价格脱离喇叭口形态，波动空间就会非常大，将是投资者考虑战略性建仓的时机。

AUD/USD——喇叭口形态中的反转信号如图 7-7 所示。

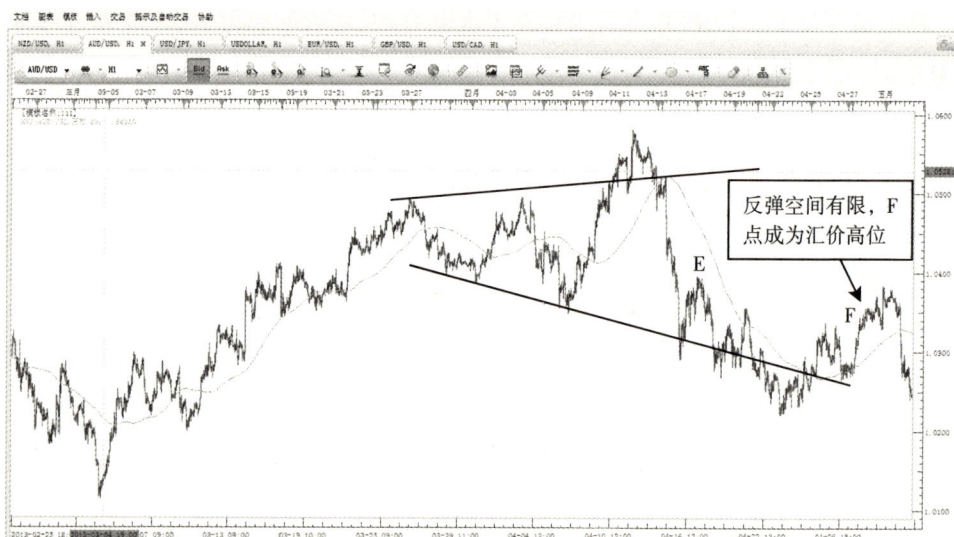

图 7-7　AUD/USD——喇叭口形态中的反转信号

看点 1：图 7-7 显示，澳元 1 小时 K 线图中，汇价从图中 F 位置开始回落，表明喇叭口调整形态进入反转阶段。

看点 2：喇叭口调整形态中，汇价经历了连续三次明显的冲高回落走势后，价格终于在图中 F 点进入跌势。事实上，F 点对应的 E 点，是相似的价格高度。

既然汇价反弹高度仅达到了 F 点，说明澳元已经开始见顶回落。在接下来的走势中，汇价跌破喇叭口形态下边会很快出现。到时候，投资者做空后获利空间将被放大。

AUD/USD——单边回落 600 点如图 7-8 所示。

图 7-8　AUD/USD——单边回落 600 点

看点 1：图 7-8 显示，澳元从 F 位置回落以后，进入到单边下跌行情中。汇价下跌的过程中，累计跌幅已经高达 600 点。考虑到喇叭口形态中汇价波动空间也在 200 点，这样看来，汇价跌破喇叭口形态后回落 600 点并不奇怪。

看点 2：喇叭口形态的高度为 200 点，价格跌破喇叭口形态以后回落 600 点，可见不仅喇叭口形态内部获利空间很大，一旦汇价跌破喇叭口，那么进一步下跌空间更大。喇叭口是规模很大的调整形态，也是投资者不容错过的短线交易形态。

三、矩形

1. 形态特征

汇价波动过程中，价格运行到某一点位的时候，遇到了强烈阻力。在阻力位置出现折返走势，但汇价又在调整以后获得新的支撑。阻力和支撑之间的汇价双向波动，就构成了具体调整形态。在矩形调整形态中，价格波动空间有限，是投资者考虑短线买卖的机会。矩形调整形态中，价格双向波动时间较长，投资者完全有机会短线买卖获得利润。

2. 出现位置

矩形调整形态多出现在汇价大涨或大跌以后，是短时间内汇价运行趋势不明的形态。实际操作上看来，价格处于矩形区域双向调整的走势，是获利投资者平仓以及场外投资者短线补仓操作以后出现的。如果汇价前期处于回升趋势，价格涨幅过高的情况下，获利的投资者平仓会打压汇价。当然，场外观望的投资者会利用价格下跌的机会补充多单，推动价格短线反弹。这样，汇价冲高回落以后便进入矩形调整区域运行。

同样，在汇价处于下跌趋势的时候，价格短线跌幅较大的时候，持有空单投资者平仓获利，价格自然出现反弹走势。场外观望投资者在价格反弹期间增加空单数量，自然再次打压汇价。这个时候，汇价同样能够形成矩形调整走势。

3. 多空含义

矩形调整形态对汇价走向影响，直到汇价突破矩形调整区域才能发现突破方向。在调整期间，汇价更多以双向波动运行。虽然价格也会出现突破矩形形态的走势，但真正的突破信号出现，还需要时间来检验。矩形调整形态结束以后，价格运行方向很可能脱离前期波动趋势，这对逆市开仓的投资者有利。矩形调整形态为投资者提供了短线买卖的机会。价格至少在矩形调整形态中经历 3 个完整的双向波动，才有可能最终突破矩形调整区域。实战表明，投资者可以考虑利用矩形调整做突破交易。价格突破矩形以后会出现折返情况，是不错的开仓时点。

4. 实战操作

GBP/USD——汇价冲高回落形态如图 7-9 所示。

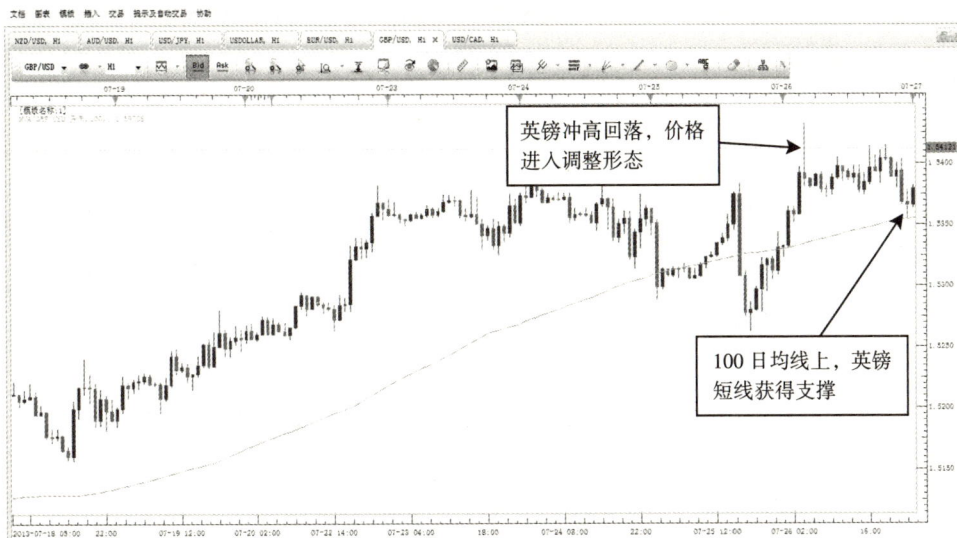

图 7-9　GBP/USD——汇价冲高回落形态

看点 1：图 7-9 显示，英镑冲高回落以后，出现了 1 小时 K 线中的十字星形态。汇价跌幅虽然有限，却表明高位做空压力较大。这个时候，价格回落至 100 日均线再次获得支撑，显示已经出现调整区域。在 100 日均线以及十字星确认的价格区域，英镑有望形成双向波动。

看点 2：实战操作中，汇价还没有有效突破调整区域的时候，投资者只能将汇价走势看作调整形态。买卖方向选择上有很大弹性，关键还要看价格最终的突破方向。英镑的价格走势就是如此，汇价冲高回落以后短线获得支撑，表明价格在这一区域双向波动概率很高。投资者并不急于开仓，可以等待突破出现以后再考虑大笔资金开仓。

GBP/USD——英镑调整 40 小时如图 7-10 所示。

看点 1：图 7-10 显示，英镑从 100 日均线反弹以后，果然进入矩形调整形态。价格双向运行的过程中，投资者能够发现其间的价格波动空间不大，其实就是矩形调整走势。英镑在矩形调整期间波动空间在 30 点左右。短线买卖的话，投资者有获利的空间。只要把握好矩形压力位和支撑位，就可以短线操作并且获得收益。

图 7-10　GBP/USD——英镑调整 40 小时

看点 2：矩形调整区域波动空间虽然有限，投资者把握高位和低点的开仓和平仓时机，依然能够获得收益。关键环节在于，投资者需要把握住精准的支撑位和阻力位，才能更好地盈利。

GBP/USD——英镑跌破 100 日均线，调整结束如图 7-11 所示。

图 7-11　GBP/USD——英镑跌破 100 日均线，调整结束

看点 1：图 7-11 显示，英镑/美元进入连续下跌阶段，汇价连续出现 6 根下跌阴线，价格已经跌破 100 日均线，表明汇价进一步下跌空间打开。从矩形形态所处位置判断，高位出现的矩形成为价格回落的反转形态。可见，汇价跌破矩形下限以后，英镑将进一步下挫。短线买卖投资者可以调整交易策略，在单边下跌中持有空单可增加投资回报。

看点 2：从矩形调整形态看，汇价波动正是围绕支撑线和压力线展开的。价格只要处于压力线和支撑线内波动，短线买卖就没有问题。如果 1 小时 K 线已经收盘出现突破，那么顺势增加开仓资金可获得利润。

四、旗形

1. 形态特征

旗形调整形态中，汇价波动并非在两个不同价位之间往复运行。实际上，旗形的压力线是倾斜的直线，而支撑线也是与压力线平行的倾斜直线。汇价在压力线和支撑线频繁波动，并不会轻易突破这一价格区域。汇价运行时间越长，旗形的调整形态越是显著。只有价格在某一位置突破旗形形态的一边，旗形形态才可能出现逆转。

利用旗形有效的波动形态，投资者可以发现价格在旗形压力线和支撑线往复运行的走势。旗形上限提供了投资者短线做空的机会，而旗形下限正是投资者做多的位置。价格双向运行的过程中，把握好买点自然获得收益。

2. 出现位置

在行情比较稳定的时候，更容易出现旗形调整形态。虽然说是调整形态，价格在调整过程中波动空间会很大。因为旗形持续时间很长的话，汇价能够实现足够的涨跌幅度。在回升趋势中，如果汇价上涨空间较大，但回升趋势还未结束，这个时候的做空压力较大。这样一来，投资者就会发现价格会以旗形形态继续回升。当然，如果汇价正处于下跌通道中，价格上涨潜力又没有完全得到释放，在多空双方争夺激烈的时候，更容易出现双向波动的旗形形态。汇价按照旗形形态压力线和支撑线运行，价格不断回落的过程中，总能在某一时刻完成回落调整走势。

3. 多空含义

旗形调整形态内部，汇价双向波动非常明显，投资者可以利用旗形压力线和支撑线发现理想的操作机会。当然，这种盈利机会只限于短线操作，中长线的盈利机会出现在价格突破旗形一侧的时候。旗形可以作为中长期价格运行趋势的调整形态看待。价格有效跌破旗形支撑线以后，做空可获得丰厚利润。同样，汇价向上突破旗形压力线，汇价上涨潜力也会快速释放。到那个时候，买涨获利空间就会很高了。

4. 实战操作

GBP/USD——英镑反弹回落，进入旗形调整如图 7–12 所示。

图 7–12　GBP/USD——英镑反弹回落，进入旗形调整

看点 1：图 7–12 显示，英镑/美元的 1 小时 K 线图中，价格已经在 A 位置见顶回落，并且在回落至 B 位置后开始反弹上涨。从英镑走势看来，价格向下突破后，反弹位置 C 并未超过前期高位 A，表明回落依然会持续。这样看来，连接 A、C 两个汇价高位，并且平行移动这一直线的情况下，就能够得到下跌旗形了。

看点 2：旗形出现之初，价格高位和低点对今后汇价走势影响很大。汇价反弹无力的情况下，投资者能够确认压力线位置。当价格短线反弹的时候，类似的支撑线也会体现出来。操作上看来，把握盈利机会就要选择恰当的买卖位置，才能够获得利润。

GBP/USD——支撑线上，出现 D 位置买点如图 7-13 所示。

图 7-13　GBP/USD——支撑线上，出现 D 位置买点

看点 1：图 7-13 显示，英镑/美元的 1 小时 K 线图中，汇价从 C 位置二次回落以后，低点恰好就位于图中的支撑线附近。这样看来，旗形形态中的英镑走势比较合乎旗形调整形态。买卖点就落在旗形上限和旗形下限附近。投资者如果可以在旗形这两个位置开仓，便能够获得不错的回报了。

看点 2：在旗形调整中，D 位置是汇价第二次回落以后，有一个不错的买涨机会。价格反弹空间比较确定，旗形调整中的汇价反弹至旗形上限很容易实现。从图中 D 位置到 E 位置的反弹中，汇价波动空间在 100 点以上，已经是不错的盈利机会。

GBP/USD——英镑第三次企稳回升如图 7-14 所示。

看点 1：图 7-14 显示，英镑从图中旗形下限开始了第三次反弹，有所不同的是，这一次的反弹是在双底部形成以后开始的。这样一来，英镑不仅能够轻松回升至旗形上限，还有可能在这个时候继续向上突破，为投资者的买涨操作创造不错的盈利空间。把握好汇价低点的买涨机会以后，投资者有望获得 100 点以上的买涨收益。

看点 2：当然，即便汇价已经两次获得支撑，投资者依然不能认为价格一定能够有效突破旗形上限。只有价格真正突破并且企稳回升之时，才能确认突破有

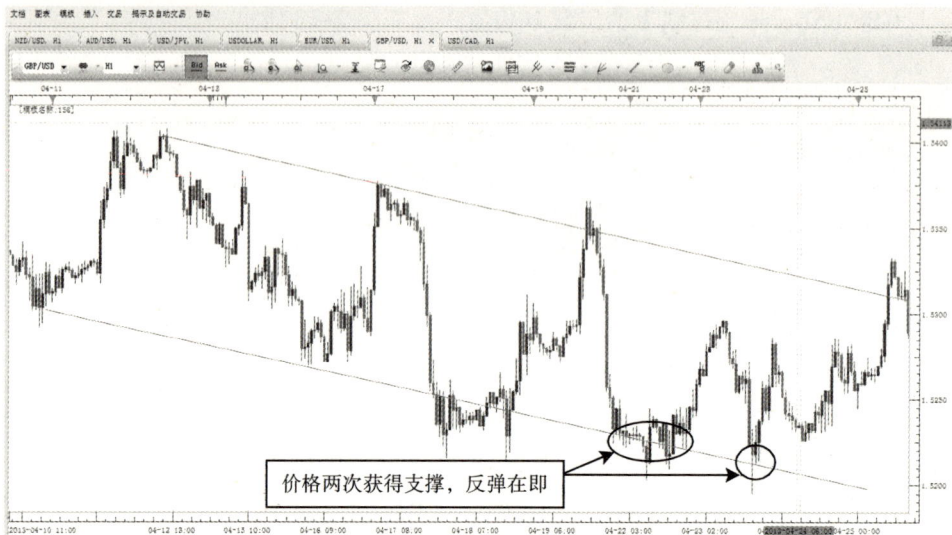

图 7-14　GBP/USD——英镑第三次企稳回升

效。在旗形调整形态向单边趋势转换的过程中，把握好买卖机会是必要的做法。

　　GBP/USD——英镑脱离旗形调整形态如图 7-15 所示。

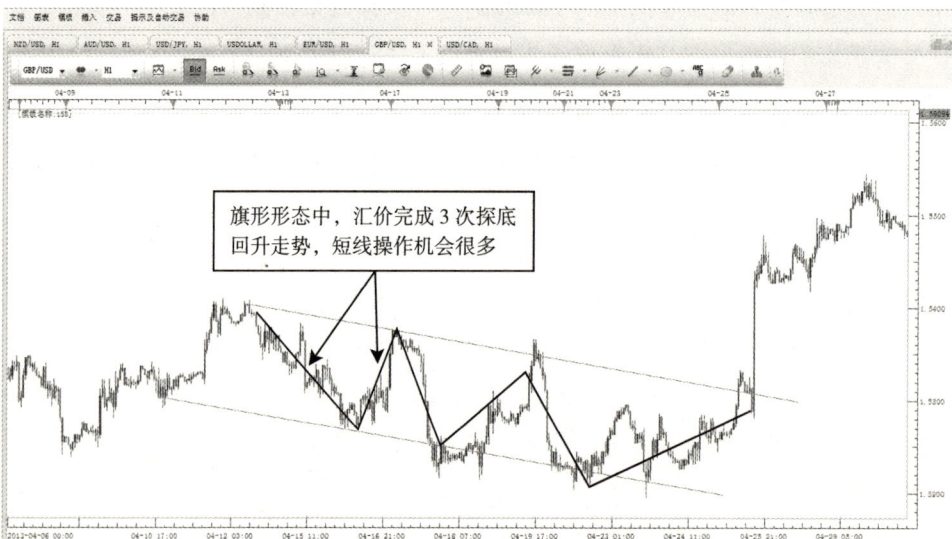

图 7-15　GBP/USD——英镑脱离旗形调整形态

　　看点 1：图 7-15 显示，英镑在旗形形态中双向波动的时候，买卖机会一目了然。价格波动规律性非常强，旗形上限和下限就提供了这样的买卖时机。从操作上来看，投资者可以考虑短线买卖盈利。

看点 2：旗形调整走势中，价格完成了三次探底回升走势。也就是说，这三次探底回升走势，除去汇价首次出现的探底回升走势，投资者有两次买涨和两次做空，总计 400 点的盈利机会。图中英镑在旗形调整中波动空间在 100 点以上，形态特征异常清晰，是不错的操作机会。就算放在价格回升的大趋势中来看，价格突破旗形后买涨还是能够获得不错的回报。

第八章 蜡烛线的看跌反转形态

一、尖顶形态

1. 形态特征

尖顶反转形态中，汇价冲高回落持续时间很短。反转形态短时间内就已经形成，投资者做空应该尽可能快，才能获得应有的回报。尖顶反转走势中，明显的见顶信号必然会出现，发展这样的顶部形态至关重要。判断尖顶反转形态形成的重要依据，也是看价格能否完成反转形态。理想的尖顶反转形态中，包括价格回升趋势、高位见顶的十字星形态和汇价下跌信号。这三者构成了尖顶反转形态。

2. 出现位置

汇价单边上行的过程中，价格上涨空间过大的时候，是尖顶反转形态出现的位置。特别是短时间内大涨以后，技术性的回调走势往往是以尖顶反转形态开始的。持有多单的投资者可能已经获得丰厚利润，但价格逆转速度很快，尖顶反转形态一旦开始形成，价格短线回落空间就会非常大。在汇价技术性反弹结束以后，尖顶的反转形态同样会出现。也就是说，尖顶反转形态可以出现在回升趋势中，当然可以出现在下跌趋势中的汇价反弹阶段。两种情况下的汇价尖顶回落形态，都值得投资者关注。

3. 多空含义

尖顶形态是非常重要的反转形态，特别在形态特征异常标准的情况下，汇价随后下跌概率极大。尖顶反转形态是效率很高的下跌反转形态，也是投资者能够把握住的做空盈利机会。投资者可以根据尖顶反转形态出现前的价格运行情况，判断反转以后价格回落空间。在十字星处于价格高位，前期汇价连续上涨空间又比较高的情况下，尖顶反转形态就相对确定了。

4. 实战操作

USD/CAD——汇价高位逆转如图 8-1 所示。

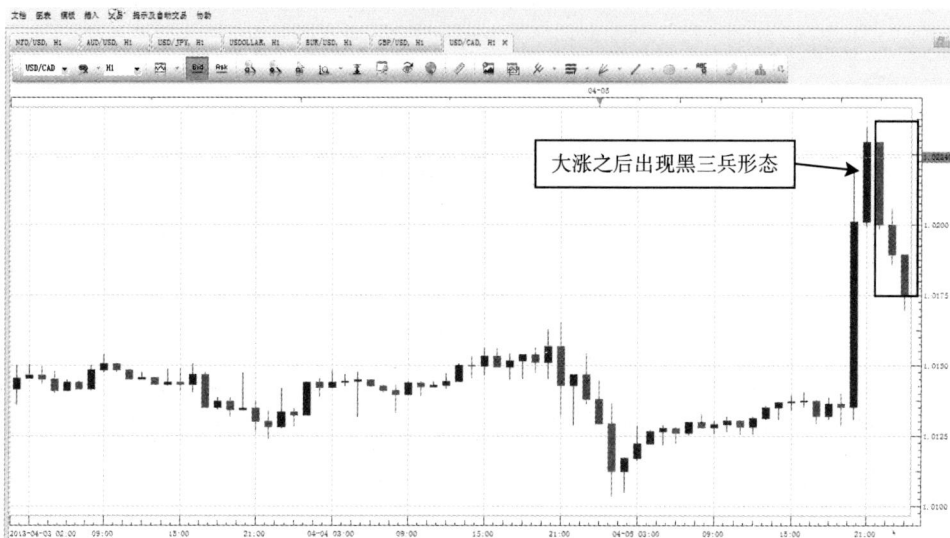

图 8-1　USD/CAD——汇价高位逆转

看点 1：图 8-1 显示，美元/加元的 1 小时 K 线图中，价格大涨以后，出现了黑三兵形态。汇价短线冲高后，买涨投资者获利已经在 100 点以上。这种情况下，技术性回落走势更容易出现。连续 3 根阴线完成黑三兵看跌形态，就是投资者判断尖顶反转的重要信号了。

看点 2：如果汇价上行趋势明确，黑三兵看跌形态不会轻易出现。图中黑三兵 K 线形态，表明汇价短线上涨空间的确过高了。即便黑三兵形态完成以后价格跌幅不大，随后的反弹回落走势也容易形成。以黑三兵为起始点，汇价将步入震荡下挫行情中。

看点 3：见顶反转形态一旦出现，汇价很可能按照见顶反转形态下跌。即便是技术性反弹走势，也可能以尖顶反转的形式完成反弹走势。最终，汇价累计跌幅会不断扩大。尖顶反转形态中，汇价高位的阻力很强。价格回落空间很深的时候，才能最终完成调整走势。

USD/CAD——先后两次见顶形态如图 8-2 所示。

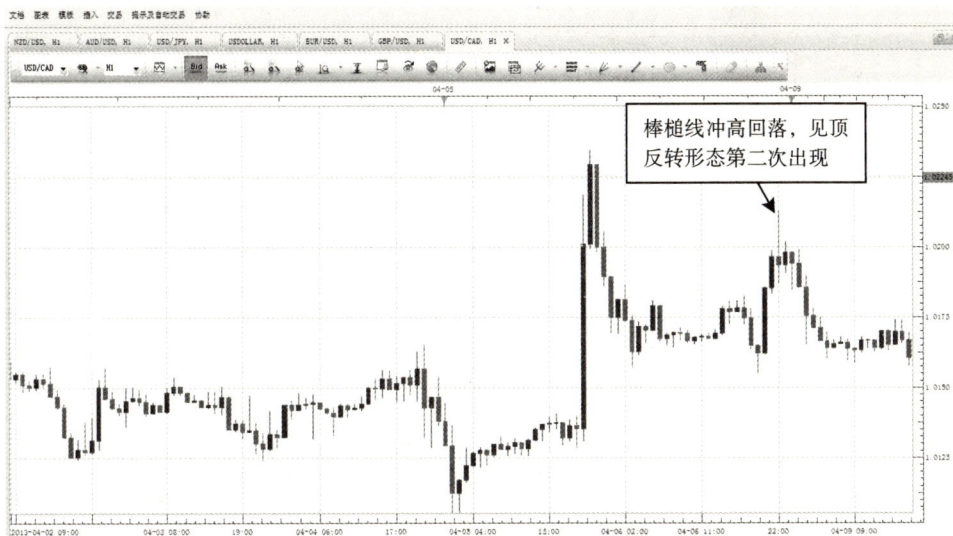

图 8-2　USD/CAD——先后两次见顶形态

看点 1：图 8-2 显示，汇价在两次见顶回落的过程中，都是以尖顶反转形态完成的回落走势。可见，汇价前期大涨幅度过高，短线调整过程中，汇价反弹空间有限。更多的是以技术性反弹后回落形式出现。

看点 2：首次出现在大涨阳线以后的黑三兵形态，显示了非常明确的回落趋势。第二次出现技术性反弹高位以后，投资者可以以此作为卖点，达到做空盈利目标。尖顶反转形态中，汇价可以持续单边下挫，同样也可以在短时间内回落。不同的是，汇价下跌空间一定是很高的。图中显示的两次反弹回落走势中，汇价都以尖顶反转形态结束，显示汇价进一步下跌调整的空间还很高。这样一来，把握回落趋势中持有空单的机会，投资者盈利空间还是很大的。

USD/CAD——持续回落跌幅超过 250 点如图 8-3 所示。

看点 1：图 8-3 显示，美元/加元的 1 小时 K 线图表明，价格已经连续走低的情况下，加元已经回落至 1.0100 以下。这个时候，做空投资者已经获得高达125 点以上利润。相比大阳线短时间内实现的涨幅，做空投资者获利空间更大。

看点 2：继大阳线出现以后，尖顶反转形态已经不仅仅是技术性反弹了。随着交易的进行，汇价以更大的跌幅实现调整。把握好尖顶那一刻的做空机会，获利空间还是很大的。加元以尖顶形态见顶以后，汇价进入弱势调整期。

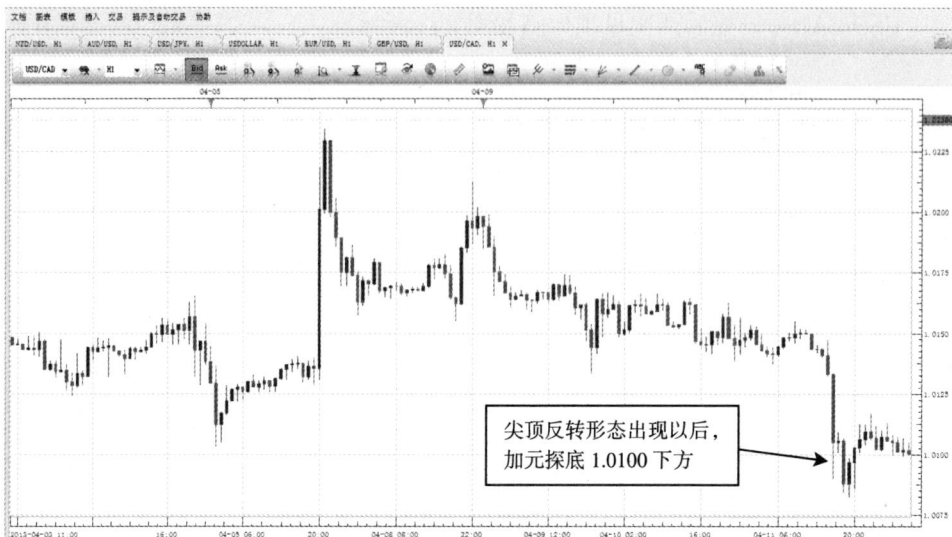

图 8-3　USD/CAD——持续回落跌幅超过 250 点

看点 3：在弱势调整期间，技术性反弹显然不能改变汇价下跌节奏。随着交易进行，价格已经显著跌破前期支撑位。通过探底的大阴线发现，在尖顶反转形态以后持有空单时间越长，把握住的盈利空间越大。

USD/CAD——大阴线改变回升节奏如图 8-4 所示。

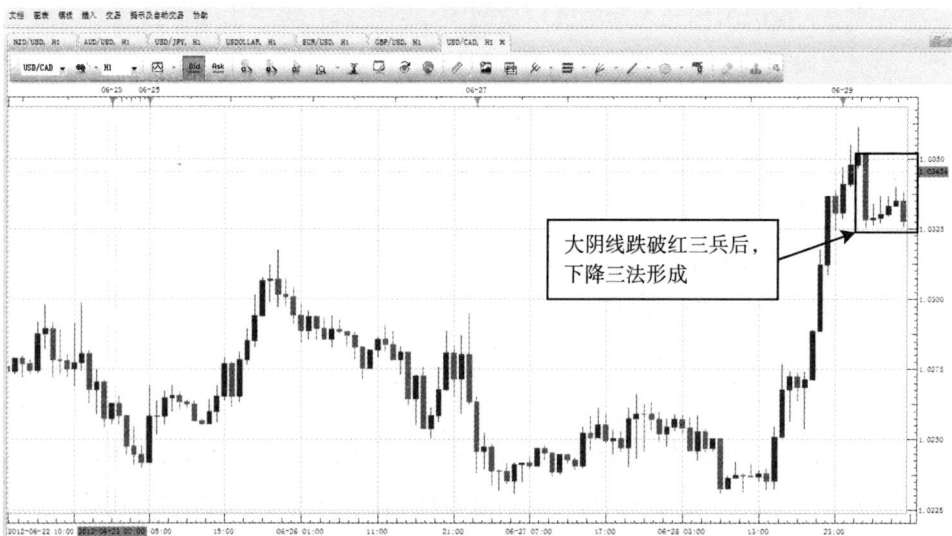

图 8-4　USD/CAD——大阴线改变回升节奏

看点 1：图 8-4 显示，美元/加元的 1 小时 K 线图中，价格大涨以后显著见顶。一根大阴线结束了汇价上行趋势，而第二根小阴线与大阴线组成的看跌下降三法，更加剧了汇价走弱。

看点 2：从 K 线形态上看来，大阴线已经明显打破了汇价上行趋势。考虑到大阴线后的下降三法形态，投资者可以在这个位置尽快做空了。从止损位设置看，可以将汇价上行最高价设为止损位置。大阴线发挥作用的时候，汇价单边下跌概率很高，因此比较有限的止损空间，依然能够发挥相应的效果。

看点 3：尖顶反转走势中，汇价下跌速度很快。特别是在显著的见顶形态出现以后，投资者能够把握住的做空机会很少。大阴线出现的时候，显示汇价高位反转走势的开始。随着获利者不断短线收益，价格被承压回落，做空者自然获得利润。

USD/CAD——尖顶反转持续时间很短如图 8-5 所示。

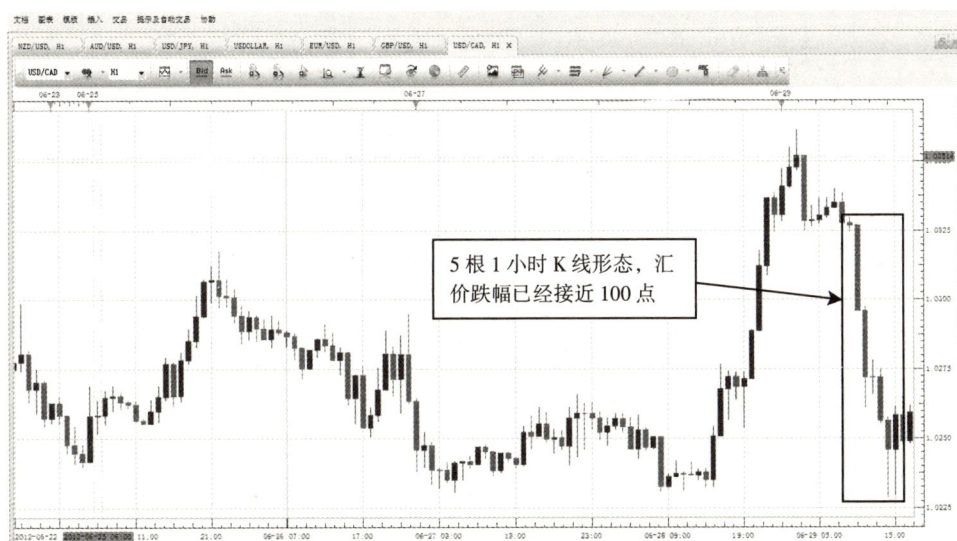

5 根 1 小时 K 线形态，汇价跌幅已经接近 100 点

图 8-5　USD/CAD——尖顶反转持续时间很短

看点 1：图 8-5 显示，看跌下降三法出现以后，汇价已经处于单边回落趋势。用时仅 5 小时，汇价跌幅已经高达 100 点。大阴线跌破 3 根阳线以后，看跌信号异常明确。这个时候提供的做空机会很好，是投资者盈利的重要时机。

看点 2：大阴线主导的尖顶反转形态中，汇价下跌速度很快，是短线做空盈利的重要看点，热衷于买涨获利的投资者已经在汇价大涨后盈利。但是，行情总是在不断变化，随着大阴线的形成，投资者的操作策略必须做出调整，特别是短线买卖的投资者。汇价冲高回落的走势中，买涨投资者可以从获利丰厚到出现亏损的转变，而能够顺应趋势把握尖顶做空机会的投资者，买涨和做空都能够盈利。

USD/CAD——加元反转，汇价累计跌幅200点以上如图8-6所示。

图8-6　USD/CAD——加元反转，汇价累计跌幅200点以上

看点1：图8-6显示，美元/加元的1小时K线图中，随着价格高位回落，投资者能够发现其间也曾出现过反弹迹象，但反弹空间很小，根本不足以短线获利。这个时候，尖顶反转形态已经发挥看跌作用。持有空单的投资者可以在很长一段时间里处于盈利状态。

看点2：在汇价单边上行的过程中，一旦出现逆转信号，价格反转速度会很快。这个时候，投资者应该关注其间的逆向开仓机会。图中美元/加元单边上行的时候，一根大阴线轻松逆转了价格运行趋势。可见，在单边趋势中，投资者应更加关注价格逆转信号。一旦汇价开始反转，投资者把握操作机会可以获得利润。

二、双顶形态

1. 形态特征

双顶形态中，汇价两次冲高回落均以失败告终，是汇价高位回落的重要起始形态。特别在汇价大涨以后，买涨获利投资者不断减少持仓数量的过程中，价格自然出现冲高回落走势。一次冲高回落还不能改变汇价运行趋势，当第二次见顶以后，汇价从高位反转下来的时候，投资者能够发现相应的卖点。

2. 出现位置

双顶形态多出现在汇价单边上行的时候，这个时候价格上涨空间较大，空方更容易打压汇价下跌。当汇价经历一波明显的回升趋势，并且价格已经达到明确的高位阻力区域，将是投资者能够关注的做空机会。汇价既然处于单边回升趋势，价格从高位折返需要时间。连续两次见顶以后，汇价调整时间足够长，是投资者做空的重要时机。特别是汇价跌破双顶颈线以后，更是如此。当然，除了单边回升趋势的价格高位，下跌趋势中汇价反弹至重要阻力区域，也会出现双顶形态。下跌趋势中出现的双顶形态，第二个顶部很可能要低于前者，是因为汇价走势很弱的情况下，更容易出现下跌而不是反弹。

3. 多空含义

双顶反转形态是汇价加速回落的反转形态，也是空方不得不考虑的做空机会。特别是1小时K线中显著的双顶形态，将明显加速汇价反转走势。在价格一步步跌破双顶颈线的过程中，卖点将更加清晰地反映出来。从操作机会上判断，价格跌破颈线以后，汇价跌幅还未快速扩大之前，投资者就可以考虑增加做空资金数量了。

4. 实战操作

GBP/USD——英镑双峰见顶如图8-7所示。

看点1：图8-7显示，英镑/美元的1小时K线图中，汇价从高位震荡下挫的过程中，两次明显冲高回落顶部出现。作为双顶形态，两个反转回落顶部是必须具备的。当价格跌破颈线以后，投资者能够发现卖点已经形成。

图 8-7　GBP/USD——英镑双峰见顶

看点 2：作为反转形态，双顶具备了两个顶部和一个颈线两个重要形态特征。汇价完成双顶以后随即跌破颈线，显示出空头行情来势汹汹。实战当中，这种显著的看跌形态，是投资者不得不去参与的做空机会。双顶完成以后，汇价从颈线算起的下跌空间，至少会达到双顶的价格高度。也就是说，汇价跌破双顶颈线以后，至少会实现 75 点的下跌空间，这与双顶高度相同。

看点 3：在双顶颈线以下，汇价很容易加速杀跌。这个时候，任何短线反弹走势，都能成为投资者做空的机会。随着交易的进行，空方将占据绝对主动，双顶以下的空头趋势将迅速发酵，做空投资者有望获利。

GBP/USD——英镑超跌 250 点如图 8-8 所示。

看点 1：图 8-8 显示，英镑/美元的 1 小时 K 线图中，汇价已经在双顶形态以下实现了高达 250 点的跌幅。与双顶的高度 75 点相比，已经是 3 倍的做空收益。这样看来，显著的双顶形态确实能提供理想的做空机会。特别是在行情走坏之时，双顶颈线以下的汇价折返走势提供了获利百点的机会。

看点 2：双顶形态以下，汇价连续回落多达 6~7 根下跌阴线，更意味着回落趋势明显加速运行。在双顶之下，投资者做空获利效率更高。投资者并不需要等待，价格就已经连续下跌。可见，把握反转形态非常重要，而在汇价下跌期间连续做空更是扩大收益的关键一环。

图 8-8 GBP/USD——英镑超跌 250 点

看点 3：从双顶反转以及接下来的汇价大跌来看，双顶反转的节奏其实在加速中完成。双顶形态完成之前，价格即便短线持续回落，跌幅不会过大，这时的任何反弹都容易成为做空机会。一旦价格跌破双顶颈线，汇价下跌空间就会短时间扩大，这个时候适合持有空单却不适合短线开仓。

GBP/USD——技术性反弹中的双顶（1）如图 8-9 所示。

图 8-9 GBP/USD——技术性反弹中的双顶（1）

看点 1：图 8-9 显示，英镑/美元的汇价显然在大跌以后出现了技术性反弹走势，但价格反弹空间虽然可观，却不足以挑战 100 日均线。图中双顶反转形态正是出现在 100 日均线附近，表明汇价将再次走低。

看点 2：技术性反弹期间，双顶只是汇价反弹无望的体现。真实的双顶反转形态早已经形成，回落趋势中的双顶，是阶段高位加仓的机会。如果汇价还未跌破短线反弹双顶颈线，那么这对做空者有利，可以在汇价高位做空增加利润。一旦汇价再次跌破双顶颈线，下跌空间将进一步打开。回落趋势中汇价究竟在何时结束，还要看价格走势。

GBP/USD——技术性反弹中的双顶（2）如图 8-10 所示。

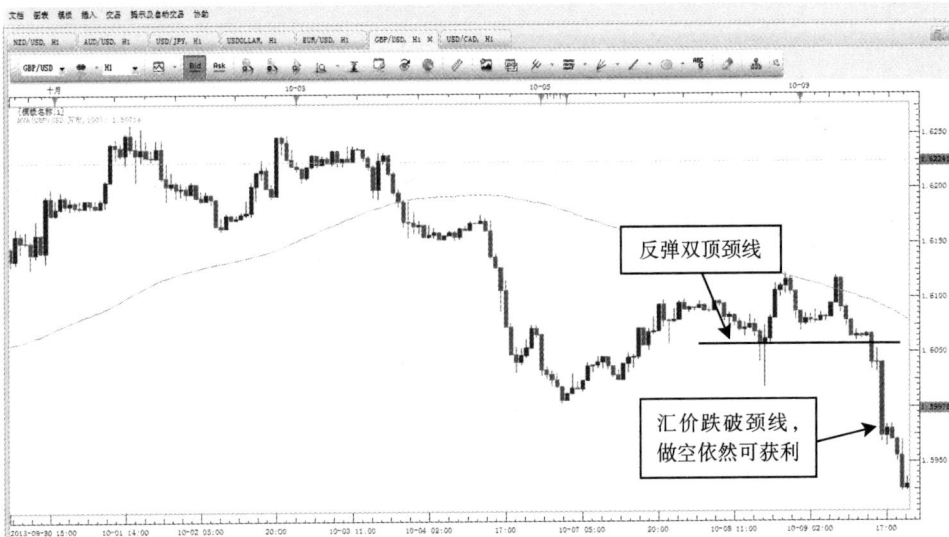

图 8-10　GBP/USD——技术性反弹中的双顶（2）

看点 1：图 8-10 显示，英镑/美元的 1 小时 K 线图中，汇价已经在双顶形态以后出现回落情况。价格下跌速度很快，跌破双顶颈线以后至少存在 100 点下跌空间。由此可以判断，双顶反转形态作为空头趋势中的加仓机会，投资者可以很好地增加回报。即便在技术性反弹空间很大的情况下，双顶反转形态出现在 100 日均线附近，依然是投资者不错的盈利机会。

看点 2：实际操作中，双顶反转形态是比较容易辨别的反转走势。汇价高位下跌的过程中，投资者能够轻松发现其间的做空时机。价格回落空间很大，而是双顶就提供了这种汇价高位反转回落的起始做空机会。为了在今后操作中盈利，投资者将重心放在双顶提供的卖点上，将获得空前成功。

三、头肩顶形态

1. 形态特征

相比双顶形态，头肩顶形态要出现 3 次冲高走势。价格在 3 次冲高无望的情况下逆转而下，最终汇价跌破头肩顶颈线的时刻，便是多头趋势向空头趋势转变的信号了。值得一提的是，头肩顶反转形态的左肩和右肩高位相似，而头部价格较高，是头肩顶反转形态的重要特征。这样一来，投资者会发现价格在头部区域形成的高位是值得关注的重要卖点。

2. 出现位置

当汇价涨幅过高的时候，非常重要的价格高位会出现头肩顶反转形态。复杂的头肩顶形态，总能成为重要反转走势的起始形态。在汇价还未有效跌破头肩顶颈线之前，投资者有足够的时间来判断价格波动方向。一旦下跌趋势得到确认，汇价从高位折返下来，必然出现持续时间长、下跌空间大的空头行情。

3. 多空含义

头肩顶反转形态中，价格在头肩顶形态中的波动空间较大，而跌破头肩顶以后的下跌空间会更深。因此，在头肩顶形态完成的过程中，会出现比较好的短线机会。跌破头肩顶颈线以后，价格持续回落的做空机会也是非常难得的。

头肩顶形态持续时间较长，但形态具备明显的反转意义。投资者可以从头肩顶形态本身，来发现其中的做空机会，从而获得收益。在头肩顶形态中，价格主要的高位形成顶部形态，而颈线便是最可靠的做空位置。

4. 实战操作

NZD/USD——汇价两次冲高回落如图 8-11 所示。

看点 1：图 8-11 显示，新西兰元的 1 小时 K 线图中，价格在反弹期间一度两次冲高回落。价格高位虽然再创新高，汇价依然最终回落至同样的价格低点。可见，新西兰元这个时候的表现并不理想，汇价有进一步下跌的可能。

看点 2：在头肩顶形态确认之前，投资者可以发现汇价上涨潜力并不强。在

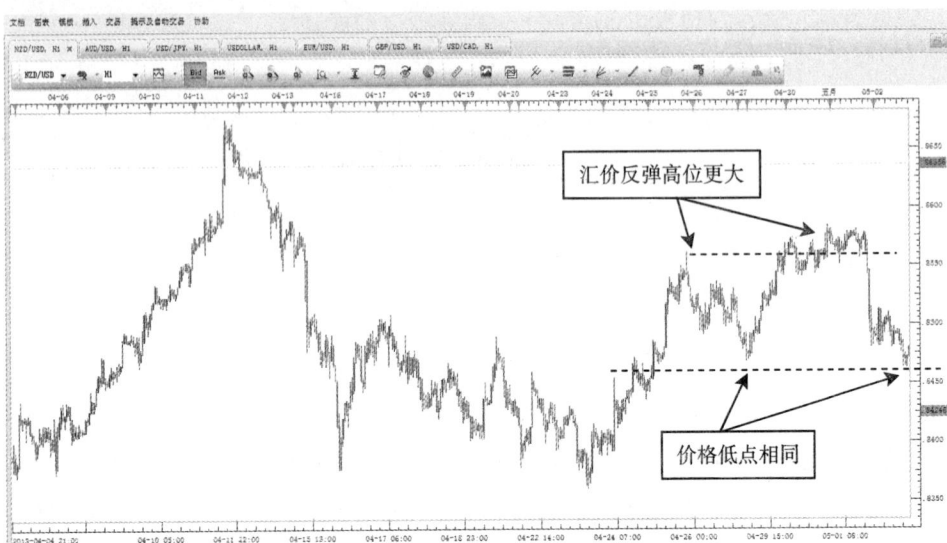

图 8-11　NZD/USD——汇价两次冲高回落

价格涨幅不高的情况下，汇价反弹高度虽然再创新高，却不能改变弱势格局。这个时候，价格出现技术性反弹后回落概率很高。接下来的汇价如果再次反弹，反弹高度不能超过前期高点，回落下来将很容易跌破低点，完成头肩顶反转形态。

　　NZD/USD——价格跌破头肩顶颈线如图 8-12 所示。

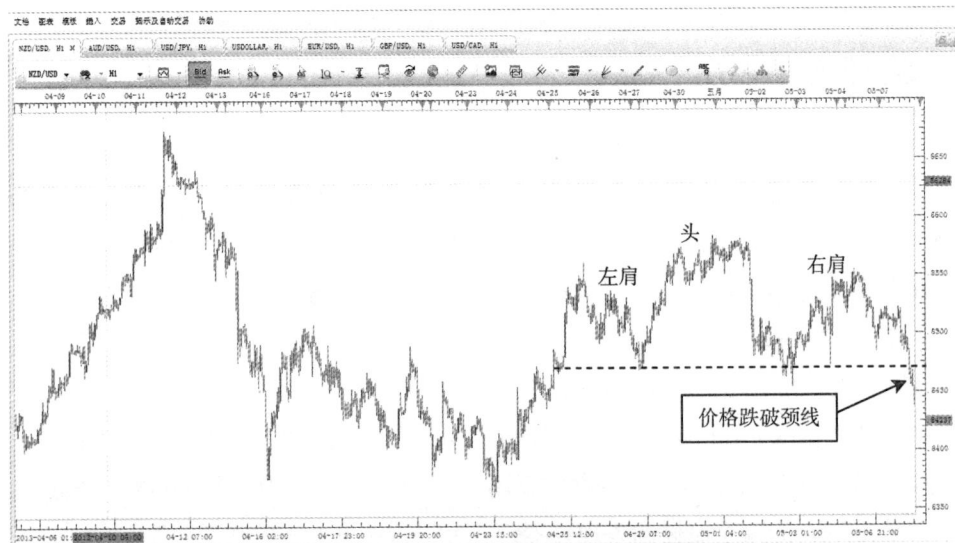

图 8-12　NZD/USD——价格跌破头肩顶颈线

看点 1：图 8-12 显示，汇价 3 次反弹均以失败告终，价格跌破颈线的时候，头肩顶反转形态已经完成。短线看来，价格跌破颈线后可能会出现技术性反弹走势，但总体回落趋势还是会持续，把握卖点对投资者盈利至关重要。

看点 2：头肩顶的反转形态比较复杂，完成反转形态所需时间也会很长，即便在汇价跌破颈线的情况下，折返走势依然会出现。图中汇价短时间内跌破了头肩顶颈线，表明汇价跌势已经得到确认。这个时候出现的汇价反弹走势，并不会突破颈线。这样一来，颈线以下任何反弹都可以当作做空机会看待。

NZD/USD——技术性的反弹做空机会如图 8-13 所示。

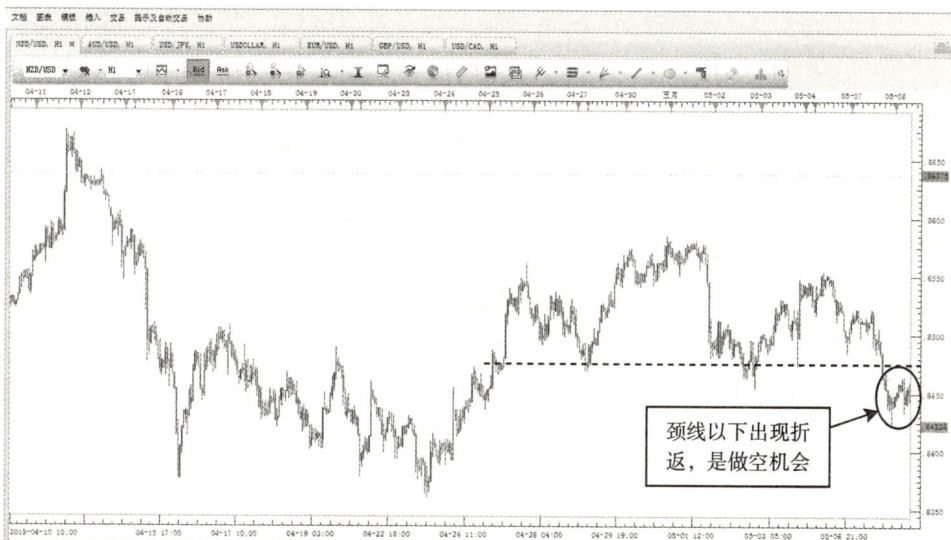

图 8-13 NZD/USD——技术性的反弹做空机会

看点 1：图 8-13 显示，投资者的盈利机会是均等的，图中汇价跌破颈线以后依然出现反弹走势，显然为多数打算做空投资者提供了机会。增加仓位以后，新西兰元跌幅将继续扩大。考虑到头肩顶形态持续时间较长，可以看作新西兰元中长期的顶部形态。

看点 2：汇价反弹空间有大有小，图中汇价反弹幅度显然不高，是投资者可以把握住的做空位置。随着价格的下跌，跌幅越深，技术性反弹空间就越大。但总体来看，反弹买涨所获得的利润远不及做空来得容易。价格总是会延续下跌趋势，把握做空时机的投资者有望获利。

NZD/USD——更大的反弹依然遇阻颈线（1）如图 8-14 所示。

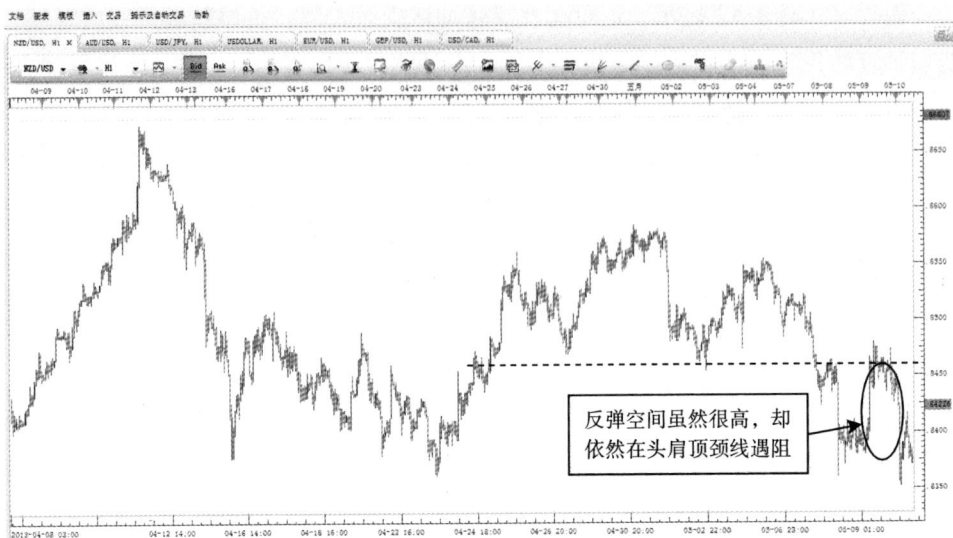

图 8-14　NZD/USD——更大的反弹依然遇阻颈线（1）

看点 1：图 8-14 显示，在新西兰元再次回落的时候，技术性反弹空间又一次增大。只不过这一次的价格下跌还未结束，反弹以后汇价继续下挫。在空头行情中，技术性反弹成为投资者获得短线收益重要时机。当然，下跌趋势提供的做空机会还是非常不错的，毕竟跌势还未结束，高位做空总能获得不错回报。

看点 2：从图中汇价跌幅看来，新西兰元从颈线开始的下跌空间，已经达到了头肩顶形态的高度。这个时候，也正是投资者做空的机会。当汇价处于头肩顶以下震荡下跌的时候，很难说价格跌幅达到头肩顶高度就会停止。事实上，行情一旦确立，就不容易逆转了。因此，技术性反弹走势依然成为做空的机会。

NZD/USD——更大的反弹依然遇阻颈线（2）如图 8-15 所示。

看点 1：图 8-15 显示，新西兰元的 1 小时 K 线表明，新西兰元下跌空间已经达到了 400 点以上。从头肩顶形态开始，投资者做空在颈线位置，都能够获得高达 400 点的回报。

看点 2：头肩顶形态放在大行情中看，并非是短线操作的起点，而是投资者中长期做空的信号。价格跌幅虽然很深，却需要投资者做空并且长期持有空单获利。如果汇价处于技术性的调整中，那么据此判断的操作机会不大。但是，复杂的反转形态总是意味着价格累计波动空间会很大，是投资者介入后中长期盈利的机会。图中汇价从高位反转以来，跌幅不断扩大。相对于头肩顶区域 100 点的波

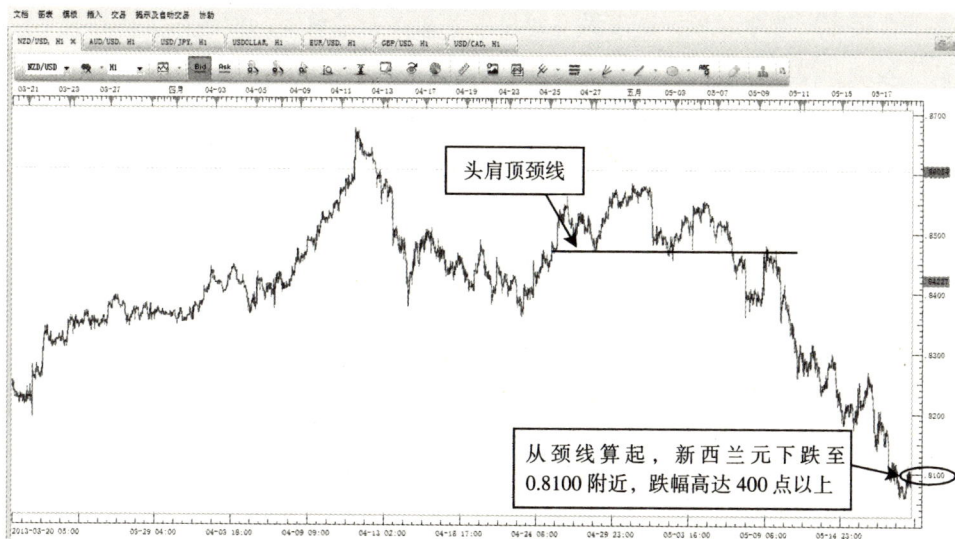

图 8-15　NZD/USD——更大的反弹依然遇阻颈线（2）

动空间，显然跌幅是很高的。

四、圆弧顶形态

1. 形态特征

汇价大幅上涨以后，见顶过程可以有很多种形式。尖顶形态、双顶形态以及头肩顶形态，都是比较显著的反转形态，容易被投资者发现，而不易察觉的反转形态还有圆弧底反转形态。如果价格从圆弧顶开始高位回落，投资者就会发现早一点做空的话，获利空间将会非常高。

圆弧顶反转形态中，汇价是在加速中杀跌的。技术性的反弹走势很难逆转回落趋势，把握好做空时机的投资者，能够获得高额做空利润。圆弧顶反转形态一经确认，价格就会在加速杀跌中完成空头趋势，这是投资者盈利的关键。

2. 出现位置

在汇价上行的过程中，价格见顶的形态复杂多变，投资者并不需要抓住显著的顶部形态，也能够获得投资利润。圆弧顶出现在真正的价格高位，表明汇价上涨非常困难。这个时候，适度做空对投资者来讲非常重要。价格高位得到确认以后，投资者没有更好的机会来做空获利。价格波动空间虽然不高，价格依旧处于单边回落趋势中。适度做空，跟随价格回落趋势增加做空资金，对投资者盈利至关重要。

3. 多空含义

圆弧顶形态是在缓慢波动中完成的，价格短线跌幅不高，却依然在调整中缓慢走低。连接汇价一个高位到另一个高位，能够得到圆弧形的反转形态。圆弧形反转形态处于价格高位，也有明确的颈线位置。当汇价跌破圆弧顶颈线之时，相应的做空机会也就出现了。操作上看来，投资者务必要在汇价加速杀跌之前完成建仓动作。一旦汇价跌破圆弧顶颈线对应价位，卖点就很难把握了。

4. 实战操作

NZD/USD——高位出现圆弧顶形态如图 8-16 所示。

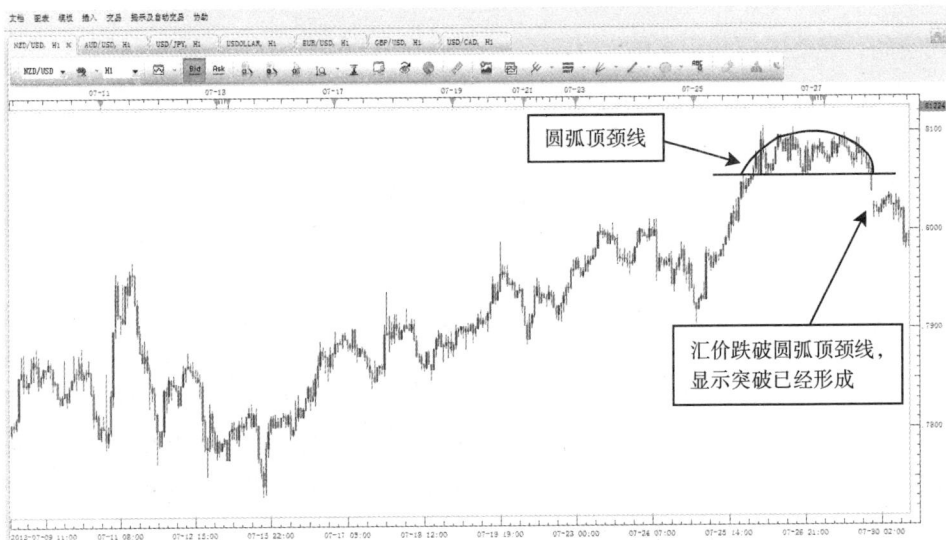

图 8-16　NZD/ USD——高位出现圆弧顶形态

看点 1：图 8-16 显示，新西兰元的 1 小时 K 线图中，价格明显在高位见顶回落。虽然汇价短线处于弱势整理形态，但圆弧顶反转走势已经出现。当价格跌破圆弧顶颈线的时候，汇价短线反弹提供了不错的做空机会。

看点 2：圆弧顶反转走势中，颈线以下汇价下跌空间很大。汇价要想反弹至圆弧顶颈线以上，事实上非常困难。价格遇到的阻力很大，顺势做空才是获利的根本。随着交易的进行，圆弧顶反转形态将转变为单边回落趋势，投资者在圆弧顶完成的过程中应该开仓做空了。

NZD/USD——圆弧顶以下出现较大反弹如图 8-17 所示。

图 8-17　NZD/USD——圆弧顶以下出现较大反弹

看点 1：图 8-17 显示，汇价处于震荡回落后反弹期间，大阳线虽然实体很长，却很难改变回落趋势。技术性反弹的确已经形成，投资者可以将图中大阳线看作是明确的做空机会。在汇价处于高位的时候，很多投资者可能并未发现这样的做空机会。随着价格的下跌，投资者可以考虑趋势加速阶段增加做空资金，反弹位置就提供了这样的卖点。

看点 2：在圆弧顶反转形态完成以后，价格单边回落更容易出现。汇价短线反弹上涨以后，更多的是以尖顶形态结束的。

NZD/USD——高位出现圆弧顶形态如图 8-18 所示。

看点 1：图 8-18 显示，汇价在 1 小时 K 线中完成了尖顶反转形态，价格下跌速度很快。圆弧顶形态以下，技术性反弹的确为投资者提供了做空时机。行情延续下来以后，增加做空资金的投资者可以成倍扩大做空利润。

看点 2：在汇价下跌过程中，前期汇价低点总能提供一定的支撑，因此汇价将在下跌途中出现技术性反弹走势。但是，汇价单边回落行情不可能短时间内结束，把握好做空机会的投资者，还需要在反弹结束以后继续做空。当然，如果投

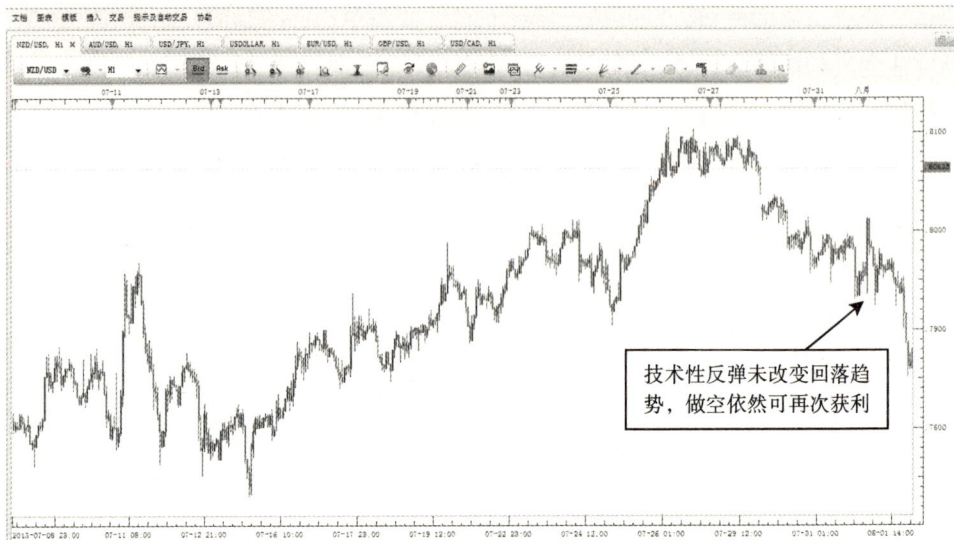

图 8-18 NZD/USD——高位出现圆弧顶形态

资者认为获利空间已经很高，可以在汇价扩大跌幅的过程中减仓持有空单，不过这样的操作往往会错失一部分利润。行情如果延续下跌态势，投资者依然可以在汇价反弹结束以后二次放大持有空单数量，这样能够获得不错回报。

NZD/USD——新西兰元跌幅高达 350 点以上如图 8-19 所示。

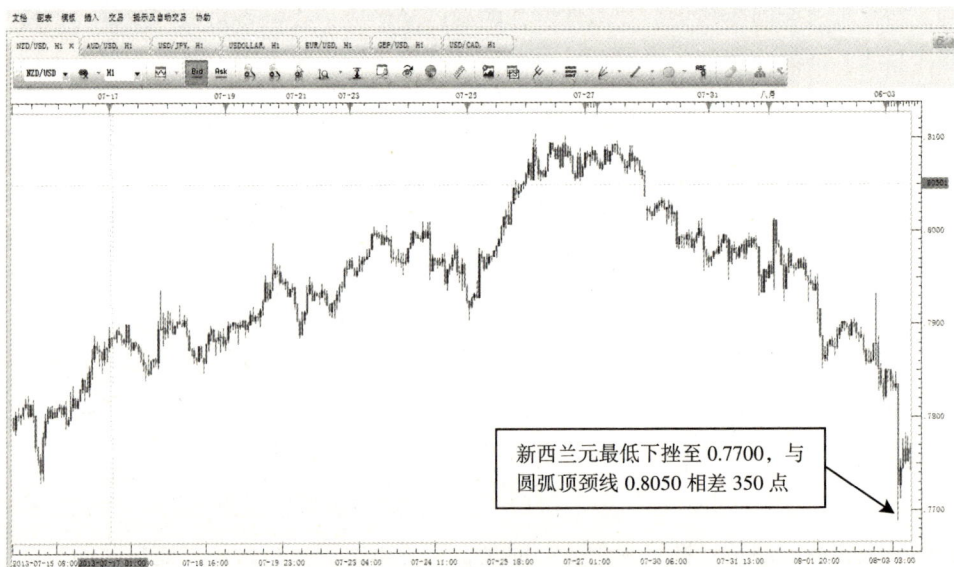

图 8-19 NZD/USD——新西兰元跌幅高达 350 点以上

看点 1：图 8-19 显示，新西兰元从价格高位回落，最低已经达到 0.8050 附近。图中探底回升大阴线出现以后，新西兰元高位下跌空间已经达到 350 点。外汇杠杆交易中，350 点带给投资者的很可能是翻倍利润。

看点 2：在汇价进入单边回落趋势以后，很难说价格会在某一位置止跌回升。实际的价格走势表明，汇价更容易在杀跌过程中继续创新低，而不是在反弹期间大幅度上涨。这样一来，图中探底大阴线出现，是汇价惯性杀跌的过程中形成的，是做空投资者盈利的重要机会。在投资者持仓阶段，与其说主动平仓了结头寸，倒不如说等待价格真的已经见底再考虑减仓。这样一来，汇价下跌过程中多数利润就能够获得了。随着交易的进行，价格跌幅还会继续扩大，投资者无疑能够在汇价下跌的时候盈利。

五、喇叭口形态

1. 形态特征

喇叭口形态中，汇价波动空间虽然在加剧，价格运行趋势却还未形成。这个时候，投资者等待入场时机非常关键。在喇叭口形态内部，投资者可以做短线买卖的操作，一旦价格脱离喇叭口形态，投资者就需要在开仓以后获得中长期回报了。这个时候，开仓位置是关键一环。喇叭口出现在汇价的高位，表明多空争夺非常激烈。当喇叭口连续经历了两个波段的冲高回落走势后，调整将很快进入尾声。到时候，汇价从喇叭口下限加速杀跌，开启单边回落的下跌行情。

2. 出现位置

在汇价大幅上涨以后，价格高位遇到强阻力的情况下，反转形态很容易形成。在单边回升趋势中，多空双方在价格见顶前的争夺非常激烈，喇叭口形态就是在这种情况下出现的。实际操作上来看，喇叭口形态提供的双向波动空间很大，投资者可以在价格跌破 100 日均线前采取短线操作策略。一旦价格跌破 100 日均线，对于反弹中的做空机会应该非常重视才行。价格从 100 日均线开始回落的过程持续时间不会太长。如果喇叭口形态接近完成，100 日均线以下更容易出现破位的情况。

3. 多空含义

喇叭口形态中，多数时间价格波动方向并不确定。虽然汇价涨跌幅度较大，却没有形成真正的价格趋势。在喇叭口形态中，如果从价格破位的角度分析，投资者并不能发现真正的运行趋势。因为喇叭口形态中，价格总是在反弹阶段再创新高，而回落期间又会再创新低。这样一来，价格双向波动的过程中，投资者可以发现连续 3 个回合以后，价格将跌破喇叭口下限，进入单边回落趋势中。

4. 实战操作

GBP/USD——英镑第二次跌破 100 日均线如图 8-20 所示。

图 8-20　GBP/USD——英镑第二次跌破 100 日均线

看点 1：图 8-20 显示，英镑的 1 小时 K 线图中，价格已经明显上行的情况下，汇价开始了震荡走势。在震荡的过程中，价格不断创新高，汇价也在图中 G、H 两个位置上跌破 100 日均线。这样一来，双向波动的汇价完成了喇叭口形态。在价格跌破喇叭口形态之前，投资者可以寻找做空机会。

看点 2：随着交易的进行，英镑在图中两次见顶喇叭口上限的情况下，汇价短线继续走低。这个时候，是投资者把握卖点的重要时机。连续两次跌破了 100 日均线以后，汇价下跌概率很高。投资者需要把握住 100 日均线以下的做空机会，一旦价格开始回落，获利空间将非常高。

看点 3：英镑是所有货币中波动空间比较大的一个，汇价以喇叭口形式波动，也是最为显著的反转形态。价格虽然短时间内波动空间大，却依然会出现突破的。跌破喇叭口下限以后，几百点的下跌空间就会被打开。

GBP/USD——英镑在均线下方滞涨如图 8-21 所示。

图 8-21　GBP/USD——英镑在均线下方滞涨

看点 1：图 8-21 显示，英镑的 1 小时 K 线图中，价格已经在跌破 100 日均线以后出现反弹。只是汇价反弹空间不足，只是达到 100 日均线，价格就出现回落的情况。这个时候，投资者需要把握好波动节奏，在汇价波动过程中做空即可。

看点 2：作为重要的压力位，100 日均线不是汇价轻易能够突破的。更何况英镑已经第二次回落至 100 日均线下方，显示出喇叭口形态最终能够成为顶部形态。

GBP/USD——突破喇叭口下跌趋势如图 8-22 所示。

看点 1：英镑的喇叭口形态持续时间长，波动空间大，对应的下方支撑较强，汇价短时间内很难出现突破走势。但图 8-22 显示的大阴线跌幅高达 150 点以上，显然是破位信号。虽然短线跌幅较大，英镑下跌趋势还远未结束。这个时候增加做空资金的话，获利空间还很大。

看点 2：图中大阴线以下，汇价在连续下挫中，表明空头趋势依然维持得很好。价格在大阴线以下并未出现有效反弹，而是继续回落的走势，恰好表明空头行情强者恒强。这样看来，不管英镑反弹空间有多高，投资者依然可以坚持做空策略不变。

图 8-22　GBP/USD——突破喇叭口下跌趋势

GBP/USD——反弹做空机会如图 8-23 所示。

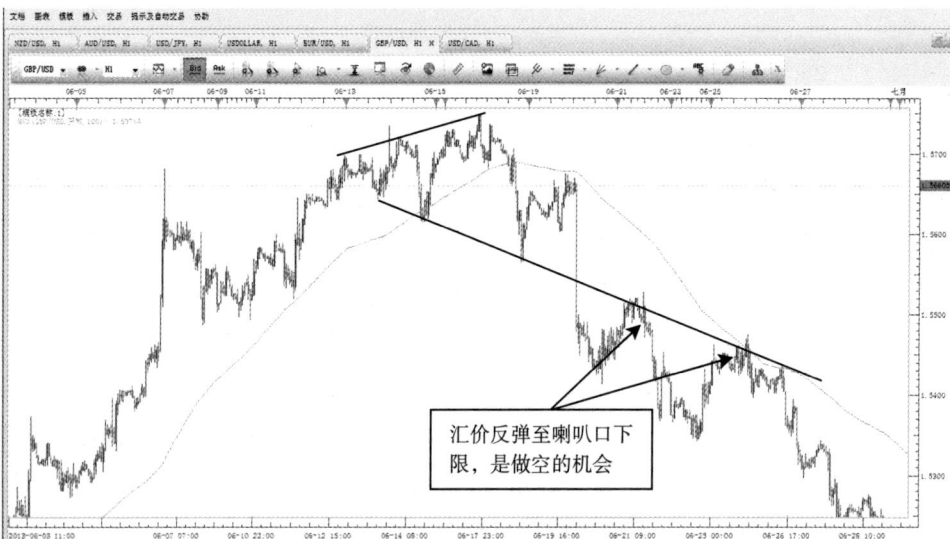

图 8-23　GBP/USD——反弹做空机会

看点 1：图 8-23 显示，英镑在喇叭口形态以后震荡下挫，而汇价反弹的阻力位显然就是喇叭口下限了。图中汇价虽然在回落过程中两次反弹，但都遇到了强势阻力。这样一来，价格回落行情依然会长期延续下来。操作上看，图中技术性反弹位置，正是投资者增加做空资金的机会。

看点 2：喇叭口形态虽然已经被跌破，但英镑会在下跌途中出现技术性反弹。反弹持续时间短，汇价上涨空间有限，这有助于投资者增加做空资金。喇叭口形态下方，汇价下跌应该是在加速中完成的，较大规模的反弹往往意味着汇价将再次大跌。

GBP/USD——英镑深跌如图 8-24 所示。

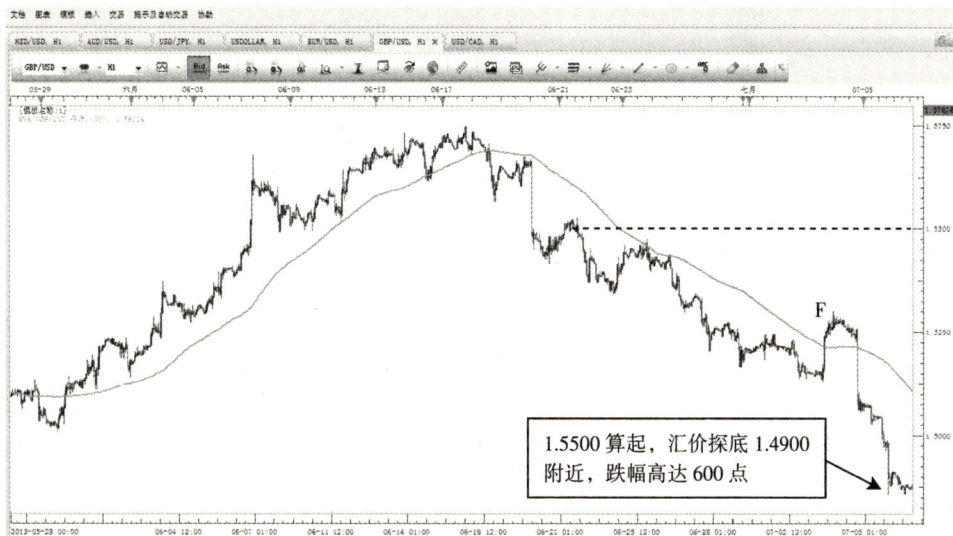

图 8-24　GBP/USD——英镑深跌

看点 1：图 8-24 显示，从喇叭口形态下限被跌破以后，高位 1.5500 开始，英镑最低下挫至 1.4900，深度回落高达 600 点以上。可见，在喇叭口形态出现以后，价格大幅杀跌空间很大。如果投资者没能把握好做空机会，容易错过丰厚收益。

看点 2：值得一提的是，汇价在图中 F 位置出现高达 80 点的涨幅，却没有改变汇价的下跌趋势。可见，单边回落行情中，技术性反弹并不可怕，可怕的是投资者因此减少持有的空单数量。汇价反弹空间相比下跌空间小很多，长时间持有空单更容易增加收益。

六、菱形反转

1. 形态特征

菱形形态中，汇价波动空间首先由小到大，最后由大到小。菱形调整完毕以后，汇价将出现突破信号，是投资者采取行动的机会。考虑到菱形调整中汇价波动规律性不强，价格涨跌空间不大，投资者可以在菱形调整期间逐步收集筹码做空。等待价格真的完成了调整形态，考虑最后一次加仓做空，获得价格下跌中的利润。

2. 出现位置

汇价处于调整阶段的时候，更容易出现菱形形态。菱形调整的形态中，价格波动空间很大，但持续时间不长，更多的时间汇价波动空间是有限的。由于多空双方争夺非常激烈，价格完成菱形调整需要时间较长。

3. 多空含义

在菱形形态中，多空双方争夺从弱到强，最终汇价波动空间一定会收窄。多空双方资金消耗殆尽的时候，价格波动空间减小，正是出现突破的位置。在菱形调整的末期，汇价跌破菱形调整的时刻，价格出现深度杀跌走势，是做空的重要看点。足够的波动机会提供给投资者很多做空条件。菱形调整形态如果以反转回落结束，那么汇价波动空间收窄的时候，投资者就可以考虑增加做空资金了。作为反转形态，菱形调整以后汇价下跌空间至少应该在菱形的波动高度。当然，超过菱形调整波动强度的跌幅，出现的可能性不大。这要看空头行情大小，如果行情很大，下跌空间将不限于菱形的波动高度。

4. 实战操作

AUD/USD——价格低点的菱形调整如图 8-25 所示。

看点 1：图 8-25 显示，澳元的 1 小时 K 线图中，价格虽然已经处于低点，但还未止跌回升。图中菱形调整形态，正是在这种情况下形成的。价格在菱形调整形态中的最大波动强度很高，但菱形调整毕竟不能轻易改变汇价下跌趋势。图中完成菱形调整形态以后，投资者可以考虑增加做空资金了。

看点 2：菱形调整进入尾声的时候，价格波动空间在快速收缩，这样一来，

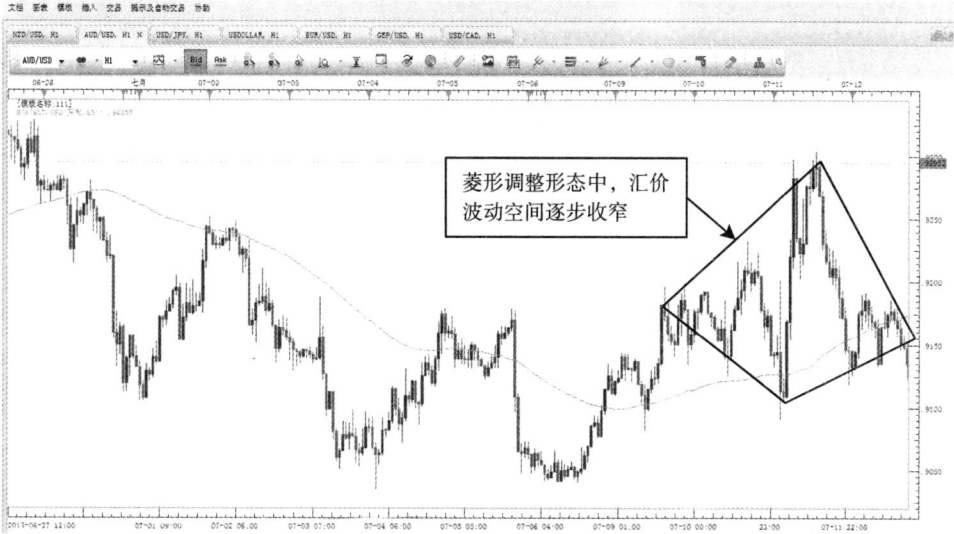

图 8-25　AUD/USD——价格低点的菱形调整

投资者将不得不在此时快速做空了。随着价格脱离菱形调整形态，进一步的下跌空间依然会出现。价格脱离菱形以后将很快进入杀跌状态。把握卖点无疑就在此时。

　　AUD/USD——菱形高度的跌幅出现如图 8-26 所示。

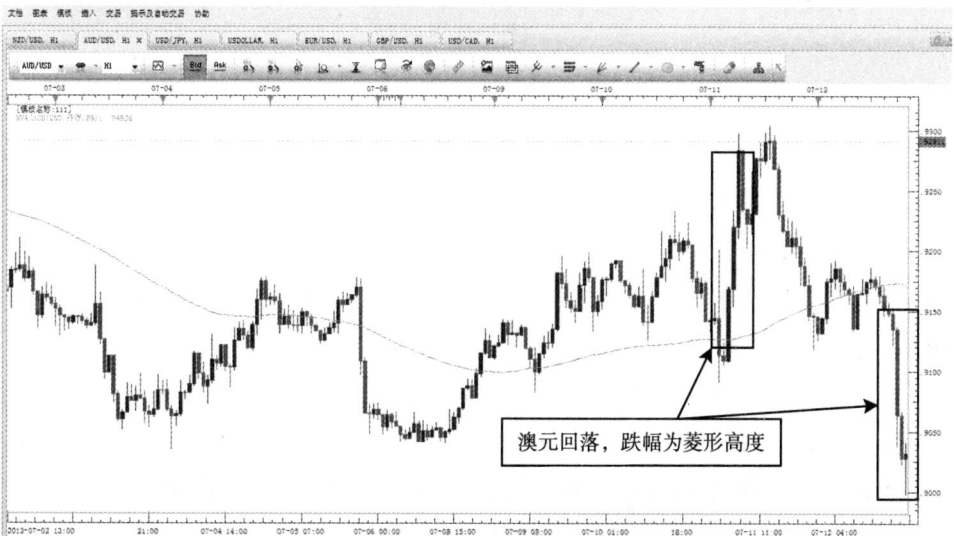

图 8-26　AUD/USD——菱形高度的跌幅出现

看点 1：图 8-26 显示，澳元从汇价高位杀跌，跌幅上看来相当于菱形调整的波动空间。如果考虑澳元已经进入到底部区域，那么图中显示的下跌空间已经足够了。反转形态就是这样，汇价下跌空间达到反转形态高度的时候，便是最终的下跌空间了。图中汇价从菱形调整结束的位置快速回落，下跌空间在 150 点左右，相对于菱形中汇价波动最大强度。

看点 2：在汇价单边杀跌以后，十字星表明汇价止跌回升信号。在菱形反转形态中判断做空机会，价格跌破菱形后的最小跌幅出现以后，投资者就可以平仓获利了。

AUD/USD——澳元反弹上涨如图 8-27 所示。

图 8-27　AUD/USD——澳元反弹上涨

看点 1：图 8-27 显示，澳元止跌回升的十字星出现以后，澳元再次出现反转回升行情。图中显示，汇价波动空间很大，价格已经回升至前期高位对应的0.9250 附近，第二次完成了菱形反转形态。

看点 2：考虑到澳元反弹空间虽然较大，却没有突破前期高位，是投资者做空的信号。价格从菱形调整开始，出现第二次回落走势概率很大。不过考虑到汇价已经出现了见底十字星形态，这一次澳元的跌幅不会太大。菱形波动空间有限的情况下，澳元下跌空间也相当于菱形的波动强度。

AUD/USD——菱形再次呈反转形态如图 8-28 所示。

图8-28 AUD/USD——菱形再次呈反转形态

看点1：图8-28显示，澳元1小时K线中汇价短线回落，跌幅恰好为菱形反转形态的价格高度。汇价跌幅虽然不大，却依然为投资者提供了短线做空盈利机会。考虑到菱形调整形态比较显著，适合投资者发现反转形态并且做空获利。

看点2：连续两次出现在同一价位附近的菱形调整形态，显然表明这一位置的反弹压力较大。不过考虑到澳元在第二次回落期间下跌空间不大，汇价短线调整的过程中，做空盈利空间不高，也只相当于菱形的波动空间。这个时候，投资者可以在汇价调整结束后继续买涨，依然可以获得收益。

七、三角形反转

1. 形态特征

汇价进入三角形反转形态的过程中，价格波动空间在逐步收窄。三角形调整形态完成之前，价格将连续上下波动，这个时候正是投资者短线操作的机会。对于三角形支撑位的把握，投资者可以从价格最初出现的高位和低点来判断。

三角形反转形态最初形成的时候，价格波动空间会比较高，这个时候从价格高位到低点的连线，确认了三角形一个边。随着调整的进行，价格在上有阻力下有支撑的情况下，波动空间逐渐收窄到一点。汇价震荡下跌的阻力线，是三角形调整形态的上边，而汇价下方的支撑线，则是三角形调整形态的下边。汇价最终跌破三角形下边，实现反转走势。

2. 出现位置

高位回落的三角形反转形态，是价格滞涨后出现的反转走势。汇价下跌速度很快，短线杀跌后确认了三角形的一个边。在弱势调整过程中，价格波动空间很快收窄，三角形的另外两个边得到确认。三角形的调整形态一般是价格短线反弹无力的情况下出现的，在汇价见顶高位以后，反弹过程中经常会出现三角形的调整走势。随着三角形调整的结束，汇价跌破三角形后下跌空间将被打开。

3. 多空含义

三角形的调整形态出现之前，汇价经历反弹遇阻的走势。价格从短线高位回落下来，确认价格高位的阻力。不过汇价高位阻力虽然很强，也需要调整充分以后才能进入明确的回落趋势中。这样一来，三角形的调整形态出现了。多空双方在三角形调整阶段充分博弈，汇价在三角形上边和下边之间来回震荡的过程中，多空双方终于"达成一致"。价格调整至三角形两边交叉点以后，汇价向下突破，表明下跌趋势加速出现。

4. 实战操作

USD/JPY——三角形接近完成如图 8-29 所示。

看点 1：图 8-29 显示，美元 1 小时 K 线图中，价格已经进入三角形调整形态。在汇价波动过程中，价格并未突破前期高位，而是在比较小的价格范围内运行，最终完成了三角形形态。

看点 2：三角形形态中，图中汇价一度跌破三角形下边，显示汇价下跌的迹象。这个时候，投资者可以考虑在汇价反弹至三角形下边的时候继续做空获利。三角形反转形态只是起点，价格进一步下跌空间还很大。

USD/JPY——反弹无力可做空如图 8-30 所示。

看点 1：在图 8-30 中，汇价已经从三角形下边继续走低。从汇价波动情况看来，技术性反弹至三角形下边的价格走势，其实是行情进一步展开的信号。价格不会一次性回落至底部，却可以在震荡过程中逐渐走低。这样一来，反而为投资者创造了盈利空间。价格从三角形下边反弹，为投资者提供了高位做空的机

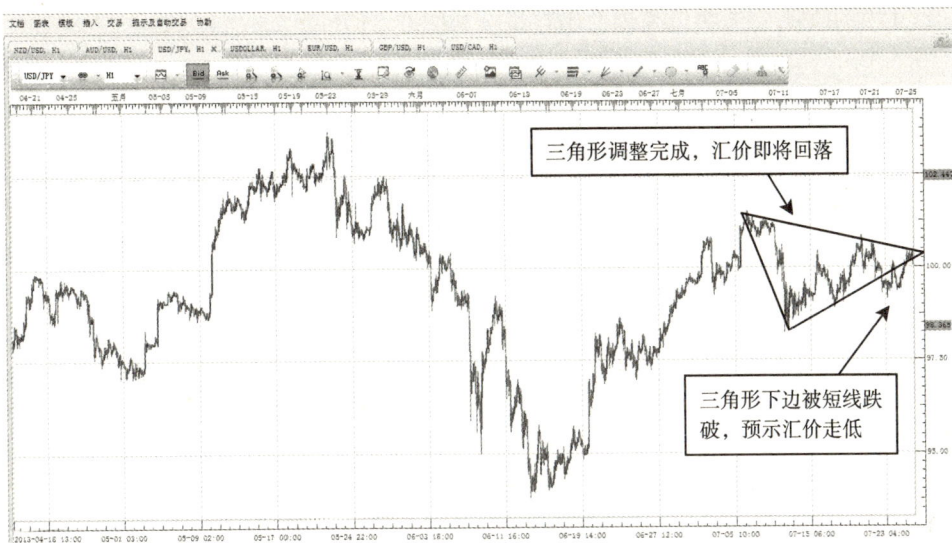

三角形调整完成，汇价即将回落

三角形下边被短线跌破，预示汇价走低

图 8-29　USD/JPY——三角形接近完成

汇价短线反弹至三角形下方，遇阻回落可做空

图 8-30　USD/JPY——反弹无力可做空

会。价格还未跌破三角形之前，判断做空信号非常困难。而价格一旦跌破三角形，技术性反弹恰好就创造了不错的盈利机会。

看点2：三角形的调整中，汇价总体处于回落态势。这样看来，价格跌破三角形下边并非没有征兆。实战当中，投资者可以在三角形调整过程中寻求做空机会。一旦价格顺利回落，投资者可以马上做空盈利。

USD/JPY——强势反弹创造做空机会如图 8-31 所示。

图 8-31 USD/JPY——强势反弹创造做空机会

看点 1：图 8-31 显示，美元/日元的三角形反转走势非常明确，价格短线回落以后出现更大空间的反弹。价格继续遇阻三角形形态后，汇价下跌空间进一步扩大。在价格回落过程中，顺势开仓都可获得收益。

看点 2：三角形反转形态已经确认，寻找价格高位做空就成为投资者基本的操作策略。价格在波动中回落，技术性反弹必然提供不错的卖点。随着交易的进行，汇价下跌空间已经很大，并且跌破短线低点。

NZD/USD——高位三角形调整如图 8-32 所示。

看点 1：图 8-32 显示，新西兰元的 1 小时 K 线图中，汇价已经在大涨阳线后明显进入调整阶段。价格短线冲高回落的过程中，形成了三角形调整形态。三角形调整形态成为汇价反转形态，调整规模可大可小。图中三角形调整形态持续时间还不是很长，但价格很可能因此走低。这样一来，把握三角形卖点对投资者来讲是比较好的机会。

看点 2：大阳线出现以后，表明多方资金实力已经得到充分体现。价格在高位超涨，表明多方已经耗尽最后的资金来拉升汇价。这个时候，汇价更容易从高位回落下来，投资者把握做空机会显然可以盈利。

NZD/USD——跌破三角形的做空机会如图 8-33 所示。

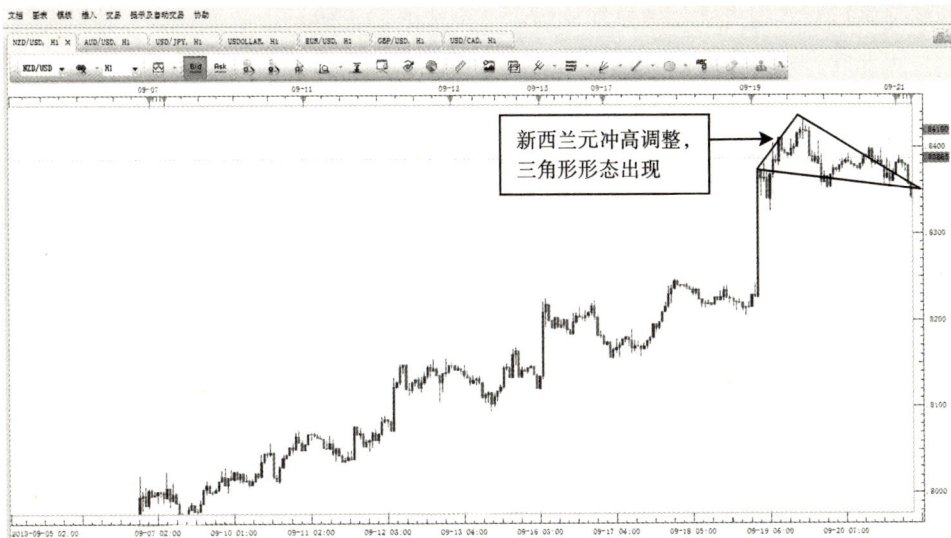

新西兰元冲高调整，
三角形形态出现

图 8-32　NZD/USD——高位三角形调整

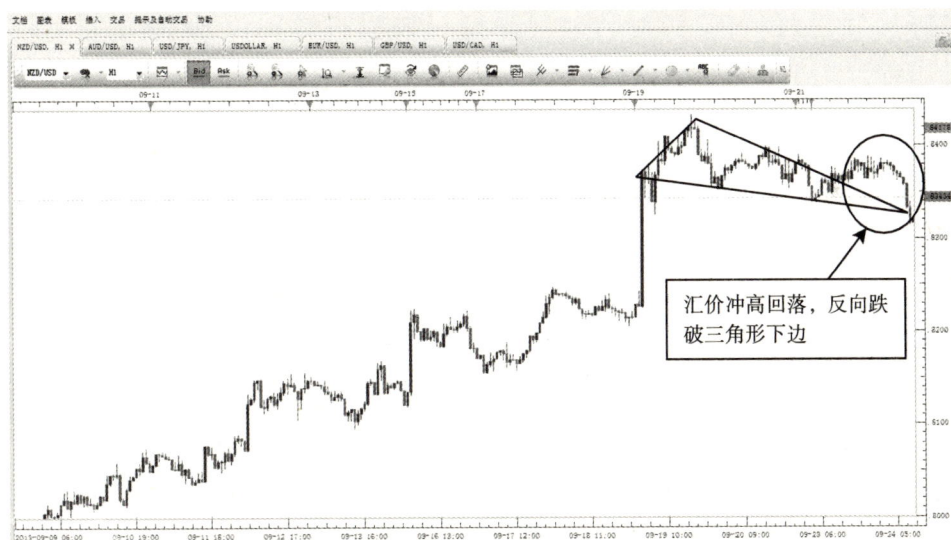

汇价冲高回落，反向跌
破三角形下边

图 8-33　NZD/USD——跌破三角形的做空机会

看点 1：图 8-33 显示，新西兰元在汇价高位完成了看跌的三角形形态，价格短线冲高回落以后跌破三角形下边，明显是做空信号。调整形态出现在汇价大涨的高位，本身就代表了看空信号。这样一来，谁能率先把握做空机会，谁就能够获得投资回报。

看点 2：在三角形调整中，价格跌破调整形态的过程可以有两种情况。第一种情况是最直接的方式，三角形调整形态完成之后汇价马上下挫；第二种情况是汇价先冲高再回落，最终跌破三角形的下边。显然，图中新西兰元是以冲高回落的形式结束多头趋势的，为投资者提供了做空机会。

　　NZD/USD——汇价反弹可二次做空如图 8-34 所示。

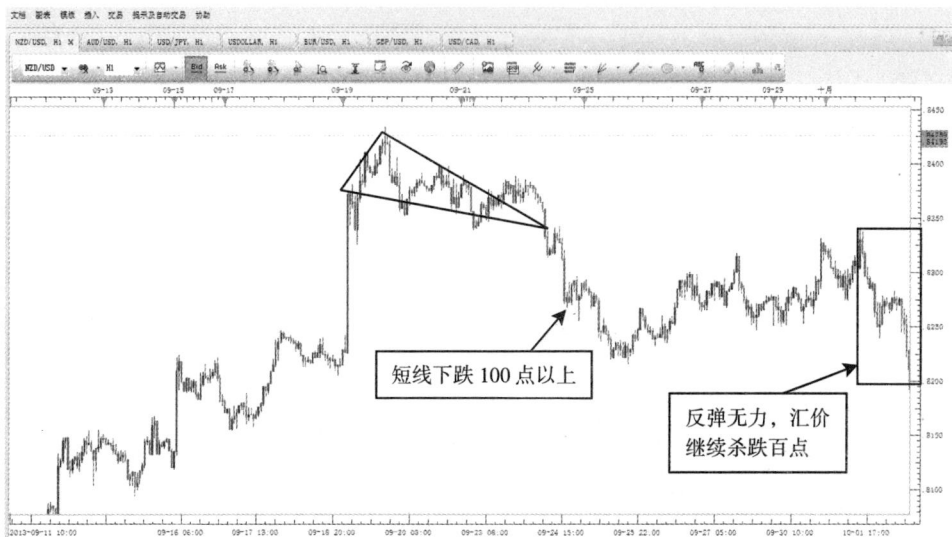

图 8-34　NZD/USD——汇价反弹可二次做空

　　看点 1：图 8-34 显示，新西兰元的 1 小时 K 线图中，价格已经从高位回落下来，而三角形的反转形态已经成为价格回落的起始形态。从新西兰元的回落态势判断，投资者可以做空了。图中跌破三角形下边以后，汇价跌幅高达 100 点，成为重要获利位置。

　　看点 2：从新西兰元的回落趋势来判断，图中价格回落 100 点以后，阶段性反弹的高位恰好就达到了三角形下边附近。可见，三角形的反转形态不仅是短线价格回落的起点，更是汇价反弹后重要压力位。当价格冲高回落以后，下跌趋势不会轻易结束。汇价跌幅超过 100 点的情况下，技术性反弹提供了不错的做空机会。

第九章 蜡烛线的看涨反转形态

一、尖底形态

1. 形态特征

尖底反转形态中，汇价冲高回落持续时间很短。反转形态短时间内就已经形成，投资者做多应该尽可能快，才能在价格回落过程中盈利。尖底反转走势中，明显的见底信号必然会出现，发现反转走势对盈利至关重要。判断尖底反转形态形成的重要依据，也是看价格能否已经完成了反转形态。理想的尖顶反转形态中，包括价格回落趋势、价格低点见底的十字星形态和汇价下跌信号，这三点具备以后，价格反转回升就指日可待了。

2. 出现位置

汇价单边下跌的过程中，价格回落空间较大的时候，是尖底反转形态出现的位置。特别是短时间内大跌以后，技术性的折返走势往往是以尖底反转形态开始的。持有空单的投资者可能已经获得丰厚做空利润，一旦空方开始大面积止盈平仓，汇价出现技术性反弹走势就不可避免。也就是这个时候，尖底反转形态将成为汇价走强的重要起始点。

尖底反转形态可以出现在汇价的最低点，也可以出现在技术性反弹阶段。汇价长时间大幅度回落以后，价格完成最后一次杀跌动作，往往会以尖底形态结束回落趋势，这正是投资者买涨的机会。而在价格回升的过程中，价格短线调整以后结束调整动作的走势，也同样会以尖底反转形态开始。

3. 多空含义

尖顶形态是非常重要的反转形态，特别在形态特征异常标准的情况下，汇价随后下跌概率极大。尖顶反转形态是效率很高的下跌反转形态，也是投资者能够把握住的做空盈利机会。投资者可以根据尖顶反转形态出现前的价格运行情况，判断反转以后价格回落空间。十字星处于价格高位，前期汇价连续上涨空间又比较高的情况下，尖顶反转形态就相对确定了。

4. 实战操作

NZD/USD——中阳线引起的尖底反弹如图 9-1 所示。

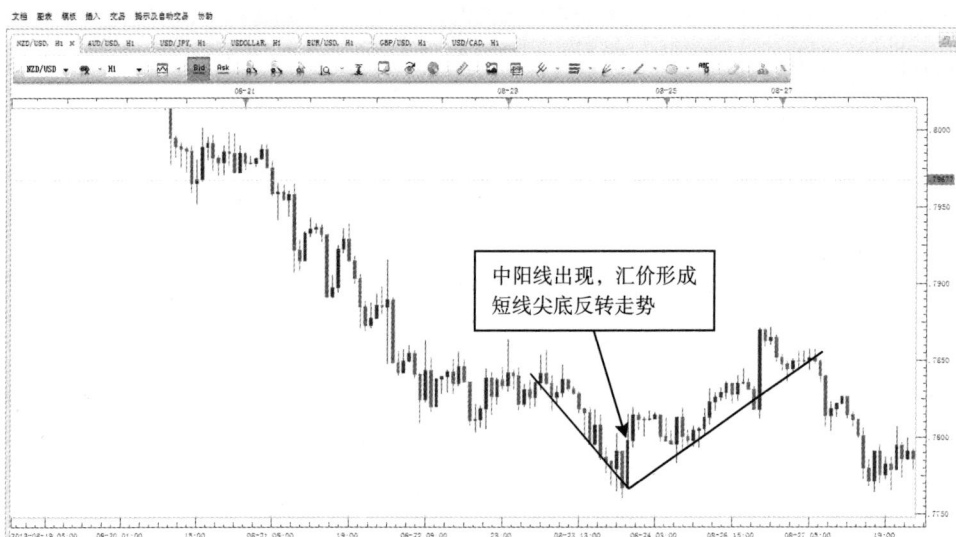

图 9-1 NZD/USD——中阳线引起的尖底反弹

看点 1：图 9-1 显示，新西兰元的 1 小时 K 线图中，价格已经连续回落的情况下，一根中阳线成为价格探底回升信号。从该阳线形态开始，汇价出现了短线尖底反弹走势。

看点 2：作为汇价下跌趋势中的技术性反弹走势，中阳线显然充当了价格走强起点形态。从中阳线开始，汇价短线表现强势的时候，投资者可以适当买涨盈利。即便在下跌趋势中，把握住技术性反弹的机会，仍然有望获得不错的回报。新西兰元的价格走势就是这样的。

NZD/USD——大阳线引起的尖底反弹如图 9-2 所示。

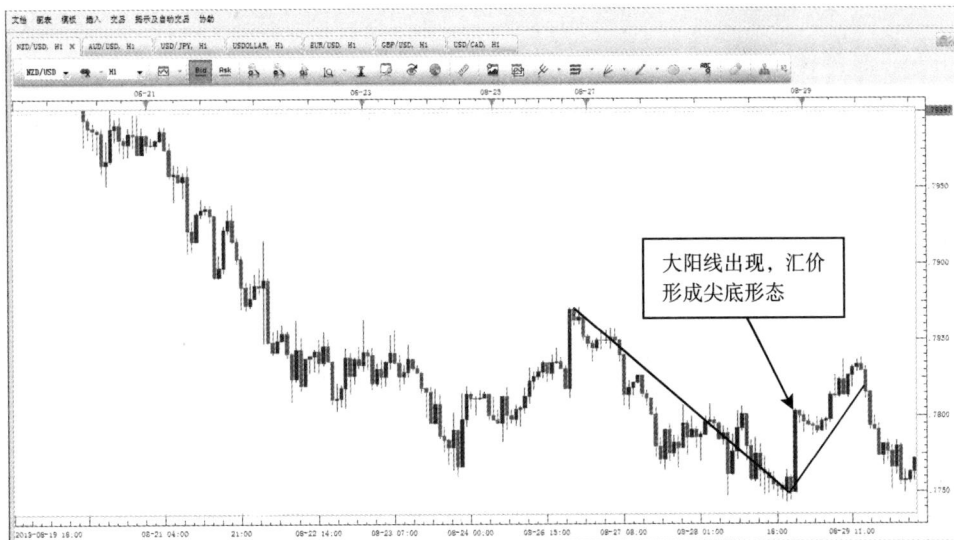

图 9-2 NZD/USD——大阳线引起的尖底反弹

看点 1：图 9-2 显示，新西兰元的技术性反弹第二次出现，只是这一次的反弹是从大阳线开始的。虽然价格反弹空间不高，却是大阳线以后确定的买涨利润。

看点 2：在实战当中，投资者把握技术性反弹走势中的买涨利润，不一定要在每一次反弹中获利。关注操作风险是第一位的，价格即便短线反弹，投入的买涨资金不应过大。在技术性反弹结束以后，价格短线回落后可以再次形成买点。

NZD/USD——第三次出现的尖底形态如图 9-3 所示。

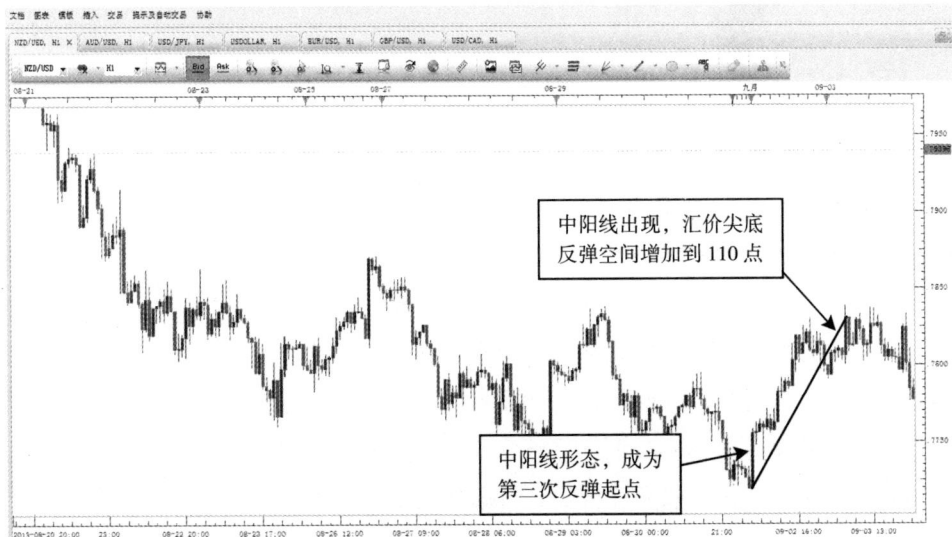

图 9-3 NZD/USD——第三次出现的尖底形态

看点 1：图 9-3 显示，汇价在技术性反弹阶段再创涨幅新高，汇价从中阳线开始，累计涨幅高达 110 点的情况下，完成了技术性的尖底反转形态。技术性的尖底反弹连续出现，显示出多方积极做多的情况下，汇价上行趋势有望出现。

看点 2：在图中汇价第三次形成技术性反弹的尖底形态以后，汇价从底部企稳的迹象更加明确。在价格反弹以后，投资者可以寻找更好的买点做多。技术性反弹走势的出现，不仅仅是短线问题，表明汇价脱离底部的可能性更高了。随着交易的进行，汇价有望在高位企稳回升。

NZD/USD——短线高位的尖底形态如图 9-4 所示。

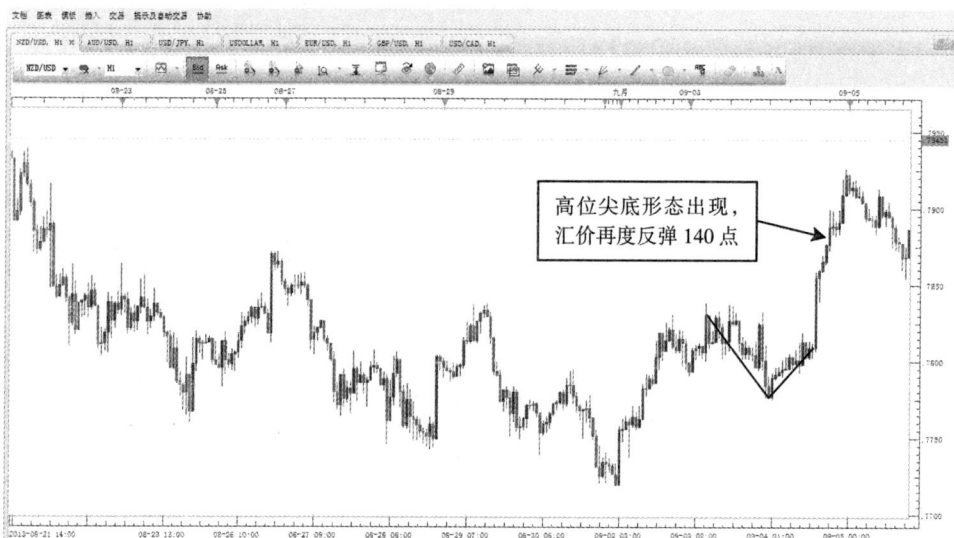

图 9-4　NZD/USD——短线高位的尖底形态

看点 1：图 9-4 显示，新西兰元的 1 小时 K 线图中，价格在高位再次形成尖底反转形态，汇价波动空间高达 140 点的时候，买涨投资者显然获得不错利润。技术性反弹还未结束之前，投资者可以继续买涨获得收益。

看点 2：图中汇价在高位出现的技术性反弹走势后，价格已经处于前期高位以上。这个时候，回升趋势显然更加明确。在价格高位出现的尖底反转形态，能够支撑汇价上行趋势。这样一来，投资者可以动用更多资金买涨了。汇价上行趋势有望得到延续，反弹之后汇价将进一步走高。

NZD/USD——深度探底完成尖底形态如图 9-5 所示。

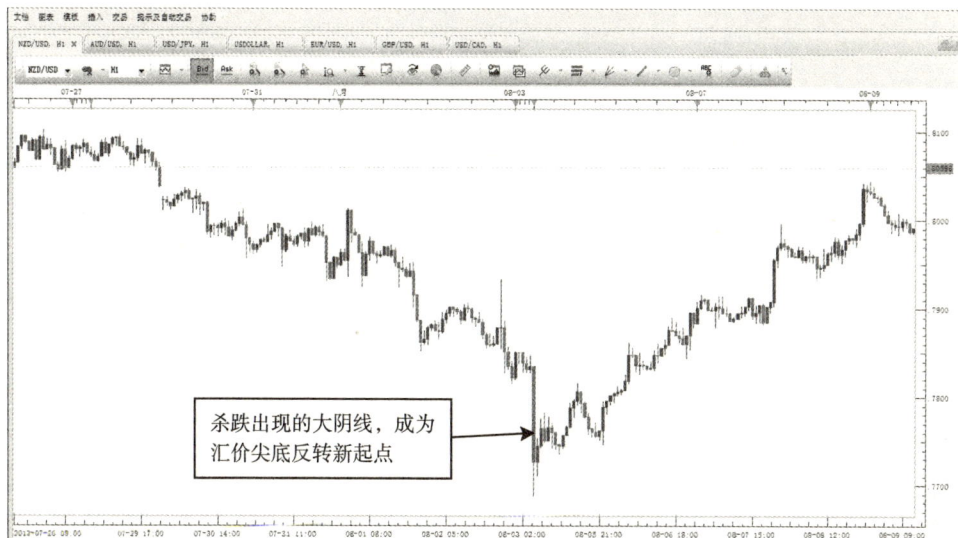

图 9-5 NZD/USD——深度探底完成尖底形态

看点 1：图 9-5 显示，随着交易的进行，新西兰元在图中杀跌大阴线以后出现技术性反弹走势。也就是在这个位置，技术性的尖底形态出现了，买涨投资者将继续获得丰厚收益。

看点 2：实战当中，技术性反弹转变为持续回升的多头行情，这种走势还是很多的。图中大阴线下跌空间高达 100 点以上，是空头行情最后一次大幅杀跌了。从技术性反弹角度分析，即便在汇价以尖底反转开始回升的过程中，价格没能进入连续上涨的多头行情，图中技术性反弹依然值得投资者关注。

NZD/USD——反转中大涨 400 点如图 9-6 所示。

看点 1：图 9-6 显示，新西兰元的 1 小时 K 线图中，汇价在尖底反转形态支撑下，上涨潜力非常大。从涨幅看来，汇价从低点的 0.7700 飙升至高位的 0.8100 以上，上涨空间高达 400 点。可见，尖底反转形态的确提供给投资者不错的买涨获利机会。价格上涨空间较高，而汇价长时间持仓已经有不错的回报。

看点 2：随着交易的进行，投资者会发现，尖底反转支撑汇价上涨趋势非常明显。尖底反转形态中，汇价连续上行持续时间很长，投资者有足够的时间获得投资回报。在回升趋势中，调整结束以后价格继续企稳回升，依然是单边上行的情况。这样看来，只要在持仓阶段价格还未出现回落迹象，持有多单可继续盈利。

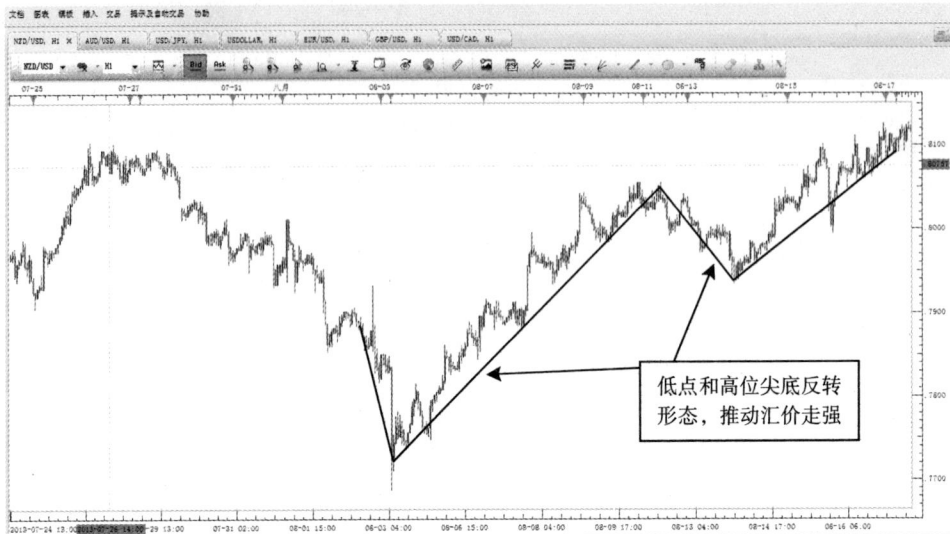

图 9-6　NZD/USD——反转中大涨 400 点

二、双底形态

1. 形态特征

双底形态中，汇价两次杀跌均以失败告终，是汇价底部回升的重要起始形态。特别在汇价大跌以后，做空投资者逐渐平仓的过程中，兑现利润的操作导致价格下跌速度减缓。这个时候，如果多方增加买涨资金，自然能够推动价格止跌回升。如果汇价连续两次反弹，并且反弹的起始点处于同一低点，那么投资者获利概率就很高了。从同一价格低点反弹的多头趋势中，价格上涨潜力将很快释放。双底支撑汇价强势上行，投资者持有多单可获得利润。

2. 出现位置

双底形态多出现在汇价单边下跌的时候，这个时候价格累计回落空间较大，多方更容易拉升汇价上涨。当汇价经历一波明显的下跌趋势，并且价格已经达到明确的低位支撑区域时，将是投资者能够关注的买涨机会。汇价既然处于单边下跌趋势中，价格从低位折返需要时间。连续两次见底以后，汇价调整时间足够长，是投资者买涨的重要时机。特别是汇价突破双底颈线以后，更是如此。当然，除了单边下跌趋势的价格低点，下跌趋势中汇价反弹至重要阻力区域，也会出现双底形态。下跌趋势中出现的双底形态，第二个底部很可能要高于前者。这是因为汇价跌幅很大的时候，首次反弹结束以后，更容易出现二次反弹上涨而不是二次回落走势。这样一来，买点就出现在双底反转以后。

3. 多空含义

双底反转形态是汇价加速回升的反转形态，也是多方不得不考虑的买涨机会。特别是 1 小时 K 线中显著的双底形态，将明显加速汇价反转走势。如果汇价有效突破双底颈线，价格将继续反弹上涨。这样一来，把握买涨机会的投资者可获得丰厚投资回报。

双底形态中，汇价反弹空间虽然有限，却是多方做多的有益尝试。这个时候，投资者可以发现价格上涨潜力还未完全释放的情况下，买涨是不错的机会。两次反弹形成的双底形态，就像两次尖底反转形态，对汇价支撑效果良好。

4. 实战操作

EUR/USD——欧元双底反弹如图 9-7 所示。

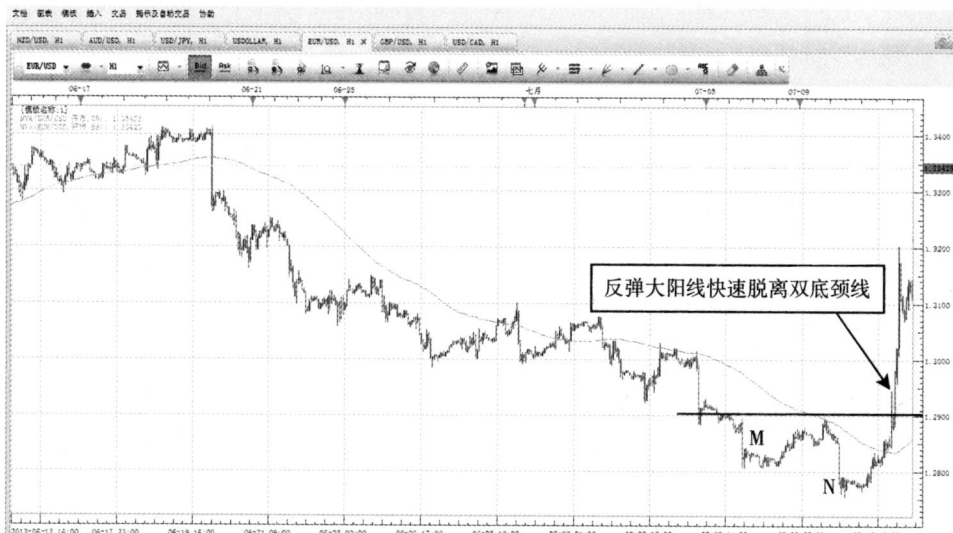

图 9-7　EUR/USD——欧元双底反弹

看点 1：图 9-7 显示，欧元从回落趋势中走强的过程非常快，大阳线突破双底的颈线以后，价格快速上行。在价格突破双底颈线以后，根本没有出现像样的回调。回升趋势显著的情况下，投资者将不得不去追涨盈利了。如果不是追涨，除非提前发现这一买涨时机，才能够获得利润。

看点2：回升趋势中，价格连续两次探底以后，上涨趋势就比较确定了。有了双底作为支撑，价格持续飙升更容易实现。在价格突飞猛进的过程中，能够在此期间把握买点，可获得不错利润。

EUR/USD——欧元延续回升趋势如图9-8所示。

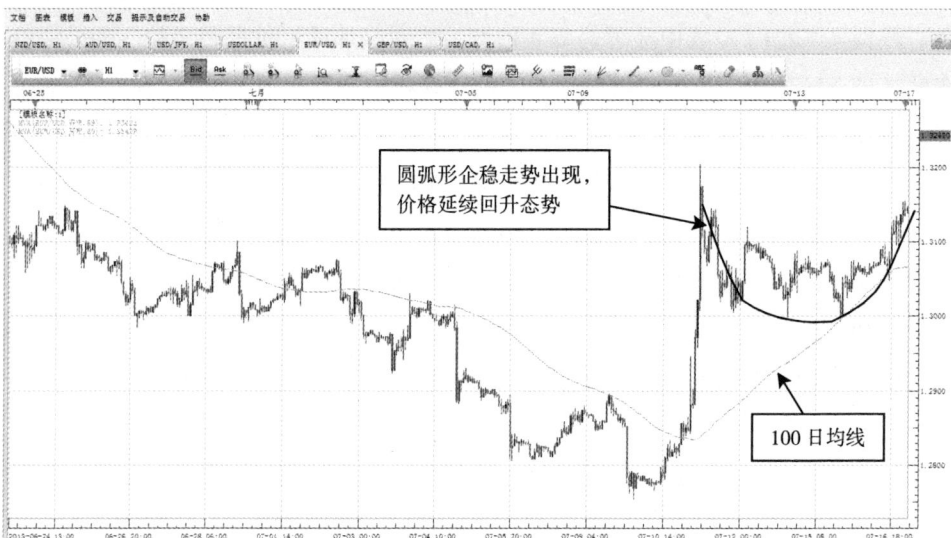

图9-8　EUR/USD——欧元延续回升趋势

看点1：图9-8显示，随着欧元短线大幅上攻，图9-8显示的价格已经进入了回调阶段。汇价调整过程中，100日均线起到非常明显的支撑作用。随着欧元再次企稳回升，圆弧底的反转形态将支撑汇价继续上行。

看点2：在连续出现大阳线上涨以后，汇价短时间内回落的可能性很小。价格更容易在多头趋势中继续上行，而不是出现逆转的走势。调整必不可少出现，但是不容易改变价格的回升趋势。这样一来，投资者很容易通过图中圆弧底的支撑形态判断欧元的上行趋势。

EUR/USD——欧元大涨500点如图9-9所示。

看点1：图9-9显示，欧元继续上行的过程中，从涨幅看来，已经是500点的飙升空间。一般情况下，这种涨幅已经是不错的盈利空间了。1小时K线中把握这样大的波动空间，投资者获利非常丰厚。双底支撑的欧元狂飙，是投资者盈

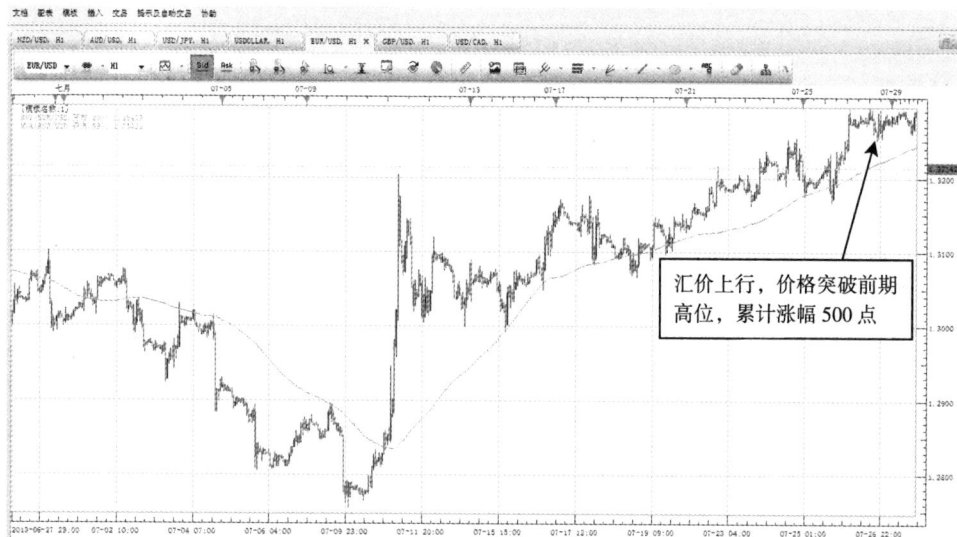

图 9-9　EUR/USD——欧元大涨 500 点

利的关键。

看点 2：大阳线突破以后，双底支撑价格继续上行，100 日均线是汇价维持上行态势的关键。100 日均线被有效跌破以前，持有多单都是能够盈利的。欧元的上行态势依旧没有改变，投资者持有多单依然能够获利。

看点 3：汇价有效跌破 100 日均线的时候，一般会出现技术性反弹走势。也就是说，汇价跌破 100 日均线以后，会出现短线折返至均线的情况，这才是投资者做空获利的关键。

GBP/USD——回落趋势中的失败反弹如图 9-10 所示。

看点 1：图 9-10 显示，英镑经过两次反弹，仍然没有突破 100 日均线，这表明汇价下跌趋势依然延续。实战当中，投资者可以等到价格二次反弹的时候，再考虑入场。这样的话，买涨更容易获得投资回报。事实上，仅仅一次反弹，并不能改变价格下跌趋势。

看点 2：当英镑结束两次反弹，价格再次走强的时候，真正的反转就会出现。双底反弹形态就是在这个时候出现的。考虑到英镑回落空间比较大，双底反弹形态很容易成为价格反弹的起点。如果从技术指标上分析，双底形态中价格已经出现超跌信号。技术指标与双底形态共同确定了反转走势，因此，投资者买涨是没有任何问题的。

图 9-10　GBP/USD——回落趋势中的失败反弹

GBP/USD——英镑突破双底颈线如图 9-11 所示。

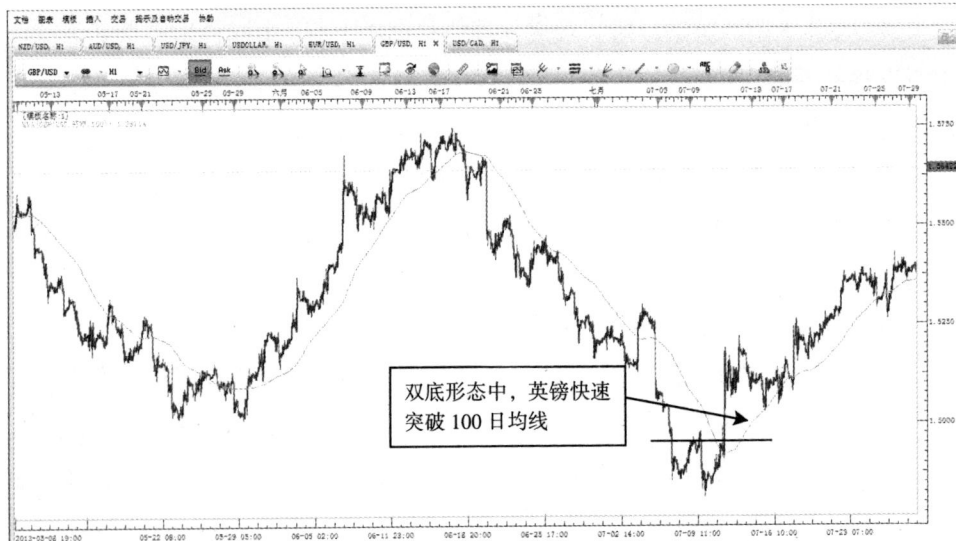

图 9-11　GBP/USD——英镑突破双底颈线

　　看点 1：图 9-11 显示，英镑突破双底形态以后，汇价涨幅比较大。短时间来看，价格涨幅已经远远超过双底高度。这样看来，双底反转走势将长时间延续下去。值得一提的是，不仅突破了 100 日均线，同时突破了双底颈线，表明英镑的回升趋势非常明显。这个时候买涨，获得投资回报的概率较大。

看点 2：英镑的 1 小时 K 线图的价格走势与欧元的价格都非常相似。英镑的反转速度比较快，为投资者提供了不错的盈利机会。双底反转形态的确提供了不错的买点，即使在价格回升之前，并没有把握住买点，投资者依然有机会开仓。显著的反转形态，能够长时间支撑价格回升趋势。因此，买在价格高位并不是问题。行情逆转之前，减少持仓量就可以了。

三、头肩底形态

1. 形态特征

头肩顶形态要出现三次探底回升走势，价格在三次回落以后，自然在跌无可跌的情况下完成头肩底反转走势。头肩底反转形态的左肩和右肩低点相似，而头部价格较低，是头肩底反转形态的重要特征。这样一来，投资者会发现价格在头肩底低点区域形成的反转形态，是不错的买点。头肩底对应了汇价下跌的最低价位，一旦价格突破头肩底颈线，反转形态便得到确认，那个时候做多可获得不错的回报。

2. 出现位置

当汇价跌幅过大的时候，非常重要的价格低点会出现头肩底的反转形态。复杂的头肩底形态，总能成为重要反转走势的起始形态。在汇价还未有效突破头肩底颈线之前，投资者有足够的时间来判断价格波动方向。一旦回升趋势得到确认，汇价从低点反弹上涨，必然出现持续时间长、上升空间大的多头行情。

3. 多空含义

头肩底的反转形态中，价格在头肩底形态中的波动空间较大，而突破头肩底以后的汇价上升空间更会很高。因此，不仅头肩底形态完成的过程中，会出现比较好的短线机会。突破头肩底颈线以后，价格持续回落的做多机会也是非常难得的。

头肩底反转形态持续时间较长，但形态具备明显的反转意义。投资者可以从头肩底形态本身，来发现其中的做多机会，从而获得收益。在头肩底反转形态中，价格主要的低点形成底部形态，而颈线便是最可靠的做空位置。头肩底完成反转走势以后，价格必然有效突破颈线阻力区域。汇价不断确认颈线附近支撑效果的过程中，买涨时机自然能够形成。

4. 实战操作

NZD/USD——头肩底颈线如图 9-12 所示。

图 9-12　NZD/USD——头肩底颈线

看点 1：图 9-12 显示，新西兰元完成了头肩底形态以后，确认了价格反转走势。这个时候，投资者可以考虑买入新西兰元了。头肩底的反转形态不会轻易出现，一旦出现，便是不错的做多机会。头肩底反转形态中，价格经历了杀跌的走势，反转强度会更大。

看点 2：价格有效突破颈线之前，投资者可以考虑继续观望一段时间。也就是说，在价格大幅度上涨之前，试探性的买涨是可以的。当汇价真正突破了颈线，买涨盈利的可能性才会很高。到那个时候，汇价冲高回落至颈线便大幅度上涨，是不错的买涨时机。

NZD/USD——价格回调颈线如图 9-13 所示。

看点 1：图 9-13 显示，新西兰元完成了 1 小时 K 线图中的头肩底形态，价格已经处于颈线之上，表明回升趋势依旧能够延续下去。实战当中，头肩底反转形态对价格支持效果不容忽视。即便在汇价调整的时候，颈线依然能够提供不错的支撑。图中颈线附近是理想的买涨机会。

价格回调头肩底颈线，是买涨机会

图9-13 NZD/USD——价格回调颈线

看点2：随着交易的进行，新西兰元有望再创反弹新高。在头肩底形态以上，汇价突破前期高位将非常轻松。图中汇价还未反弹之前，短线反复调整可能还会继续。不过仓位控制得当，投资者可以继续增加买涨仓位，等待价格上涨以后盈利。

NZD/USD——汇价从颈线上反弹如图9-14所示。

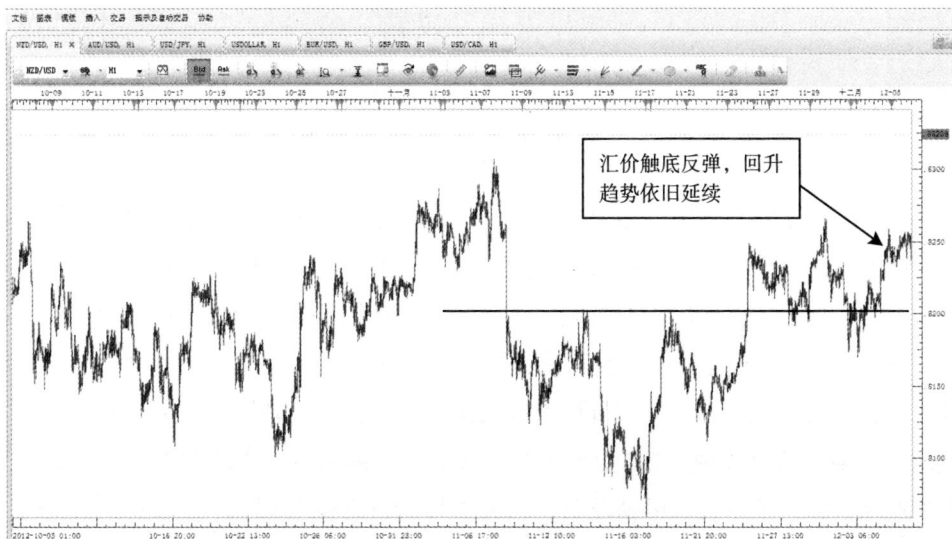

汇价触底反弹，回升趋势依旧延续

图9-14 NZD/USD——汇价从颈线上反弹

看点 1：图 9-14 显示，新西兰元的 1 分钟 K 线图中，价格已经在反弹期间持续回升。图中价格脱离颈线以后，头肩底反转形态依旧发挥支撑效果。可以说，头肩底的颈线附近，已经出现了连续两次反弹的情况下，汇价无疑可以继续上行了。

看点 2：以头肩底颈线作为起始点，价格上涨空间将被进一步打开。头肩底颈线不仅仅是支撑线，更是新行情的开始点。汇价的头肩底已经处于低点，颈线以上是多方发动反攻的最佳位置，也是买涨容易获利的时期。从右手交易法则来看，价格向上突破颈线以后，就确认了回升趋势，做多更容易盈利。

NZD/USD——汇价突破前期高位如图 9-15 所示。

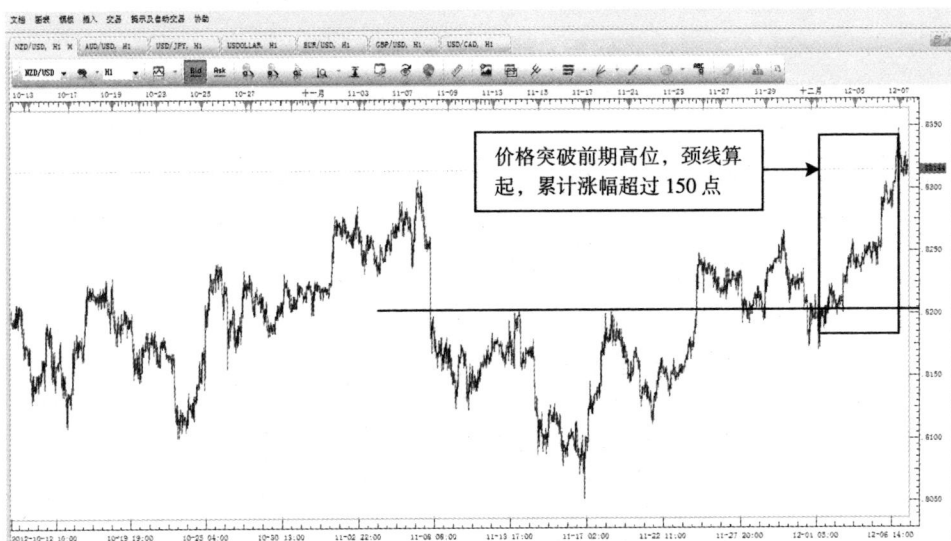

价格突破前期高位，颈线算起，累计涨幅超过 150 点

图 9-15　NZD/USD——汇价突破前期高位

看点 1：图 9-15 显示，新西兰元的上行趋势已经得到确认，汇价突破前期高位的情况下，表明压制价格上行的因素基本已经消失。这期间买涨的话，短时间获利概率很高。相比较头肩底颈线位置，汇价脱离颈线以后可以延续回升行情了。

看点 2：在实战操作中，头肩底提供的支撑对投资者非常重要。价格起始回升形态就是头肩底形态，今后价格每次加速上行，都与反转过程有关。在汇价从颈线开始飙升的过程中，150 点已经相当于头肩底的高度。考虑到新西兰元还未出现见顶征兆，价格大涨的情况下，回升趋势依旧没有出现反转的迹象。

NZD/USD——新的反转底出现如图 9-16 所示。

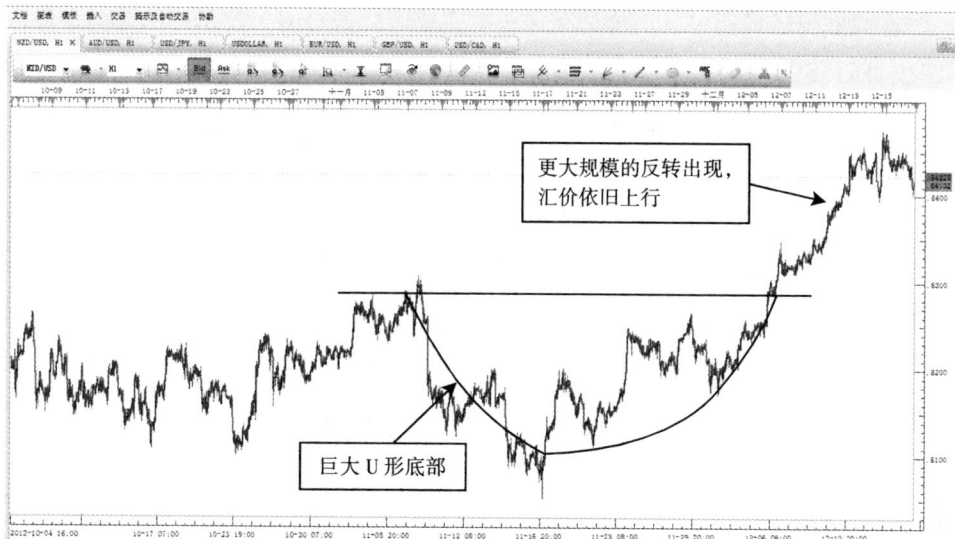

图 9-16　NZD/USD——新的反转底出现

看点 1：图 9-16 显示，新西兰元的回升趋势中，更大规模的圆弧底形态出现了。当汇价突破前期高位的时候，圆弧形的反转走势支撑价格上行更加明显。前期头肩底形态只是价格回升的起点，更大规模的圆弧底完成以后，价格上行趋势再一次得到了确认。

看点 2：判断汇价上涨潜力的时候，圆弧底 K 线图更能够提供帮助。因为，圆弧底是汇价突破前期高位以后完成的更大规模的反转形态，对价格上行趋势的支撑效果良好。

四、圆弧底形态

1. 形态特征

汇价大幅回落以后，见底过程可以有很多种形式。尖底形态、双底形态以及头肩底形态，都是比较显著的反转形态，容易被投资者发现，而不易察觉的反转形态还会有圆弧底反转形态。如果价格从圆弧底开始触底反弹，那么投资者会发现早一点买涨的话，获利空间将会非常高。

圆弧底反转形态中，汇价是在加速中完成回升走势的。技术性的回调走势很难逆转回升趋势，把握好买点的投资者，能够获得高额做多利润。圆弧底反转形态一经确认，价格就会在加速飙升中完成多头行情，这是投资者盈利的关键。

2. 出现位置

在汇价持续下跌的过程中，价格见底的形态复杂多变，投资者并不需要抓住显著的底部形态，也能够获得投资利润。圆弧底出现在真正的价格低点，表明汇价继续杀跌已经非常困难。这个时候，适度买涨对投资者来讲非常重要。价格低点得到确认以后，投资者没有更好的机会来买涨获利。汇价波动空间虽然不高，但依然处于单边回升趋势中。适度买涨，跟随价格回升趋势增加做多资金，对投资者盈利至关重要。

3. 多空含义

圆弧底形态是在缓慢波动中完成的，价格短线上涨空间不高，却依然在调整中缓慢回升。连接汇价一个低点到另一个低点，能够得到圆弧形底部反转形态。圆弧底反转形态处于价格低点，存在明确的颈线位置。当汇价突破圆弧底颈线之时，相应的买涨机会也就出现了。操作上来看，投资者务必要在汇价加速回升之前完成建仓动作。一旦汇价突破圆弧底颈线对应的价格高位，低点开仓就很困难了。

4. 实战操作

GBP/USD——超跌以后出现圆弧底如图 9-17 所示。

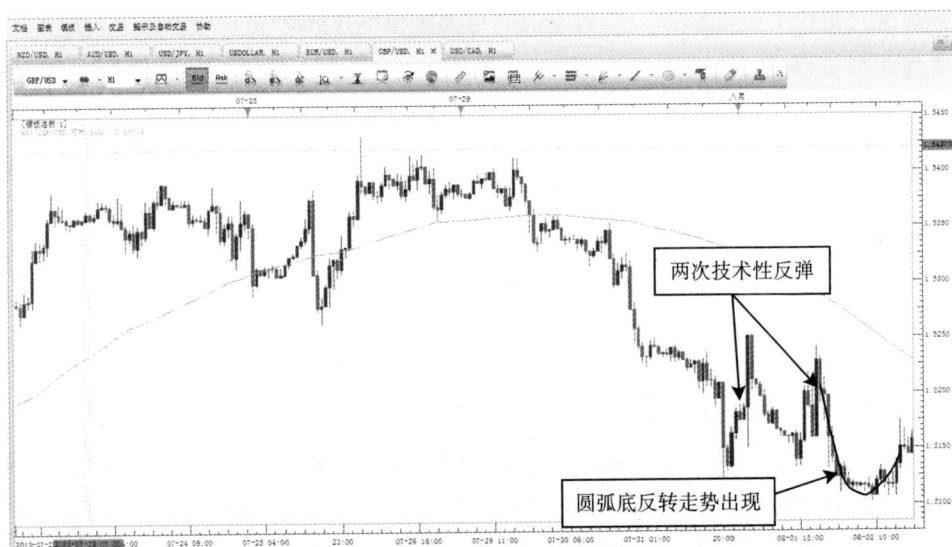

图 9-17　GBP/USD——超跌以后出现圆弧底

看点 1：图 9-17 显示，英镑的 1 小时 K 线图中，价格连续两次反弹的情况下，圆弧底反转走势出现了。可见，圆弧底并非无效的形态，而是价格走强的重要看点。从这个位置开始，回升趋势将加速形成。

看点 2：两次反弹以后价格再次回落，表明价格已经处于超跌状态，这个时候，汇价缓慢形成反转走势的时候，圆弧底在这个时候出现了。圆弧底反转走势的形成，对支撑价格走强意义很大。事实证明，圆弧底反转形态将是投资者不错的买涨机会。

GBP/USD——圆弧底颈线以上是买点如图 9-18 所示。

图 9-18　GBP/USD——圆弧底颈线以上是买点

看点 1：图 9-18 显示，英镑的 1 小时 K 线图中，圆弧底颈线以上汇价出现弱势调整情况，汇价缓慢回落的过程中，实际上已经是不错的买涨机会了。圆弧底反转形态以上，为投资者提供了买涨的价格低点。颈线被有效突破以后，汇价上行趋势得到了确认，而短线回调走势为投资者提供了买涨盈利的机会。

看点 2：随着调整的出现，当价格回落至圆弧底颈线附近以后，反弹依旧会形成。投资者买涨操作可以尽早进行，以免在价格反弹以后失去低价做多的机会。汇价如何运行，本身就充满了变数。更何况在价格突破圆弧底颈线以后，价格更容易止跌回升。买涨在任何一个低点，都有盈利的可能。

GBP/USD——汇价反弹高达 200 点如图 9-19 所示。

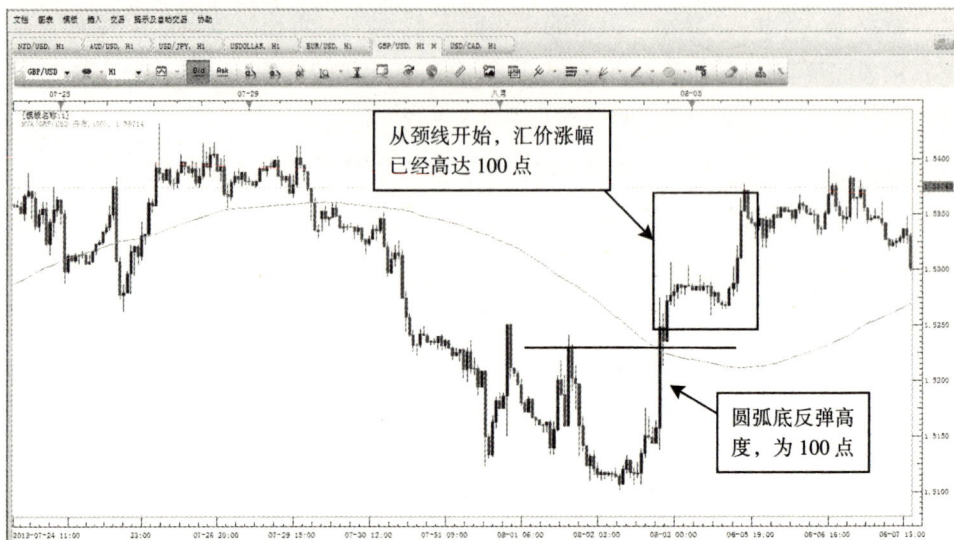

从颈线开始，汇价涨幅
已经高达 100 点

圆弧底反弹高
度，为 100 点

图 9-19 GBP/USD——汇价反弹高达 200 点

看点 1：图 9-19 显示，英镑突破圆弧底颈线以后，汇价上涨空间已经高达100 点。也就是说，圆弧底形态是 100 点的高度，汇价突破颈线以后达到了同样的涨幅。这个时候，调整的出现表明短线做空压力较大，汇价短线回落以后依然看涨。

看点 2：圆弧底的高度是汇价突破颈线以后最小的上涨幅度，即便价格已经涨幅达到了 100 点，回升趋势都还未改变。操作上判断，把握好这个位置的买涨机会，投资者可以继续获得调整回报。

GBP/USD——英镑涨幅高达 400 点如图 9-20 所示。

看点 1：图 9-20 显示，随着反弹走势的出现，英镑在 1 小时 K 线图中的上涨空间得到释放。图中显示，汇价反弹再创新高的过程中，从圆弧底的最低点算起，英镑上涨空间已经高达 400 点。颈线以上，汇价上涨空间已经是圆弧底高度的 3 倍了。

看点 2：圆弧底的高度对汇价上涨空间的影响很大，最基本的涨幅应该在圆弧底的高度。随着交易的进行，汇价高位的阻力被进一步突破以后，价格上涨空间再次被打开。操作上判断，投资者完全有理由相信，汇价进一步上行的空间被再次打开。

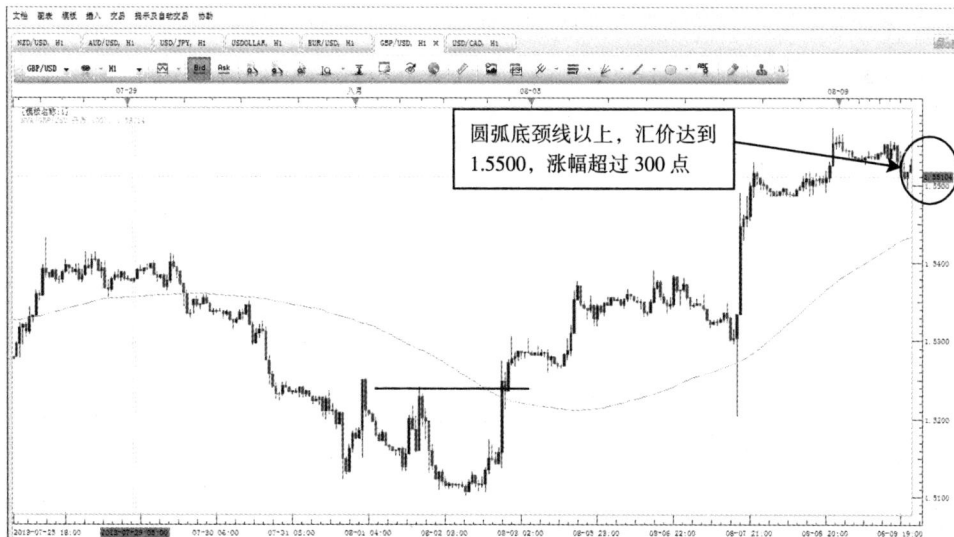

圆弧底颈线以上，汇价达到
1.5500，涨幅超过 300 点

图 9-20　GBP/USD——英镑涨幅高达 400 点

五、喇叭口形态

1. 形态特征

喇叭口形态中，汇价波动空间虽然在加剧，价格运行趋势却还未形成。这个时候，投资者等待入场时机非常关键。在喇叭口形态内部，投资者可以做短线买卖的操作，一旦价格脱离喇叭口形态，投资者就需要在开仓以后获得中长期回报了。这个时候，开仓位置是关键一环。喇叭口出现在汇价的低点，表明多空争夺非常激烈。当喇叭口连续经历了两个波段的冲高回落走势后，调整将很快进入尾声。到时候，汇价有效突破喇叭口上限以后，将加速上行，这才是投资者做多盈利的机会。

2. 出现位置

在汇价大幅下跌以后，价格低点遇到强支撑的情况下，反转形态很容易形成。在单边回落趋势中，多空双方在价格见底前的争夺非常激烈，喇叭口形态就是这种情况下出现的。实际操作上看来，喇叭口形态提供的双向波动空间很大，投资者可以在价格突破 100 日均线前采取短线操作策略。100 日均线压制汇价反弹，而喇叭口形态就在这期间完成的。价格波动空间不断增加的时候，汇价最终稳定在 100 日均线以上，将是投资者买涨的重要时机。

3. 多空含义

喇叭口形态中，多数时间价格波动方向并不确定。虽然汇价涨跌幅度较大，却没有形成真正的价格趋势。在喇叭口形态中，如果从价格破位的角度分析，投资者并不难发现真正的运行趋势。因为喇叭口形态中，价格总是在反弹阶段再创新高，而回落期间又会再创新低。

最终，汇价连续三次冲高回落以后完成喇叭口形态，价格最终突破喇叭口上限的时候，成为投资者买涨的机会。

4. 实战操作

EUR/USD——喇叭口形态如图 9-21 所示。

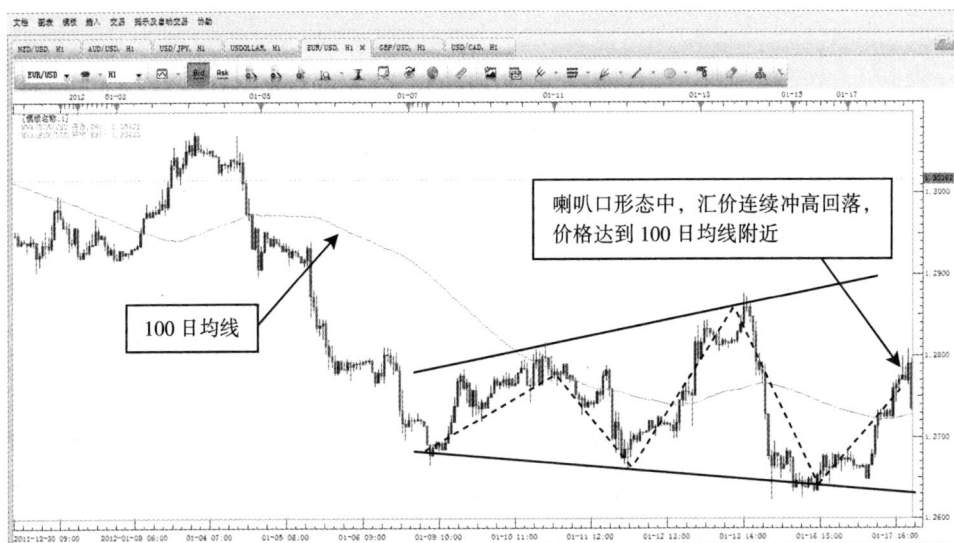

图 9-21　EUR/USD——喇叭口形态

看点 1：图 9-21 显示，欧元的 1 小时 K 线图中，价格在喇叭口形态中反复震荡，已经变成两次冲高回落了。图中汇价再次企稳回升，并且已经达到了 100 日均线附近，表明调整短时间内还未结束。

看点 2：喇叭口形态持续时间虽然很长，价格总是要出现突破的。喇叭口的上限压力较大，而喇叭口的下限支撑较强，汇价向哪一方向突破，还要根据价格所处的位置来判断。如果汇价正处于价格低点，那么喇叭口反转形态很可能成为价格走强的起始形态；如果喇叭口形态处于价格高位，那么反转以后下跌概率很大。

EUR/USD——价格再次强势反弹如图 9-22 所示。

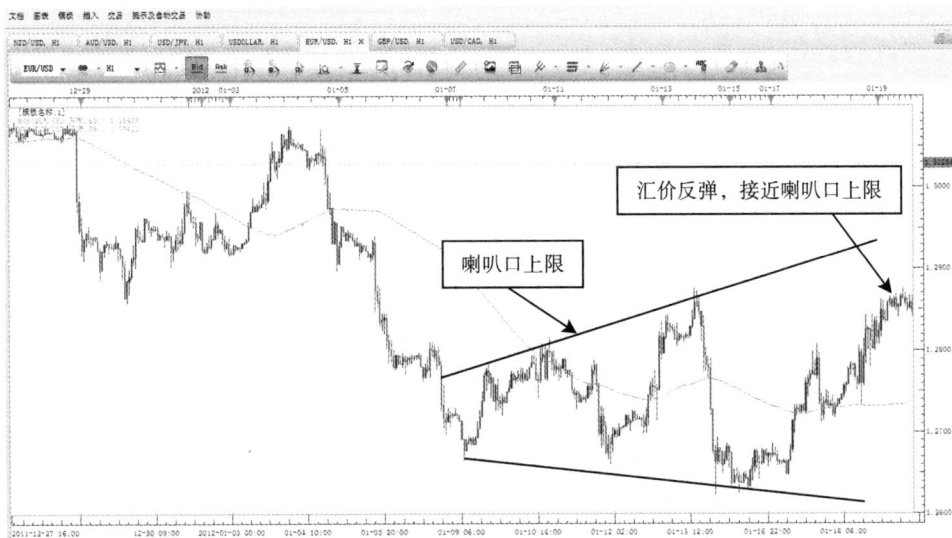

图 9-22　EUR/USD——价格再次强势反弹

看点 1：图 9-22 显示，欧元短时间内反弹以后，虽然达到前期高位附近，但是距离喇叭口上限还有一段距离。实战当中，喇叭口形态被突破之前，投资者短线操作就能够获得利润。价格双向运行的过程中，操作机会总是会出现的。

看点 2：考虑到汇价正处于价格低点，而喇叭口形态很可能是有效的反转形态了。这样看来，投资者可以考虑在价格低点利用向上突破的机会买涨获利。当汇价有效突破喇叭口上限以后，投资者可以考虑做多获得利润。价格总是要突破喇叭口上限以后才会继续上涨，到时候投资者可以根据价格突破后回调的机会买涨。

EUR/USD——喇叭口反转得到确认如图 9-23 所示。

看点 1：图 9-23 显示，欧元的 1 小时 K 线图中，喇叭口形态显然已经被有效突破了。价格在喇叭口上限短线回调的机会，便是不错的买涨机会了。随着突破的出现，价格上涨趋势将加速出现。操作上看来，买涨还是有机会的。考虑到喇叭口形态波动空间较大，买点设置在喇叭口上限是个不错的盈利点。

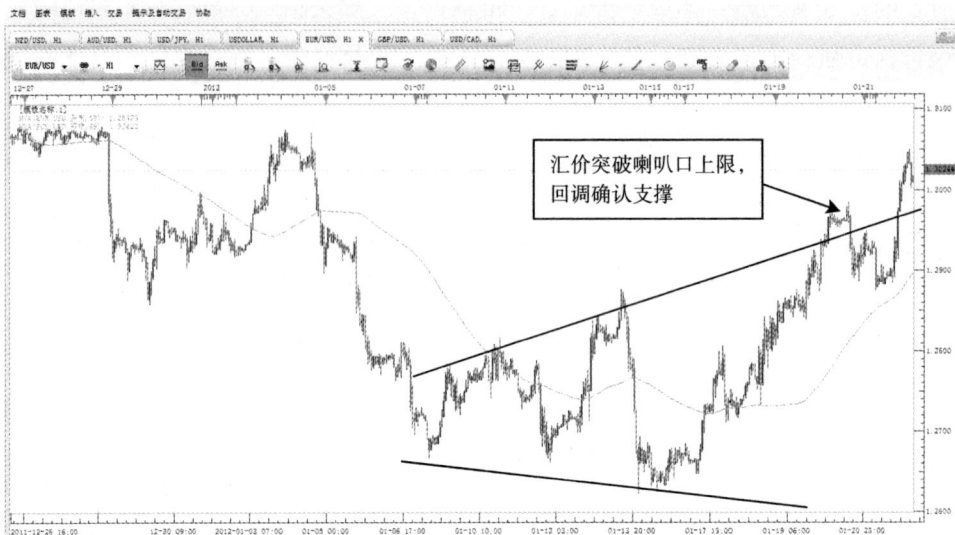

图 9-23 EUR/USD——喇叭口反转得到确认

看点 2：喇叭口反转形态与其他反转形态相似，也是支持价格走强的重要起始形态。汇价波动空间较大的喇叭口形态，成功反转以后继续上涨空间更高。图中喇叭口形态以上，欧元短时间内就能够走强。投资者可以在这个关键点位上买涨，价格反弹之后获利空间很大。

看点 3：既然喇叭口形态波动空间很大，那么价格向上突破以后，上涨空间完全可以很高。喇叭口形态的高度，是汇价短线上涨的最低高度。随着交易的进行，汇价上涨潜力将进一步释放，把握操作机会可放大利润。

EUR/USD——喇叭口之上大涨 400 点如图 9-24 所示。

看点 1：图 9-24 显示，欧元的 1 小时 K 线图中价格飙升空间高达 400 点有余。喇叭口形态被有效突破以后，价格波动空间很大，并且确认了回升趋势。可见，通过分析喇叭口反转形态，买点就已经被发现了。价格从喇叭口上边快速走强以后，涨幅快速超过 400 点。

看点 2：汇价波动空间虽然很高，价格突破喇叭口以后投资者可以适当减仓操作。随着汇价的上涨，价格总会在某位置见顶，而见顶的位置看来，涨幅相当于喇叭口高度的位置最容易出现顶部。喇叭口形态的波动空间在 300 点，汇价突破喇叭口以后飙升空间在 400 点，与喇叭口高度相似。

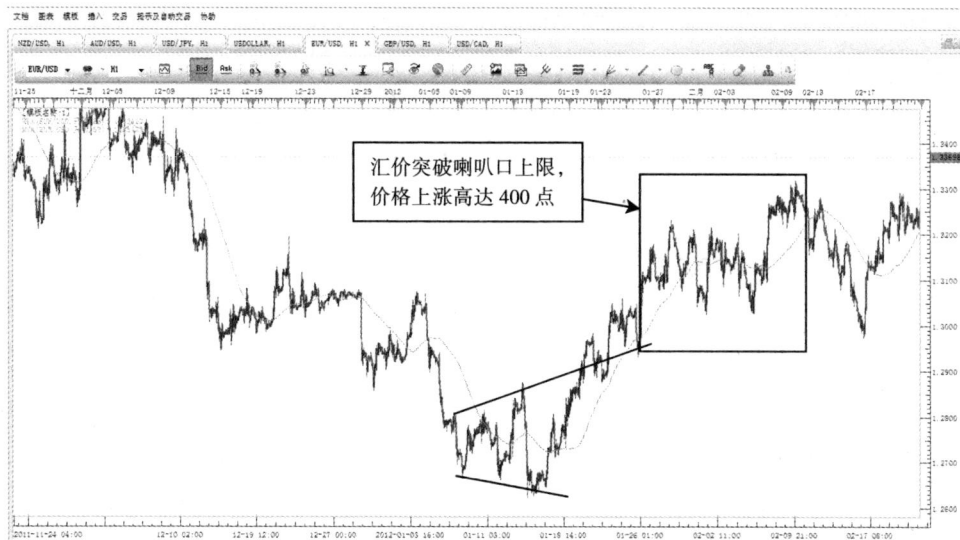

图 9-24　EUR/USD——喇叭口之上大涨 400 点

六、菱形反转

1. 形态特征

菱形形态中，汇价波动空间首先由小到大、然后由大到小。菱形调整完毕以后，汇价将出现突破信号，是投资者采取行动的机会。考虑到菱形调整中汇价波动规律性不强，价格涨跌空间不高，投资者可以在菱形调整期间逐步收窄的时候买涨。等待价格真的完成了调整形态，考虑最后一次加仓买涨，获得价格突破上涨的投资回报。

2. 出现位置

汇价处于调整阶段的时候，更容易出现菱形形态。菱形调整的形态中，价格波动空间大，但持续时间较短，短线买卖风险很高。在特别的支撑位上，菱形调整是比较有效的调整走势。在菱形调整中，价格总体涨跌幅度不高，一旦完成调整走势，突破后买点就会形成。

在汇价涨幅较大的时候，冲高回落走势中容易形成菱形调整走势。当然，汇价处于价格低点的时候，真正的反转形态，也可以是菱形形态。价格从菱形走势开始回升的时候，买涨时机就出现在价格突破菱形的那一刻。

3. 多空含义

在菱形形态中，多空双方争夺从弱到强，然后再从强到弱，而价格波动空间会最终收窄，为投资者提供不错的反转形态。

多空双方资金消耗殆尽的时候，价格波动空间减小，正是出现突破的位置。在菱形调整的末期，汇价突破菱形调整的时刻，将是不错的买涨机会，真正的盈利机会并不一定出现突破阶段。菱形调整形态中，汇价波动空间逐渐收窄的时候，投资者就可以想办法加仓操作了。价格完成菱形调整以后，波动空间收缩到一点，这也是最佳突破口。

4. 实战操作

USD/JPY——菱形调整走势如图 9-25 所示。

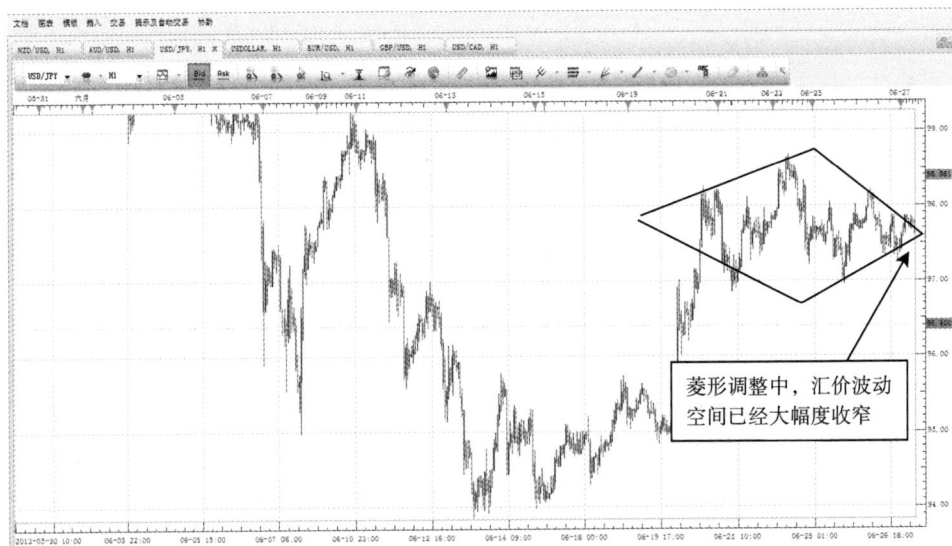

图 9-25　USD/JPY——菱形调整走势

看点 1：图 9-25 显示，1 小时 K 线图中美元/日元的菱形调整走势出现了。价格还未大幅度回落之前，菱形是个突破口。在汇价波动空间逐渐收窄的时候，汇价一旦突破喇叭口形态，将是不错的卖点。

看点 2：菱形调整走势中，汇价波动空间从小到大，是多空双方争夺激烈的体现。而价格波动空间逐渐收窄以后，价格有效突破菱形的时候，将是不错的突破口。菱形调整结束之前，汇价波动空间收窄到一点的时候，价格以菱形为起始点上涨，为投资者提供了不错的盈利空间。

看点3：在菱形形态内部，价格波动情况比较复杂，并不适合短线操作获利。但是，汇价有效突破菱形调整形态以后，价格波动空间就被打开了。以菱形调整形态为起始点，价格企稳回升并且大涨的走势就会形成。

USD/JPY——菱形被汇价突破如图9-26所示。

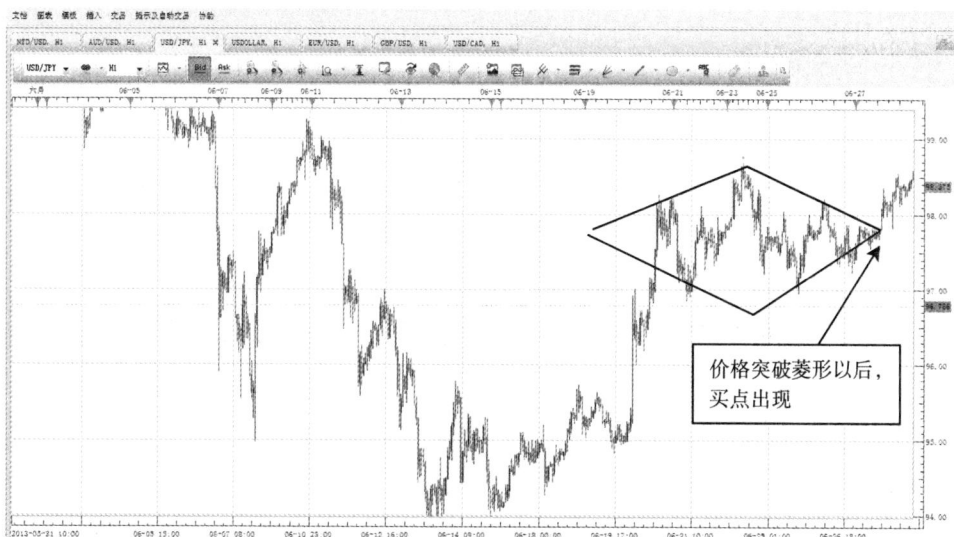

图9-26　USD/JPY——菱形被汇价突破

看点1：图9-26显示，菱形调整形态被突破以后，买点就已经形成了。菱形调整走势非常明确，价格突破菱形以后表明多方拉升价格回升已经开始了。菱形调整走势中，价格双向波动的时候买点不容易确认。但是，汇价突破菱形以后，上涨趋势就确定了。如果汇价以连续上行方式拉升，投资者可以把握买点获得利润。

看点2：菱形调整形态比较明确，价格脱离菱形以后回升趋势更为确定。在这个时候，买涨的投资者可以持有多单赢得利润。价格不会轻易转变方向，突破有效的情况下，投资者可以持有多单盈利。

USD/JPY——汇价上涨潜力得到释放如图9-27所示。

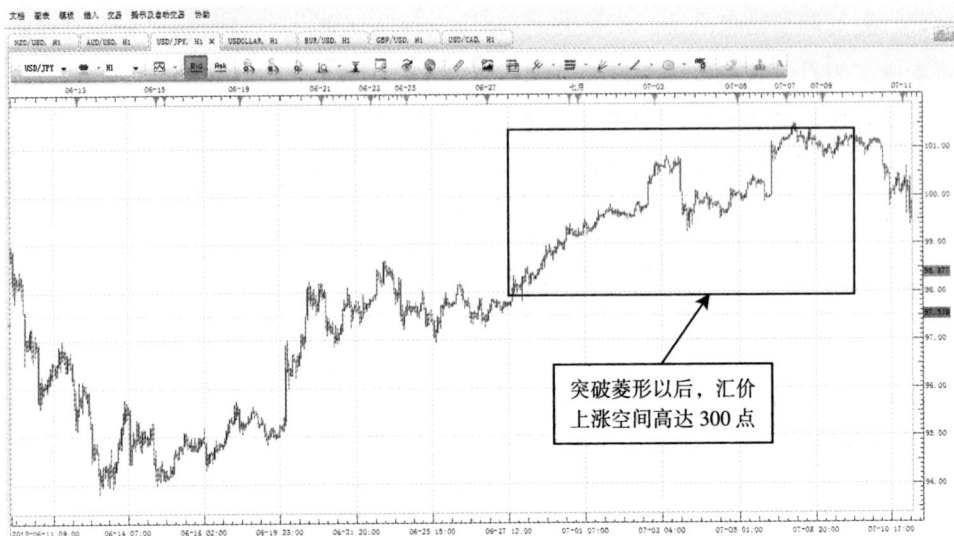

突破菱形以后，汇价
上涨空间高达 300 点

图 9-27 USD/JPY——汇价上涨潜力得到释放

看点 1：图 9-27 显示，汇价继续上行的过程中，价格累积涨幅已经高达 300 点了。图中价格飙升趋势明确，反转形态以上，买涨能够获得足够丰厚的回报。菱形调整形态虽然复杂，调整走势却始终处于价格高位运行。这个时候，汇价向上突破的走势，也是顺应了趋势的。

看点 2：1 小时 K 线图中，菱形调整如果能够支撑汇价继续上行，那么该形态是个中继形态。也就是说，价格调整完毕以后，上行趋势还将得到延续。调整完成以后，投资者可以继续买涨获得调整利润。在回升趋势中，买点就在突破调整形态的那一刻。

USD/JPY——价格高位出现菱形调整如图 9-28 所示。

看点 1：图 9-28 显示，美元/日元的 1 小时 K 线图中，价格已经从低点反弹上涨，而 100 日均线以上出现的菱形调整形态，恰好就构成了明确的看涨支撑形态。随着交易的进行，菱形调整形态有望成为价格飙升的新起始点。如果菱形调整形态支撑效果比较好，汇价上涨空间将会很高。

看点 2：作为有效的支撑形态，菱形调整形态对价格回升的意义非常大。事实表明，如果菱形调整形态能够支撑价格延续回升态势，那么价格突破菱形便会提供不错的买涨机会。价格高位出现的菱形调整形态，短时间内的支撑效果比较好，价格短线上涨概率很大。

图 9-28　USD/JPY——价格高位出现菱形调整

USD/JPY——汇价上涨潜力得到释放如图 9-29 所示。

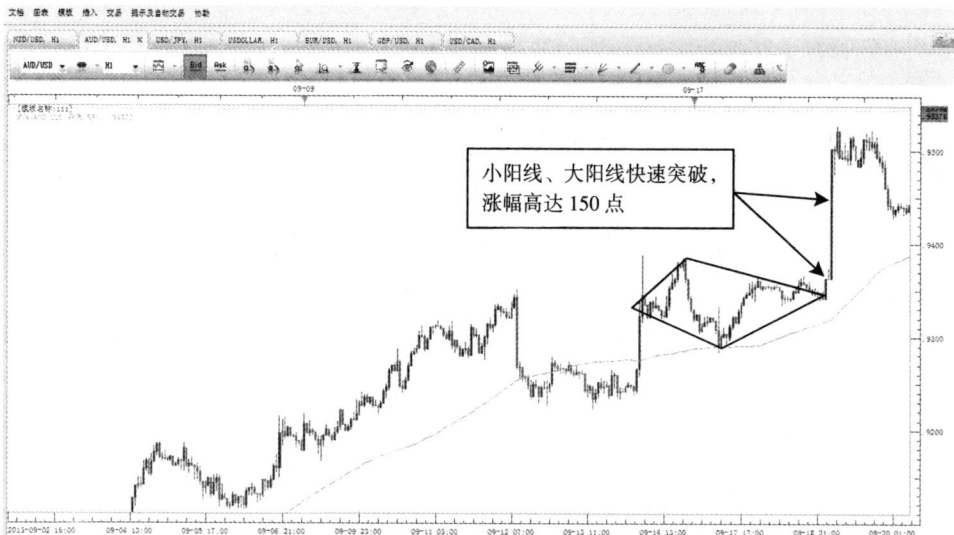

图 9-29　USD/JPY——汇价上涨潜力得到释放

　　看点 1：图 9-29 显示，美元/日元的 1 小时 K 线图中，价格以小阳线、大阳线的形式向上回升，汇价上涨空间还是很高的。图中显示了汇价短线飙升的过程中，大阳线体现了这种飙升态势。从操作上判断，买涨在这个时候更容易获得利润。

看点 2：菱形调整形态虽然复杂，却是价格再次走强的重要支撑形态。图中汇价仅仅用了 3 根 K 线，上涨空间就高达 150 点，确实是不错的盈利时机。价格从图中位置开始走强的过程中，买涨很容易实现。从菱形调整形态的支撑力度看来，汇价短线大涨已经很能说明问题。

七、三角形反转

1. 形态特征

汇价进入三角形反转形态的过程中，价格波动空间在逐步收窄。三角形调整形态完成之前，价格将连续上下波动，这个时候正是投资者短线操作的机会。

三角形反转形态最初形成的时候，价格波动空间会比较高，这个时候从价格高位到低点的连线，确认了三角形一个边。在上有阻力下有支撑的情况下，汇价波动空间逐渐收窄到一点，完成三角形调整走势。而汇价震荡下跌的阻力线，是三角形调整形态的上边；汇价下方的支撑线，则是三角形调整形态的下边。汇价最终突破三角形上边，实现反转走势。

2. 出现位置

高位回落低点出现的三角形形态，是价格短线调整后出现的反转形态。汇价冲高回落过程持续时间很短，价格短线杀跌后确认了三角形的一个边。在弱势调整过程中，价格波动空间很快收窄到一点，这样，三角形的另外两个边得到确认。三角形的调整形态一般是价格短线反弹无力的情况下出现的，价格短线冲高回落以后，不断确认支撑的过程中，完成了三角形形态。如果三角形能够成为有效反转走势的起始形态，那么三角形的波动空间逐渐收窄的过程中，操作机会也就出现了。汇价波动空间虽然逐渐收缩，却没有跌破三角形的低点。汇价最终突破三角形上边，确认反转走势的有效性。

3. 多空含义

三角形的调整形态出现之前，汇价经历了反弹遇阻的走势。价格从短线高位回落下来，确认了价格高位的阻力。不过汇价高位阻力虽然很强，也需要调整充分以后才能进入明确的回落趋势中。这样一来，三角形的调整形态出现了。多空双方在三角形调整阶段充分博弈，汇价在三角形上边和下边之间来回震荡的过程中，多空双方终于"达成一致"。价格调整至三角形两边交叉点以后，汇价向上突破，表明回升趋势加速形成。

三角形的调整形态中，价格可以屡次挑战三角形上边压力位，但最终突破口还要看调整形态完成以后了。在三角形调整完成以后，价格快速突破三角形上边的时候，确认了反转走势的存在，这个时候出现了真正买点。

4. 实战操作

GBP/USD——有待突破的三角形如图 9-30 所示。

图 9-30　GBP/USD——有待突破的三角形

看点 1：图 9-30 显示，英镑 1 小时 K 线图中出现三角形调整形态。价格波动空间不高，有效突破三角形上边之前，汇价频繁双向波动。三角形的调整中，价格双向波动提供了短线买卖的机会，同时，价格一旦突破三角形上边，买涨获利空间就非常高了。以三角形反转形态作为起始点，价格继续上涨空间很大。

看点 2：在汇价震荡上行的过程中，三角形是有效的反转形态。价格虽然以三角形的调整走势双向波动，最终还是能够企稳回升。100 日均线以上，汇价震荡中完成三角形底部形态。价格一旦向上拉升出回升中阳线，那么上涨空间就很大了。

GBP/USD——价格突破三角形如图 9-31 所示。

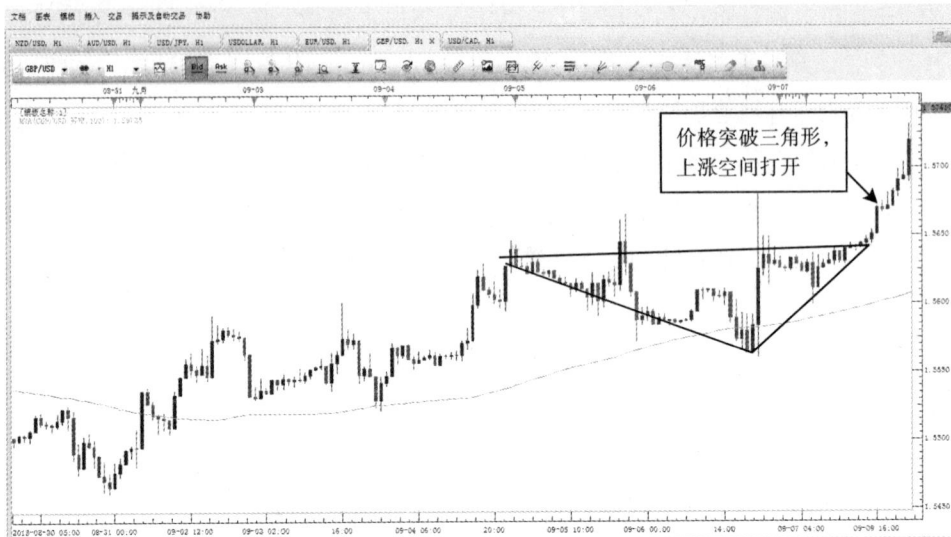

图 9-31 GBP/USD——价格突破三角形

看点 1：图 9-31 显示，汇价已经显著向上回升，有效突破了三角形上边，显然是投资者盈利的机会了。价格上涨空间被打开以后，三角形上边的压力已经不成问题。价格处于三角形上边以上，震荡上行的大趋势还未改变。操作上看来，在汇价短线涨幅不高的情况下买涨，是必然能够获利的。

看点 2：三角形反转形态出现在 100 日均线以上，确实是比较好的支撑形态。在这个形态之上，价格震荡上涨效率很高。在汇价处于调整状态的时候，三角形是比较简单的一种形态。价格突破三角形以后，继续单边运行概率很大。图中汇价突破三角形上边后连续回升，就表明了英镑的上行态势明确。

GBP/USD——汇价快速飙升如图 9-32 所示。

看点 1：图 9-32 显示，以三角形反转走势作为起始点，汇价上涨空间已经高达 200 点。英镑回升至 1.5850 的时候，汇价上涨空间很大。虽然汇价并非一次性拉升至高位，但是反转形态得到确认以后，价格上行趋势就从未改变。买涨时机很容易把握到，而随着价格上涨，投资者可以考虑在汇价上行至高位的时候增加多单。

看点 2：作为汇价上涨的重要支撑线，100 日均线提供的支撑更加有效。图中汇价处于 100 日均线以上的时候，价格上行趋势还是很明确的。均线以上汇价加速上行的过程中，把握买点并不困难。

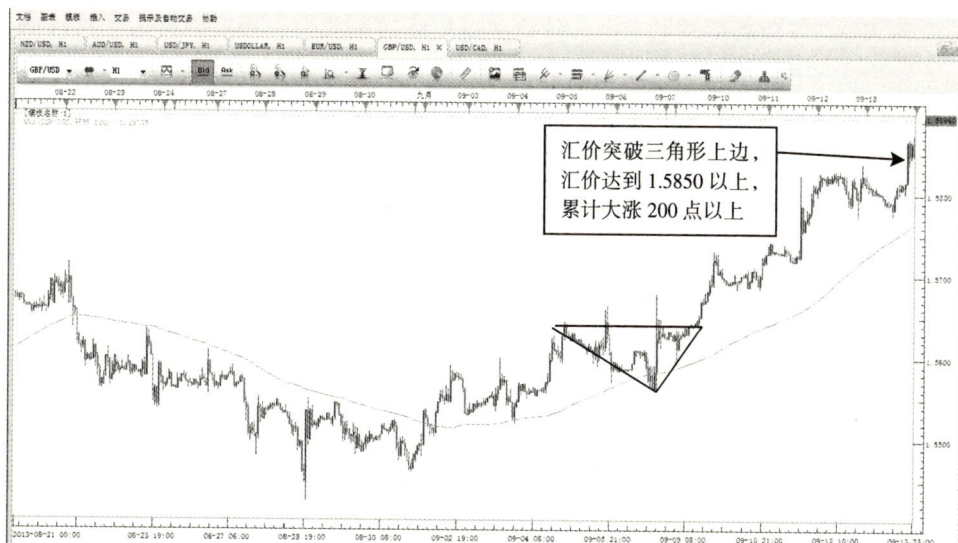

图 9-32 GBP/USD——汇价快速飙升

NZD/USD——有待突破的三角形如图 9-33 所示。

图 9-33 NZD/USD——有待突破的三角形

看点 1：图 9-33 显示，在新西兰元短线回落以后，价格已经明显进入三角形的调整走势中。价格还未大涨之前，三角形提供了不错的买涨时机。也就是说，如果价格有效突破三角形上边，那么追涨以后获利空间很大。图中三角形调整已经接近尾声，考虑到汇价很可能向上突破，买涨开仓还是可以的。

看点 2：三角形调整形态中，价格波动空间逐渐收窄，投资者有短线买涨的机会了。图中价格调整至一点以后，继续上涨的概率很大。如果前期投资者买涨开仓还会因为价格波动遭受损失，那么图中价格波动空间收窄到一点以后，买涨就不存在问题了。

GBP/USD——突破后快速拉升 100 点（1）如图 9-34 所示。

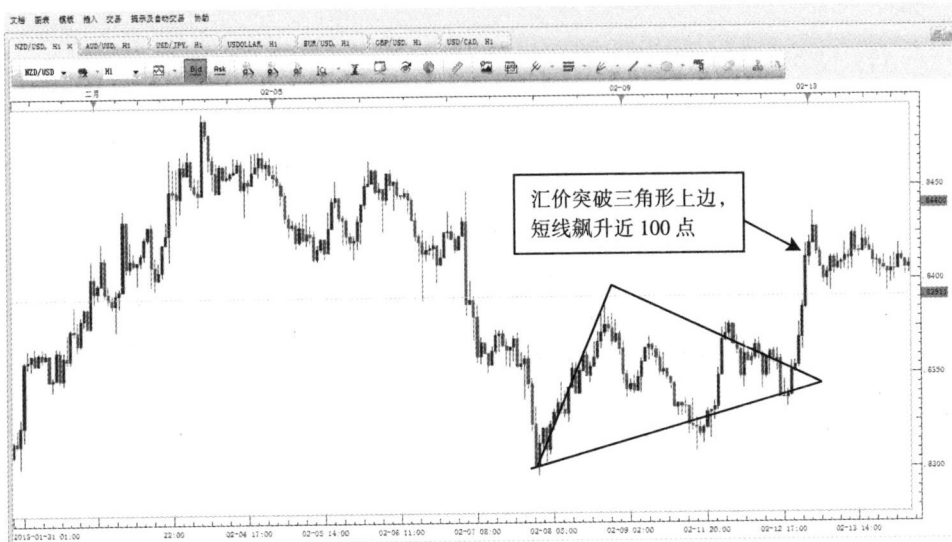

图 9-34　GBP/USD——突破后快速拉升 100 点（1）

看点 1：图 9-34 显示，英镑已经在 1 小时 K 线中有效突破了三角形上边，图中汇价短线飙升 100 点的情况下，买涨投资者已经获得了利润。作为反转形态，三角形支撑价格上行趋势还是很明确的。在英镑突破三角形上边以后，汇价连续拉升出阳线也很正常。

看点 2：在 1 小时 K 线图中，汇价以三角形上边为起始点上涨，投资者有足够的机会获得利润。价格并非一步到位的大涨，而是在突破以后连续上行。这期间，开场买涨是很容易的，而三角形反转形态的被突破的过程中，价格双向波动的时候就有很多开仓机会。

GBP/USD——突破后快速拉升 100 点（2）如图 9-35 所示。

看点 1：图 9-35 显示，英镑在突破了三角形上边以后，出现了较大幅度的上涨。图中汇价波动上行的过程中，累计涨幅已经高达 200 点。三角形的确提供了价格反转的形态，而买涨很容易获得调整回报。关键在于投资者需要在汇价突

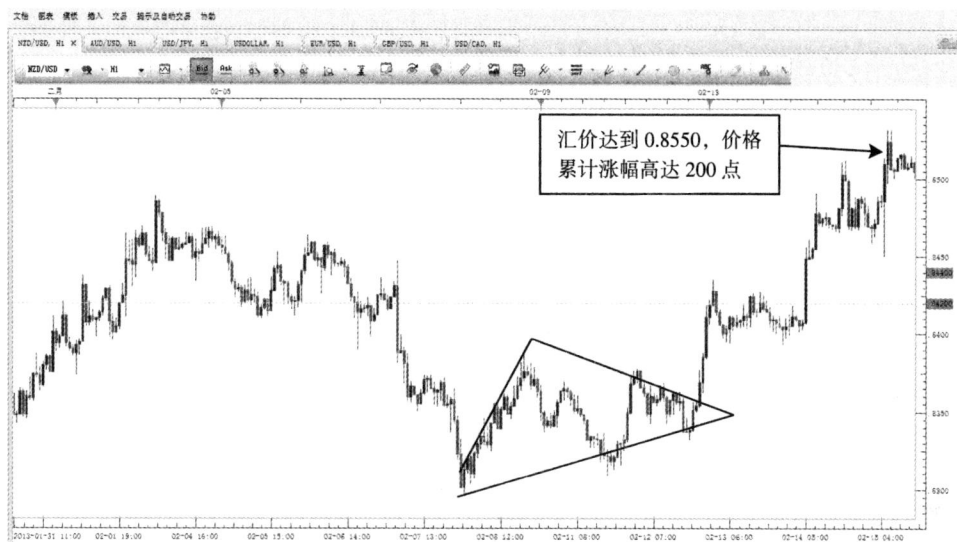

图 9-35 GBP/USD——突破后快速拉升 100 点（2）

破三角形上边后继续持仓，获得价格上涨的利润。

看点 2：作为有效的反转形态，三角形并非短时间内支撑价格走强，而是在很长一段时间内起到支撑效果。英镑突破三角形上边以后，延续了震荡上行的趋势。实际上，图中汇价震荡上涨的走势，就是在这种情况下实现的。

第十章 蜡烛线与均线形态

一、突破均线形态

1. 形态特征

在汇价突破均线的过程中，相应的阻力就会随之消失，这个时候，也正是投资者开仓买涨的机会。如果均线阻力较强，汇价突破阻力其实并不容易。即便在技术性反弹阶段，价格向上突破阻力位，也是非常困难的事情。

对于均线位置的阻力，投资者可以发现，100日均线是比较有效的阻力位来源。汇价如果处于单边下跌趋势中，反弹强度再高，轻松突破100日均线还是不现实的。除非价格回落空间已经很大，汇价短线反弹至均线以上，买点就会出现了。实战操作当中，投资者可以在价格突破100日均线以后考虑买涨。

2. 出现位置

汇价跌破重要的均线以后，价格与均线之间的距离会很快扩大。这个时候，投资者会发现，不管怎么买涨都不可能获得利润。原因很简单，重要的均线下方，汇价下跌趋势依然非常强，不可能在均线下方大幅度反弹的。倒是在汇价反弹并且突破均线以后，较大幅度的上涨才会形成。在汇价连续杀跌、汇价与均线之间的距离逐步缩小以后，价格才会更容易突破均线上行。

3. 多空含义

汇价突破均线以后，确认支撑是必不可少的。价格冲高回落至均线以上，是投资者采取行动的机会。如果价格再次获得均线支撑，价格会再度上行，投资者追涨便能够获得利润了。从突破的角度分析，汇价突破均线以后回调，是个买涨开仓的机会。

价格突破均线以后，短线回调的过程中，投资者可以逆势开仓买涨。价格总是会再次获得均线支撑，与其说等到价格回落至均线再考虑做多，倒不如提前完成开仓动作。

4. 实战操作

AUD/USD——回落趋势中的反弹（1）如图 10-1 所示。

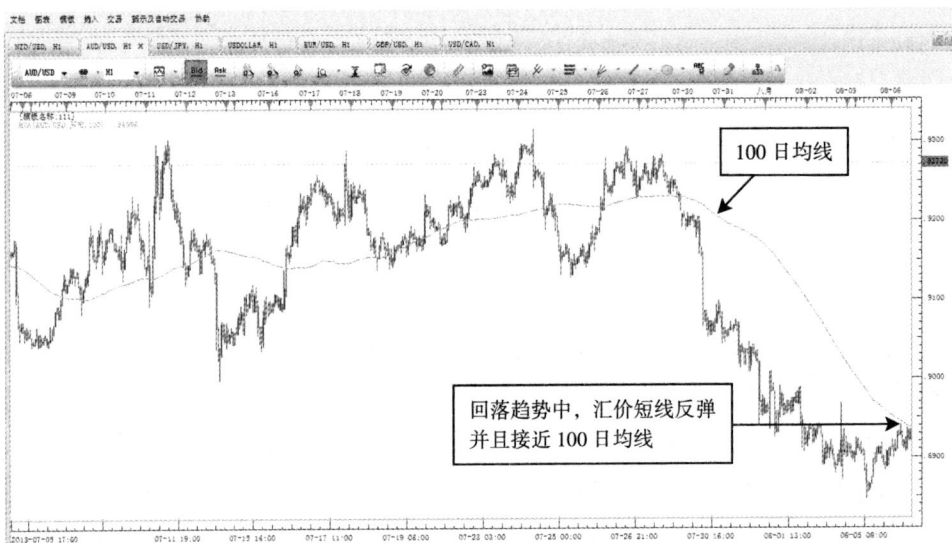

图 10-1　AUD/USD——回落趋势中的反弹（1）

看点 1：图 10-1 显示，澳元 1 小时 K 线图中汇价已经连续回落，但是下跌空间有限。这个时候，投资者可以考虑等待价格突破均线以后买涨了。不过，100 日均线附近的压力还是很强的，没有把握好买点的情况下，投资者还需要等待价格有效突破才行。汇价反弹至 100 日均线的时候，很可能会出现二次回调的情况。因此，等待价格突破无疑是正确的。

看点 2：100 日均线的压力如果还不是很强，价格在首次接近该均线以后，就会出现向上的突破，这将是不错的买涨时机。价格从 100 日均线走强的过程中，买涨非常容易盈利。

AUD/USD——回落趋势中的反弹（2）如图 10-2 所示。

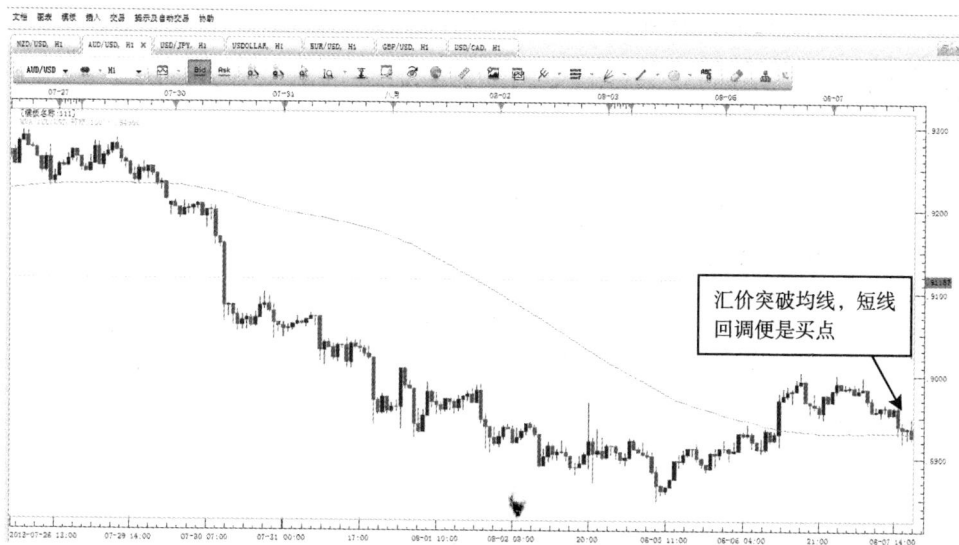

图 10-2　AUD/USD——回落趋势中的反弹（2）

看点 1：图 10-2 显示，随着价格冲高 100 日均线以上，汇价短线又出现了回调的情况。当价格冲高回落至 100 日均线的时候，汇价低点的买涨机会出现了。买点出现在 100 日均线附近，显然是比较理想的做多时机。价格回调空间不大，却已经体现出上行趋势。

看点 2：在单边回落的过程中，汇价任何时候出现的有效涨幅，都值得投资者关注。价格从短线低点反弹以后，连续上涨空间较大的情况下，自然轻松突破了 100 日均线。图中汇价的上行到 100 日均线以上，调整的过程中体现出理想的做多时机。

二、回调均线形态

1. 形态特征

汇价一旦突破 100 日均线，价格短线遇阻后自然下跌。价格下跌至 100 日均线寻求支撑的过程中，投资者能够发现，单边下跌好像又一次出现了。实战当中，汇价单边下跌速度虽然很快，但 100 日均线的支撑效果不容忽视。在很短的时间里，价格就能够获得均线之前开始上行，这次回调正是买涨的时机了。

2. 出现位置

当价格有效突破均线以后，短线调整将确认回升趋势。特别是重要的均线被汇价突破后，支撑效果判断，还需要在价格折返中得到确认。重要的均线阻力本身就很大，价格短线突破后能否确认支撑，还需根据后市价格走势来判断。例如，100 日均线被汇价突破以后，很可能是技术性反弹的情况下出现的，并不能够成为投资者买涨的机会。当然，如果价格突破 100 日均线并且回调后二次反弹，该均线的支撑效果就比较理想了。汇价持续下跌的价格低点中，价格突破 100 日均线后容易出现回调走势。

3. 多空含义

100 日均线的支撑效果如果比较强，那么价格从该均线反弹以后，上涨空间就比较大了。汇价冲高回落以后，价格一旦接近 100 日均线，看涨的多方必然二次入场买涨。这样的话，价格很容易在技术性反弹中走强。操作上判断，把握好最佳买涨机会，投资者往往可以获得不错的利润。而价格调整至 100 日均线的过程中，反弹前后就存在买涨机会。

4. 实战操作

AUD/USD——回落阴线接近 100 日均线如图 10-3 所示。

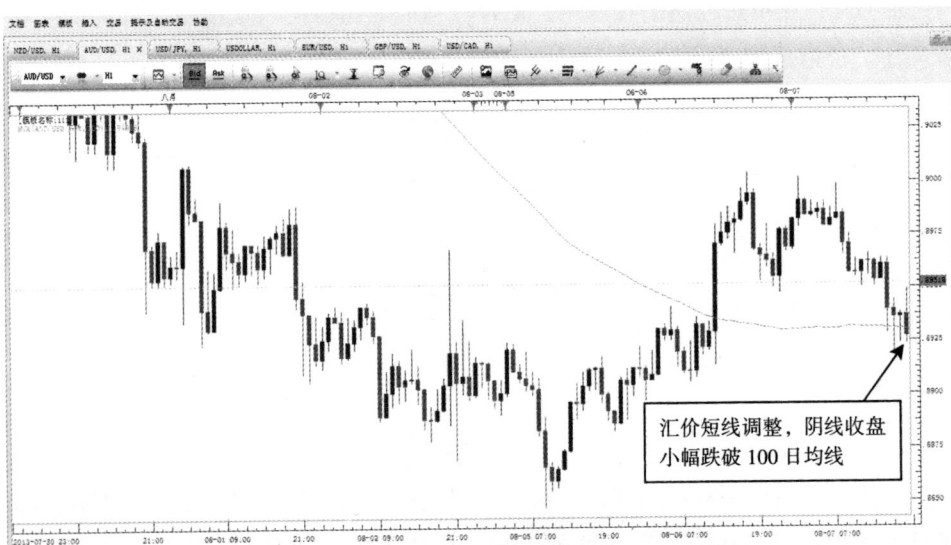

图 10-3　AUD/USD——回落阴线接近 100 日均线

看点 1：图 10-3 显示，澳元的 1 小时 K 线图中，价格已经顺利突破了 100 日均线。当汇价冲高回落以后，图中阴线恰好小幅跌破了 100 日均线，表明调整空间还是很大的。

看点 2：汇价重新跌破 100 日均线以后，投资者可以考虑增加做多资金。从收盘价格上看来，阴线虽然已经跌破了 100 日均线，但这很有可能是假突破的走势。因此价格回落空间还不是很大，进一步验证回落的有效性，对投资者盈利至关重要。

三、从均线反弹形态

AUD/USD——连续 3 小时反弹如图 10-4 所示。

图 10-4　AUD/USD——连续 3 小时反弹

看点 1：图 10-4 显示，澳元的 1 小时 K 线图中，价格从 100 日均线上反弹上涨，连续回升 3 根阳线表明，价格已经企稳在 100 日均线上。投资者可以考虑在红三兵出现之时大举建仓买涨了。

看点 2：100 日均线是非常重要的压力位，中长期趋势的形成，必须在突破该均线以后确认。图中连续回升 3 根阳线形态，恰好就是汇价反弹企稳的信号，可以作为投资者买涨的机会。

看点 3：实际交易中，投资者会发现，价格首次突破 100 日均线后回调企稳的走势，是非常难得的做多机会。价格短时间内确认了上行趋势。操作上看来，投资者应该以更快的速度把握价格回升行情。买点就显示在 100 日均线附近，投资者务必尽快增加做多资金才行。

AUD/USD——阴线回调可继续买涨如图 10-5 所示。

图 10-5　AUD/USD——阴线回调可继续买涨

看点 1：图 10-5 显示，澳元 1 小时 K 线图中，价格从 100 日均线开始技术性反弹。反弹强度很大，价格以下影线很长的中阴线进行调整。图中中阴线出现在短线价格高位，依然是补仓买涨的机会。

看点 2：澳元刚刚企稳在 100 日均线以上，恰好是投资者做多的重要看点。调整随时可能出现，但是在中阴线回调以后，澳元有望延续回升态势。从汇价相对于 100 日均线的位置判断，图中价格处于均线以上的高位，表明多方依然强于空方。价格更容易短线加速上行。

AUD/USD——澳元涨幅逐渐扩大如图 10-6 所示。

图 10-6　AUD/USD——澳元涨幅逐渐扩大

看点 1：图 10-6 显示，澳元突破 100 日均线后，短线回调便连续上行。从涨幅来看，澳元累计上行空间在 250 点以上。买点设置上分析，投资者可以考虑在价格处于 100 日均线的时候做多。

看点 2：在澳元连续回升以后，汇价已经明显远离 100 日均线，图中价格滞涨走势就这样形成了。在汇价横盘调整中，短线回落走势很可能马上出现。图中最后一根下跌阴线表明，澳元短线做空压力较大，持有多单投资者最好的策略是开始减少持仓。

四、跌破均线形态

AUD/USD——澳元短线回调 100 日均线如图 10-7 所示。

看点 1：图 10-7 显示，澳元从高位回落下来，一直到 100 日均线附近。汇价虽然还未跌破 100 日均线，投资者做多操作显然已经失去最佳时机。最恰当的做法还是考虑在价格高位做空。

看点 2：汇价高位回落至 100 日均线以后，价格跌破该均线的可能性很大。

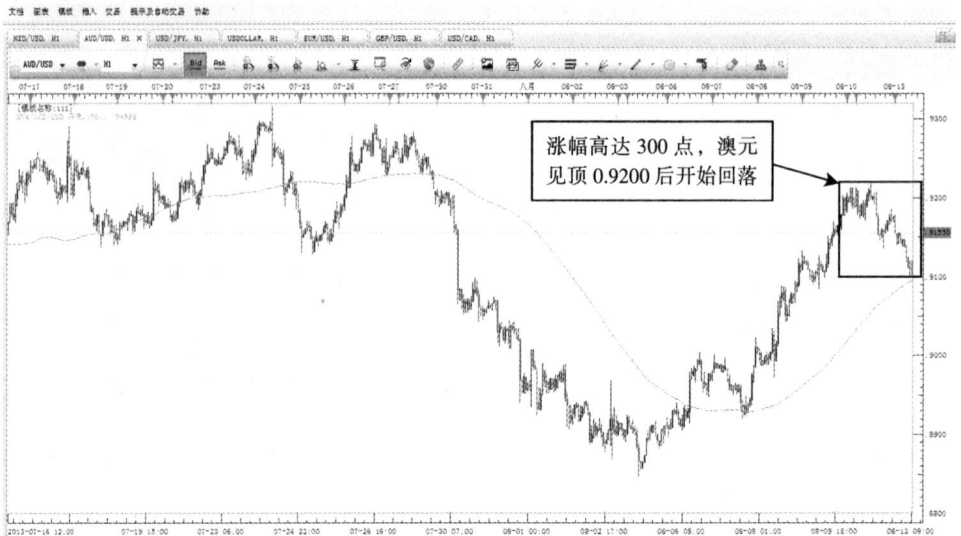

图 10-7　AUD/USD——澳元短线回调 100 日均线

一旦澳元短线失守该均线，在反弹中的卖点将更难把握。从澳元单边回升趋势判断，价格持续冲高后轻易回落至 100 日均线，显示出多方拉升汇价继续上涨可能性并不高。投资者应该在这个时候控制好仓位，以免价格高位见顶期间遭受损失。

AUD/USD——澳元反弹可减仓如图 10-8 所示。

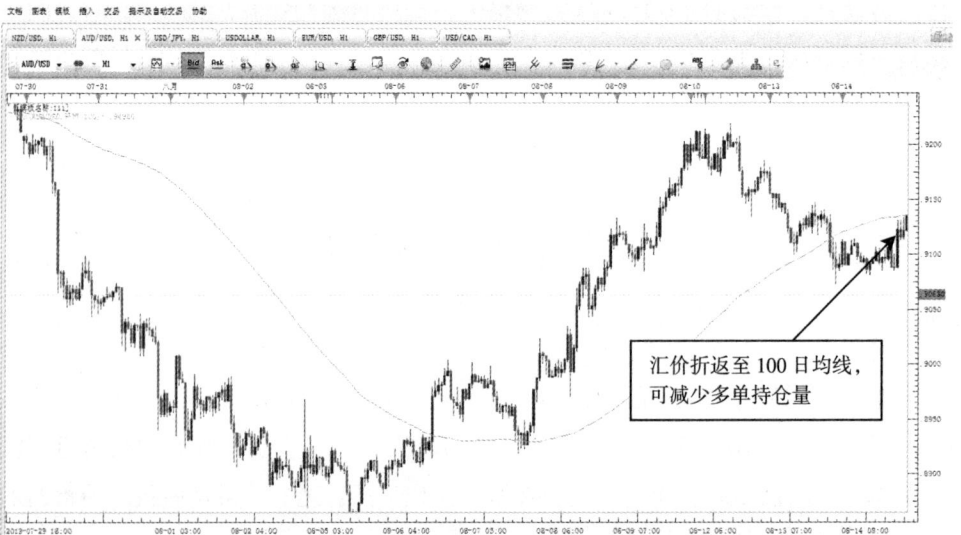

图 10-8　AUD/USD——澳元反弹可减仓

看点 1：图 10-8 显示，澳元已经处于 100 日均线以下，这个时候的技术性反弹走势，是汇价跌幅过高后正常反应。从场外观望的投资者角度分析，价格高位回落恰好就提供了低点买涨的机会。既然价格已经处于 100 日均线以下，表明短线跌幅已经很深，多方增加筹码推动价格反弹就容易实现了。

看点 2：在汇价成功跌破 100 日均线以后，前期已经买涨盈利的投资者，这个时候补仓并不恰当。虽然价格的确有反弹的可能性，但在 100 日均线以下加仓更容易出现损失。价格突破 100 日均线需要多方拉升才行。高位回落下来的澳元，能够实现多大规模的反弹，这还是个未知数。

AUD/USD——100 日均线以上出现减仓机会如图 10-9 所示。

图 10-9　AUD/USD——100 日均线以上出现减仓机会

看点 1：图 10-9 显示，澳元短线反弹的过程中，明显遇阻 100 日均线。价格重新跌破 100 日均线以后，表明这期间的价格回升趋势并不明确。对打算盈利的投资者而言。减小前期获利多单是明智的做法。反弹中汇价上行空间难以预测，减仓落袋为安是上策。

看点 2：在多空双方争夺阶段，价格很难从高位回落下来。现实的经验表明，价格更容易在方向不明的情况下完成反转形态。价格还未大跌之前，汇价双向波动依然存在。采取谨慎一些的措施，有助于投资者获得投资回报。

AUD/USD——澳元显著冲高回落如图 10-10 所示。

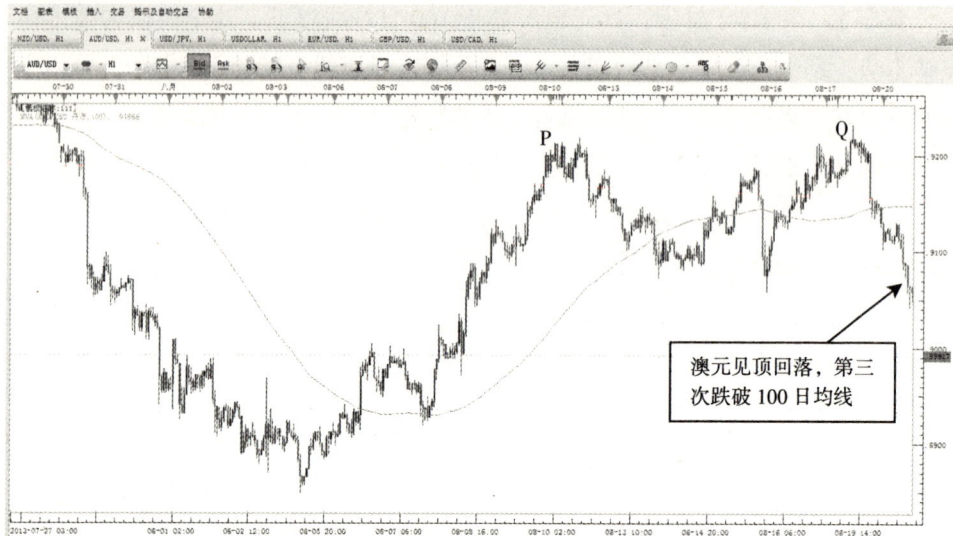

图 10-10　AUD/USD——澳元显著冲高回落

看点 1：图 10-10 显示，澳元两次冲高以后，图中 PQ 两个价格高位的反转形态，成为投资者做空的重要起始点。汇价明显见顶 Q 位置以后，双顶反转走势形成。图中澳元第三次跌破了 100 日均线，表明投资者的做空机会已经来临。

看点 2：100 日均线作为澳元上行的支撑线，在图中汇价下跌以后不复存在。今后澳元基本运行方向应该是向下的，100 日均线将提供给投资者不错的做空机会。技术性的反弹走势可能会形成，但价格不会再次突破 100 日均线，投资者做空获利空间将会很大。

五、反弹后二次回落形态

AUD/USD——技术性反弹的卖点如图 10-11 所示。

看点 1：图 10-11 显示，澳元技术性反弹空间有限，前期低点的压力位，就已经是价格反弹的高位了。汇价跌破 100 日均线以后，始终运行在回落趋势中，做空毫无疑问能够持续获利。

看点 2：汇价始终围绕 100 日均线运行，而单边趋势中，该均线成为支撑或

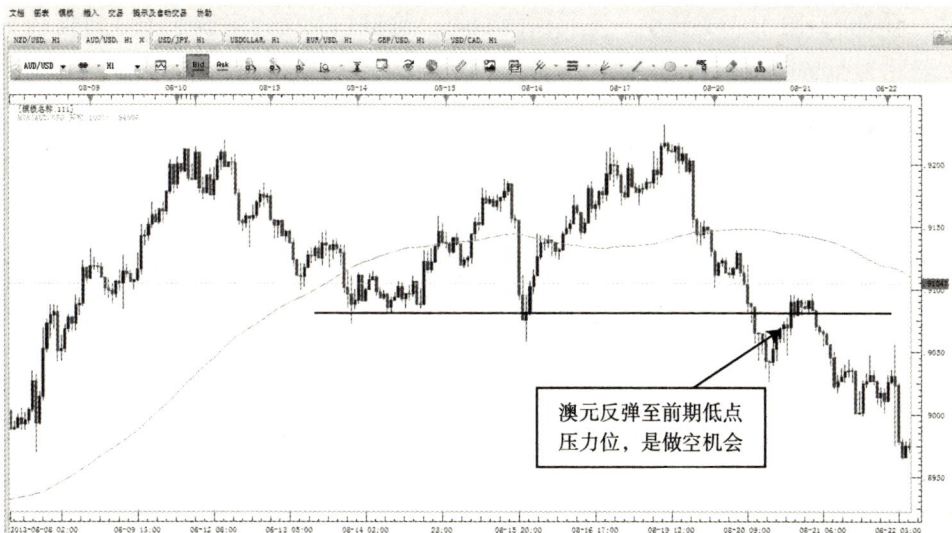

图 10-11　AUD/USD——技术性反弹的卖点

者压力汇价的有利位置。在汇价跌破 100 日均线以后，价格与该均线的距离便会扩大。回落趋势中，价格反弹至 100 日均线的情况还会继续出现，到时候将形成不错的做空机会。

AUD/USD——假突破后出现卖点如图 10-12 所示。

图 10-12　AUD/USD——假突破后出现卖点

看点 1：图 10-12 显示，澳元回落期间，价格短时间内突破了 100 日均线，显示出该位置的反弹压力还是很强的。实战当中，价格从阻力位回落可能性很大。毕竟，澳元始终处于下跌趋势中，技术性反弹走势很难逆转汇价下跌趋势。考虑到这一层面，图中 100 日均线成为投资者做空的机会。

看点 2：澳元处于 100 日均线的时候，虽然价格调整时机较长，阻力位压力依然存在。这样看来，做空成为投资者的唯一选择。单边回落趋势就是在波动中实现的，图中澳元短线反弹为投资者提供了增仓机会。

AUD/USD——澳元继续震荡下挫如图 10-13 所示。

从 100 日均线开始，澳元继续杀跌 125 点

图 10-13　AUD/USD——澳元继续震荡下挫

看点 1：图 10-13 显示，澳元反弹回落以后，价格跌幅已经高达 125 点。图中技术性反弹空间有限，澳元继续下跌空间还是很大的。考虑 100 日均线的压力效果理想，做空在 100 日均线附近，投资者可以轻松获利。

看点 2：在澳元回升以前，价格从 100 日均线频繁回落的走势，表明压力存在的情况下，价格屡次下跌的次数还是很多的。澳元汇价走势显示，技术性的反弹走势，对多空双方都非常有利。对多方而言，可以考虑在技术性反弹的高位减仓；对于空方，可以在价格反弹期间增加做空资金，汇价继续下跌的时候获得收益。

看点 3：100 日均线对价格走势影响很大，投资者买卖方向的选择上，就是要根据重要的均线采取行动。100 日均线计算周期较长，自然能够发挥均线的支撑和压力效果。

第十一章 蜡烛线的指标分析

一、K 线的 MACD 指标分析

1. 形态特征

MACD 指标与汇价波动的联动性很强，特别是在汇价运行趋势明确的时候，两者能够沿着相同的趋势运行。当然，投资者可以在短线交易中使用 MACD 指标，中长期趋势中该指标提供的反转信号与买卖信号，也都是非常明确的。价格可以在 MACD 指标提供的趋势中继续运行，当然也可以在指标发出反转信号之后逐渐完成反转走势。

对于单边趋势，MACD 发出的短线交易信号可以是钝化的，无助投资者短线开仓。但重要的折返位置上，指标发出的操作信号是明确无误的，投资者可以根据指标来发现开仓机会，从而为获得高额回报完成开仓交易过程。

2. 出现位置

从 MACD 指标来看，价格逆转的时候，该指标会发出明确的反转信号。MACD 指标中的 DIF 和 DEA 曲线的波动形态，是最佳的反转形态，也是投资者开仓的重要看点。MACD 指标的反转形态可以是头肩底、尖底和圆弧底等，指标中的 DIF 曲线突破反转形态的颈线，将发现开仓交易信号。MACD 指标明确的反转走势，是汇价反转的重要形态，也是投资者交易的重要时机。

3. 多空含义

根据 MACD 指标的变化情况判断多空方向，投资者还需根据指标形态来做出正确选择。DIF 短线涨跌方向固然重要，价格波动趋势与反转形态更加重要。

在 DIF 明显处于单边趋势的时候，短线指标的涨跌变化对买卖的意义并不大。但是，汇价明显沿着单边趋势运行的时候，指标上反映出来的顺势交易信号就比较准确了。特别是行情出现的初期，MACD 指标的反转形态可以提供理想的交易信号，是投资者开仓的重要时机。

4. 实战操作

GBP/USD——DIF 曲线与汇价底背离如图 11-1 所示。

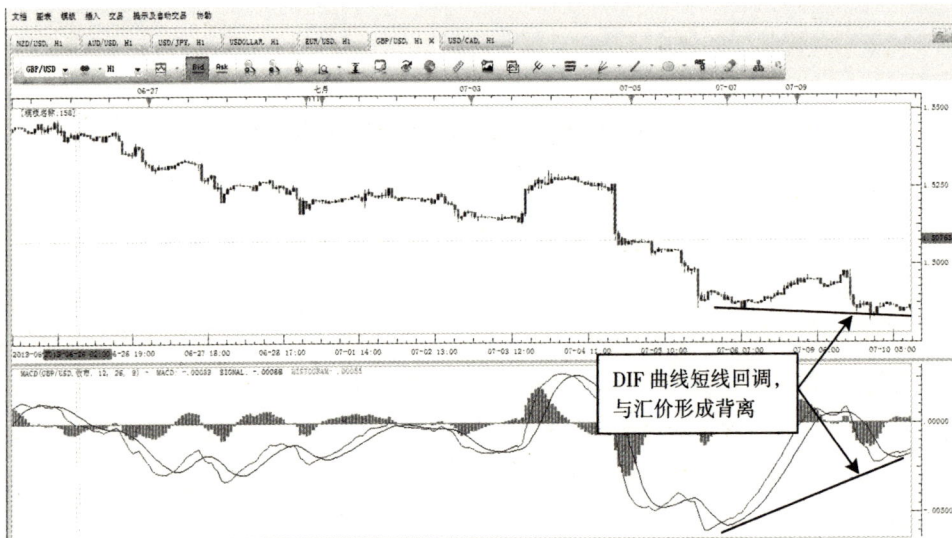

DIF 曲线短线回调，与汇价形成背离

图 11-1　GBP/USD——DIF 曲线与汇价底背离

看点 1：图 11-1 显示，英镑的 1 小时 K 线图中，汇价长时间回落的时候，MACD 指标已经出现明确反弹。图中英镑虽然短线回落，并且再创新低，DIF 曲线却在零轴线附近企稳，表明 MACD 指标已经与汇价形成了底部背离形态。从这个位置开始，英镑上行概率将大大增加。如果投资者采取买涨操作，必然能够获得不错的利润。

看点 2：在 DIF 与汇价形成底部背离阶段，表明价格跌幅已经很深了。技术性的反弹走势中，指标很容易与汇价形成底部背离形态。这个时候，也正是 MACD 指标反转形态容易出现的时刻。如果接下来的交易时段里 DIF 继续上行，并且两者的背离消失，那么买涨机会自然形成。

GBP/USD——MACD 头肩底形态完成如图 11-2 所示。

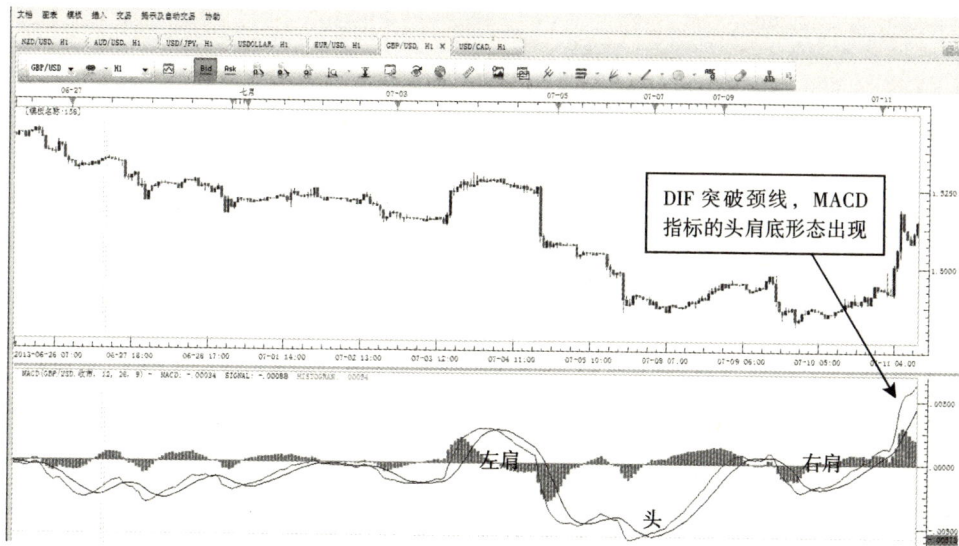

图 11–2　GBP/USD——MACD 头肩底形态完成

看点 1：图 11-2 显示，英镑短线反弹的过程中，DIF 曲线明显突破了零轴线。如果从英镑反弹强度还不能发现汇价的反转走势，那么 MACD 之中完成的头肩底反转形态，无疑能够支撑汇价上行了。

看点 2：作为反转形态，头肩底不仅形态复杂，一旦得到确认，支撑价格上涨的力度很强。MACD 指标与汇价背离的过程中，DIF 趋势很快突破了零轴线，完成头肩底反转走势。根据指标的反转形态把握买涨机会，投资者更容易获得收益。

看点 3：汇价超跌以后，如果技术指标能完成复杂的反转形态，则表明汇价止跌企稳概率很高。价格能够脱离回落趋势，本身就表明投资者能够在这个阶段获得买涨利润。汇价下跌时间足够长，而价格跌幅很大的情况下，这种指标上的反转形态更加可靠。

GBP/USD——DIF 处于零轴线以上如图 11-3 所示。

看点 1：图 11-3 显示，英镑的 1 小时 K 线图中，价格已经明显处于回升趋势。MACD 指标的 DIF 曲线已经处于零轴线以上，并且始终处于零轴线以上波动，不得不说这种回升趋势很强。

看点 2：当 MACD 指标中的 DIF 回升至零轴线以上，表明价格已经开始回升。DIF 曲线并不会无休止地回升，冲高回落后获得零轴线的支撑，然后再次进

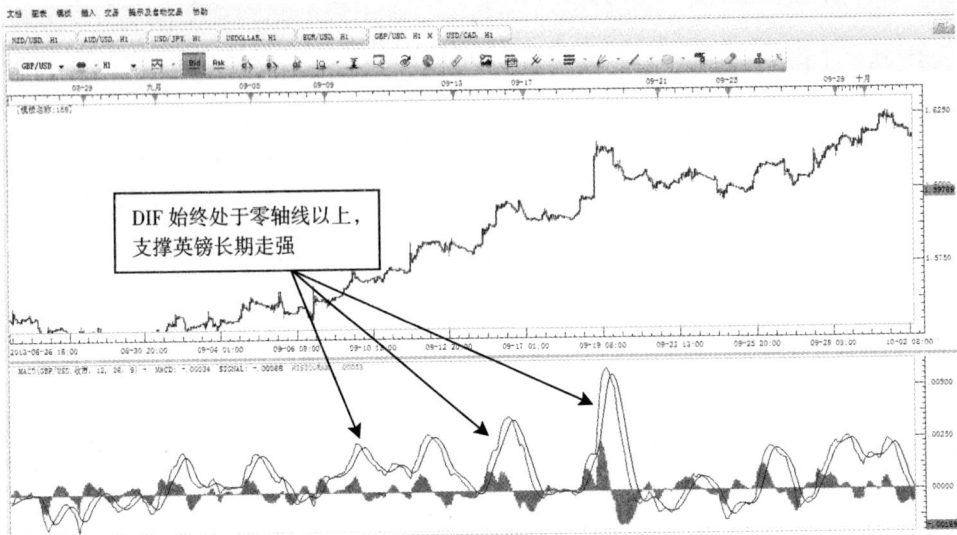

图 11-3　GBP/USD——DIF 处于零轴线以上

入反弹阶段，这种走势对价格上涨意义很大。

看点 3：在英镑持续回升阶段，MACD 指标可能出现钝化的情况，但 DIF 始终处于零轴线以上，就能够支撑价格上行趋势。图中显示，DIF 曲线还未明显跌破零轴线，可见英镑不会轻易进入调整趋势。

GBP/USD——顶背离显示英镑见顶如图 11-4 所示。

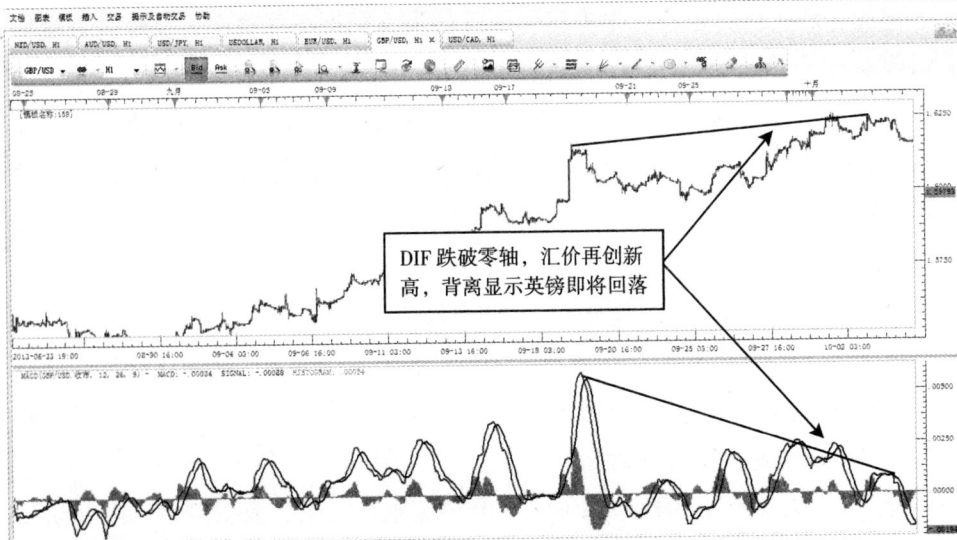

图 11-4　GBP/USD——顶背离显示英镑见顶

看点 1：图 11-4 显示，英镑的 1 小时 K 线图中，随着 DIF 曲线从高位跌破零轴线，英镑却依然处于高位运行，这恰恰提示投资者即将出现的做空机会。

看点 2：在 DIF 已经与英镑背离以后，投资者可以考虑大幅度减少多单数量了。在汇价还未大跌之前，减仓是唯一减小损失的方法。可以说，背离阶段出现的 DIF 跌破零轴线的走势，明确提示投资者应该考虑减仓操作了。场外打算做空的投资者，可以考虑在 DIF 跌破零轴的时候做空了。

GBP/USD——英镑短线连续回落如图 11-5 所示。

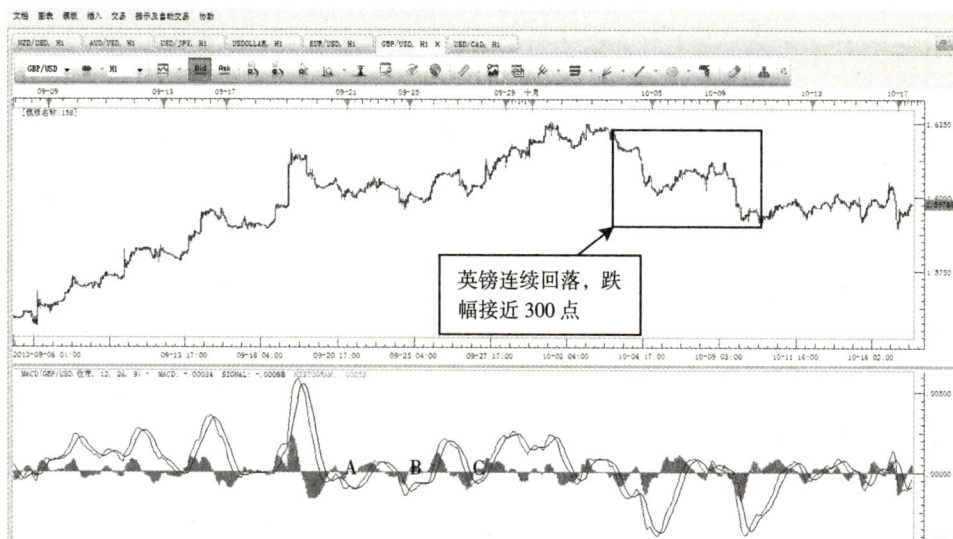

图 11-5　GBP/USD——英镑短线连续回落

看点 1：图 11-5 显示，英镑从高位回落下来以后，汇价短时间内跌幅已经高达 300 点。该段英镑回落的起始点，DIF 与汇价的背离走势已经提示投资者。

看点 2：事实上，DIF 曲线与英镑背离之前，该曲线也曾跌破过零轴线。图中 A、B、C 这 3 个位置上出现的 DIF 跌破零轴线的情况，就很能说明问题。DIF 曲线短线回落的走势，提示投资者高位做空的机会已经来临。如果没能把握好做空时机，价格震荡大跌以后再考虑做空就困难多了。

二、K 线 的 RSI 指 标 分 析

1. 形态特征

不同于 MACD 指标，RSI 指标的波动范围是一定的，多数时间里计算周期为 14 日的 RSI 指标，高位不会突破 80，而低点不会跌至 20 以下。这样一来，通过 RSI 指标的超买超卖状态判断汇价多空状态就容易多了。理想的交易机会，通常在 RSI 指标波动至超买或超卖状态的时候出现。在汇价反转走势形成的过程中，RSI 指标达到超买（超卖）状态，然后在背离中跌破零轴线，为投资者提供不错的做空开仓信号。

2. 出现位置

通过分析 RSI 指标，投资者可以发现该指标处于 80 以上和 20 以下位置的可能性不大。多数时间里，RSI 在 20 到 80 以内运行。超买和超卖信号，为投资者提供了不错的短线交易机会。RSI 可以从超买和超卖位置快速折返，其间指标折返过程中的价格背离走势，为投资者提供了不错的交易机会。

作为超买超卖指标，RSI 提供的交易信号，主要是"背离回调"、"背离反弹"以及"突破 50 线"等信号。只有在这三种情况下，判断开仓时机才最为明确。特别是在 RSI 指标突破 50 线的时候，是行情最终逆转的起点，也是投资者开仓的理想位置。

3. 多空含义

从 RSI 指标来看，该指标处于 50 线以上的时候，表明大趋势是看涨的，投资者买涨更容易获得利润。一旦 RSI 指标跌破 50 线，汇价就非常容易下跌了。判断多空状态的时候，RSI 指标的运行方向也非常重要。在 RSI 指标高位回落的过程中，RSI 指标还未跌破 50 线的时候，做空机会依然会出现。而一旦该指标跌破 50 线，相应的下跌趋势更加确定了，持有空单的投资者可以盈利。

4. 实战操作

USD/JPY——RSI 回升至 50 线后看涨如图 11-6 所示。

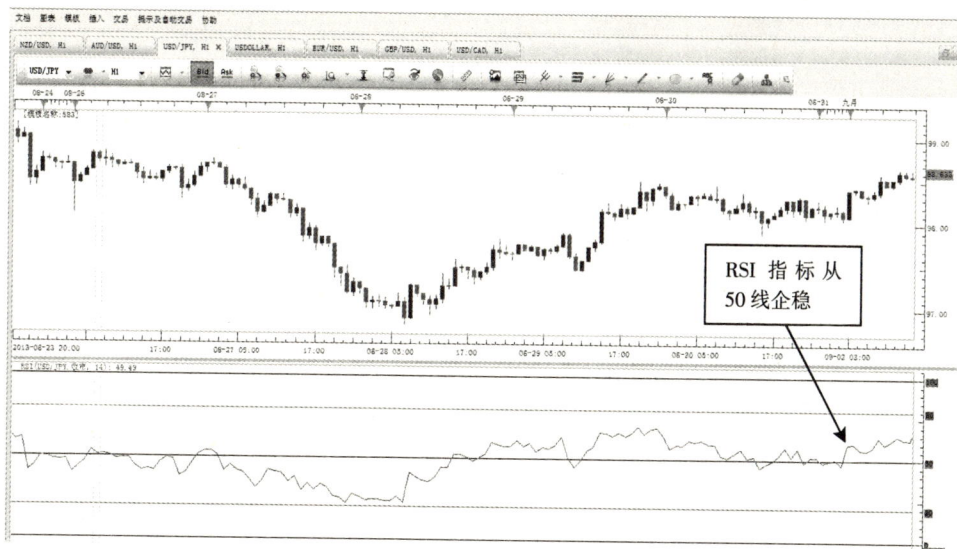

图 11-6　USD/JPY——RSI 回升至 50 线后看涨

看点 1：图 11-6 显示，美元/日元的汇价显然稳定回升，考虑到 RSI 指标已经处于 50 线以上，投资者在这个时候买涨是没有任何问题的。随着交易的进行，价格向上回升空间增加，50 线不仅是指标回升的新起点，更是支撑汇价上行的起始点。

看点 2：图 11-6 显示，在 RSI 指标刚刚企稳在 50 线的时候，价格上涨潜力还未释放，投资者短线开仓对今后盈利非常重要。指标处于低点的时候，汇价上涨潜力更大。考虑到这一点，美元/日元的买涨做多趋势未变。

看点 3：计算周期为 14 日的 RSI 指标，50 线是重要的多空分界线，也是投资者不得不把握好的做多位置。当指标从低点企稳回升至 50 线以上的时候，买涨获利将非常容易实现。这个时候，汇价显然处于回升态势，买涨投资者踊跃做多，汇价自然震荡上行。

USD/JPY——RSI 首次超买信号如图 11-7 所示。

看点 1：图 11-7 显示，美元/日元的 1 小时 K 线图表明，RSI 指标冲高至 80 附近后开始回落，是明显的超买信号。在这个时候，价格很容易高位回落，持有多单的投资者继续持仓只能承受更大风险。价格还未回落之前，投资者可以考虑短线减少多单了。

看点 2：RSI 指标显示汇价超买的状态，该指标如果处于 50 到 80 之间，那

图 11-7　USD/JPY——RSI 首次超买信号

么投资者持有多单风险不会很大。一旦该指标触及 80 的超买位置，那么价格回落的概率就大大增加了。汇价很可能短时间内杀跌回落，而减少多单的操作还是尽早做出的好。

看点 3：在很多情况下，汇价的逆转并非突如其来，而是在指标达到无法持续的状态后出现。这样一来，投资者应该尽可能地把握好价格逆转前的操作机会。RSI 指标达到超买状态以后，价格继续大涨的可能性不大，做空操作总能提前减少价格回落风险。

USD/JPY——顶背离的做空信号如图 11-8 所示。

看点 1：图 11-8 显示，美元/日元的 1 小时 K 线图中，价格连续上涨空间较大，RSI 指标与汇价背离的过程中，考虑做空已经迫在眉睫。背离信号消失以前，汇价处于高位运行，这恰好是买涨盈利的投资者减持的时机。背离信号以后价格逆转速度很快，真的回落的时候做空就很困难了。

看点 2：从 RSI 指标来看，该指标回升至 80 的超买区域以后，指标从高位回落下来并且与汇价形成超卖形态，将是投资者做空操作的重要机会。RSI 指标从超买到背离，再从背离到跌破 50 线的过程中，汇价将在 RSI 回落的时候杀跌。

USD/JPY——汇价进入调整走势如图 11-9 所示。

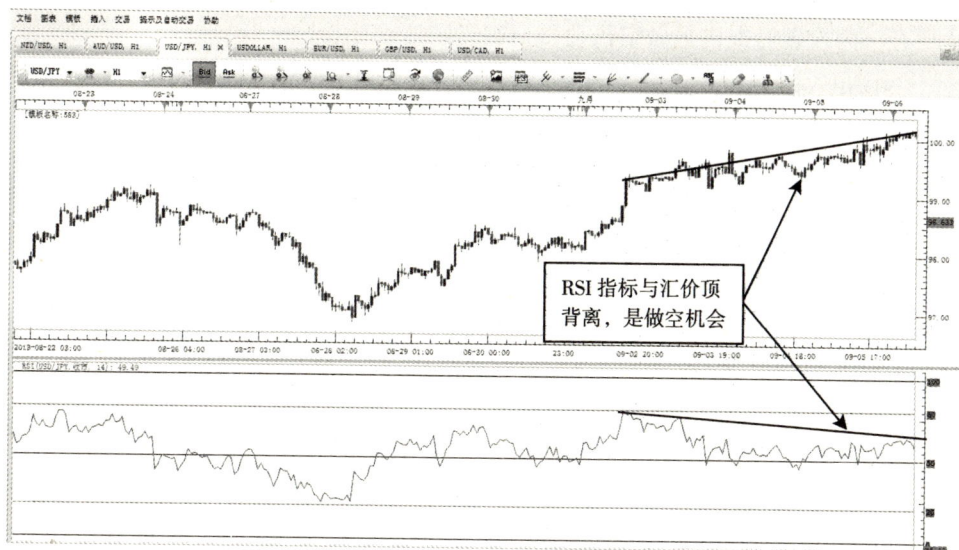

图 11-8　USD/JPY——顶背离的做空信号

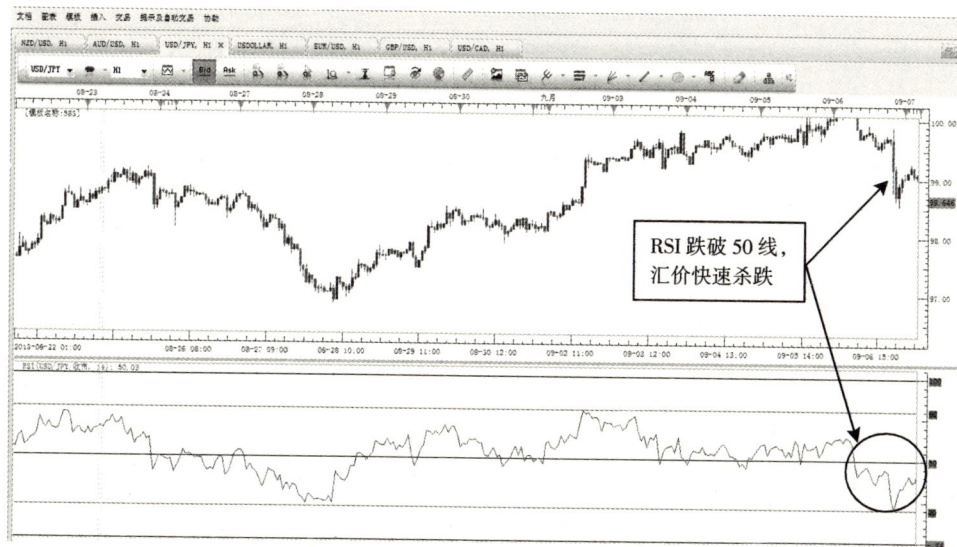

图 11-9　USD/JPY——汇价进入调整走势

　　看点 1：图 11-9 显示，美元/日元的 1 小时 K 线图中，价格已经出现了杀跌走势。图中汇价高位回落下来以后，跌幅还很大。RSI 指标已经在很短时间里回落至 50 线以下，提示投资者短线做空机会的出现。

　　看点 2：前边已经说过，RSI 指标进入超买状态的时候，已经是投资者减少多单的机会。随着交易的进行，该指标从超买状态回落下来，并且与汇价形成背离形态，为投资者提供了做空机会。

USD/JPY——RSI 二次超买的做空机会如图 11-10 所示。

图 11-10　USD/JPY——RSI 二次超买的做空机会

看点 1：图 11-10 显示，美元/日元的 1 小时 K 线图中，价格第二次接近了 80 附近的超买区域，这显然是投资者再次做空的机会，前期持有多单的投资者如果还未大幅度减持，可以考虑在 RSI 指标出现技术性反弹的时候做空了。汇价总是要回落下来的，把握好做空时机的话，投资者就能够获得不错的利润了。

看点 2：从 RSI 指标的运行情况看来，该指标并不一定一次性单边下跌。在 RSI 指标超买位置跌破 50 线以后，二次反弹的过程中，往往意味着价格能够再创新高。虽然价格不能长时间回升，单汇价被拉升至前期高位以上的时候，投资者做空是没有任何问题的。

USD/JPY——汇价二次回落如图 11-11 所示。

看点 1：图 11-11 显示，美元/日元的 1 小时 K 线图中显示，价格已经处于明显的回落状态。从高位的 100.00 算起，汇价跌至 98.00 以后，下跌空间高达 200 点。操作上来看，投资者可以考虑在此其间把握做空机会获利。

看点 2：汇价的下跌趋势虽然明确，却不是短时间内完成的回落行情。从图中价格走势判断，投资者能够发现汇价下跌趋势还是很有节奏的。价格从高位震荡下挫的过程中，投资者可以发现汇价连续杀跌幅度还是很大的。

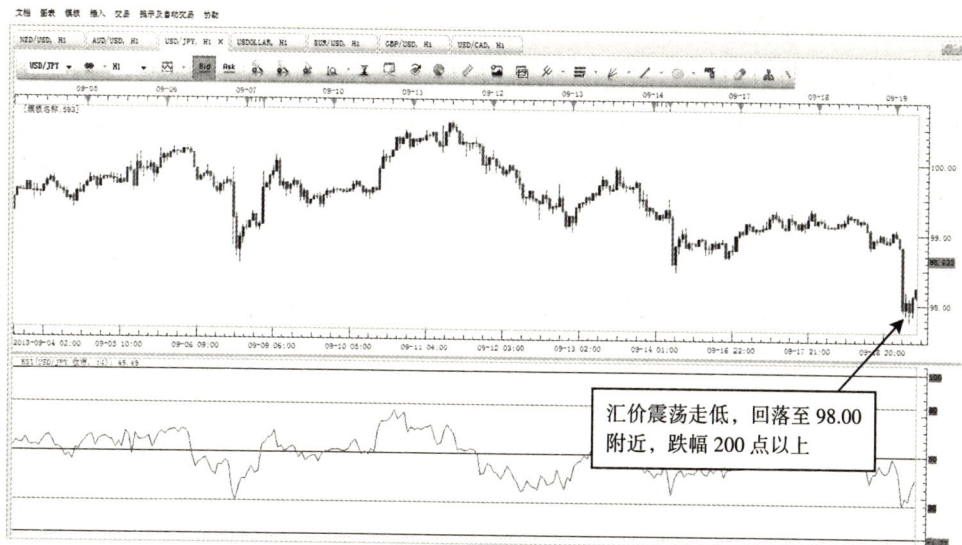

图 11-11 USD/JPY——汇价二次回落

看点 3：从 RSI 指标来确定价格的回落趋势，投资者还需要把握好指标的运行节奏。指标可以在一次超买后连续下挫并且跌破 50 线，当然也可以在两次挑战 80 线的超买位置以后开始回落。不管怎样，指标表现出来的逆转信号，投资者应该考虑及时应对才行。

三、K 线的 ATR 指标分析

1. 形态特征

ATR 是用来表明汇价短线波动空间的指标，计算周期为 1 的 ATR 指标，表明在当前计算周期下，每一根 K 线的收盘涨跌空间。通过分析该指标，投资者能够得到关于汇价波动强度的信息，用来判断价格走势强弱以及过度波动情况。

实际外汇交易中，不同汇率的波动强度会有一定的范围，达到甚至大幅度超越波动强度的时候，ATR 指标涨幅过高，价格机会出现调整走势。而萎缩到一定程度的 ATR 指标，显示汇价波动强度短时间内快速收缩，一旦突破将出现可靠的操作机会。

2. 多空含义

从 ATR 指标的基本运行情况判断，汇价短时间内波动空间会有一定的限度。因为受到当时的多空参与程度影响，价格波动强度也会随着趋势的延续而出现不同的节奏。在价格突破之前，汇价波动强度一般不会很大，表现在 ATR 指标上为低点波动的状态。一旦价格向某一个方向突破，汇价波动强度短时间内放大，ATR 指标也会相应地放大。这样一来，实战中投资者可以根据 ATR 指标强弱，来判断汇价单边趋势延续的程度以及价格突破的信号出现的位置。

3. 实战操作

GBP/USD——英镑止跌回升如图 11-12 所示。

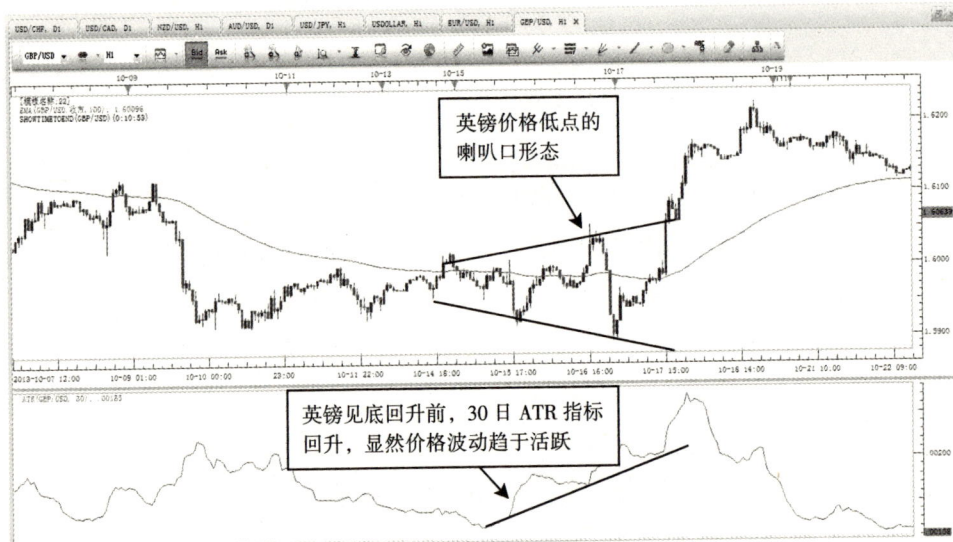

图 11-12　GBP/USD——英镑止跌回升

看点 1：图 11-12 显示，英镑/美元的 1 小时 K 线图中，随着 ATR 指标短线触底回升，英镑波动空间逐渐放大。虽然英镑上涨并非一次性拉升，但价格波动空间逐渐放大的时候，投资者可以发现 ATR 走强以后买点已经形成。

看点 2：英镑快速回升之前，喇叭口形态非常明显，在喇叭口形态中，价格波动空间逐步放大，反映在 ATR 指标上是明显的回升趋势。

看点 3：在 ATR 回落至低点的过程中，价格波动空间在不断收窄。当英镑短线见底的时候，多方买涨自然拉升英镑回升。反映在 ATR 指标上，会出现明显的回升趋势。

GBP/USD——ATR 滞涨表明英镑见顶如图 11-13 所示。

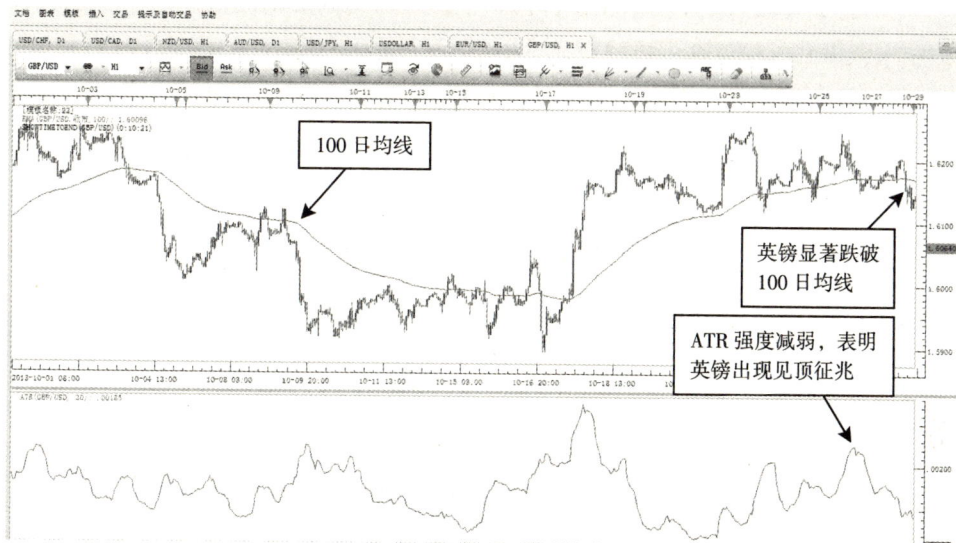

图 11-13　GBP/USD——ATR 滞涨表明英镑见顶

看点 1：图 11-13 显示，英镑短线上涨空间较大，从低点的 1.5900 回升到 1.6200 上方，涨幅高达 700 点以上。这个时候，ATR 显然出现了反弹无力的情况。随着指标的冲高回落，英镑短线显著跌破 100 日均线，提示投资者将要出现的反转走势。

看点 2：在价格出现反转走势的时候，表明汇价波动强度的指标 ATR 总能出现突破信号。当然，在趋势真正逆转之前，ATR 指标反弹空间有限，表明前期汇价在单边趋势中上涨乏力，正是投资者做空的机会。

GBP/USD——ATR 反弹表明英镑开始转向如图 11-14 所示。

看点 1：图 11-14 显示，英镑/美元的 1 小时图中，ATR 指标已经出现明显反弹。如果看一下英镑的价格走势，显然是向下跌破了 100 日均线的，表明指标的回升是在下跌途中完成的，显示英镑已经从高位回落下来。

看点 2：ATR 指标短线反弹至高位如果与价格逆转结合，投资者就会发现汇价明显处于反转走势中。在趋势加强之前，投资者有足够的时间完成开仓的动作。

看点 3：如果英镑持续回落，ATR 指标将出现明显的放大迹象，显示出行情正在空头趋势中加速。行情的逆转与行情的加速都需要 ATR 指标放大。在 ATR 指标放大的时候，汇价波动强度同步提高，这有助于汇价在单边趋势中加速进行。

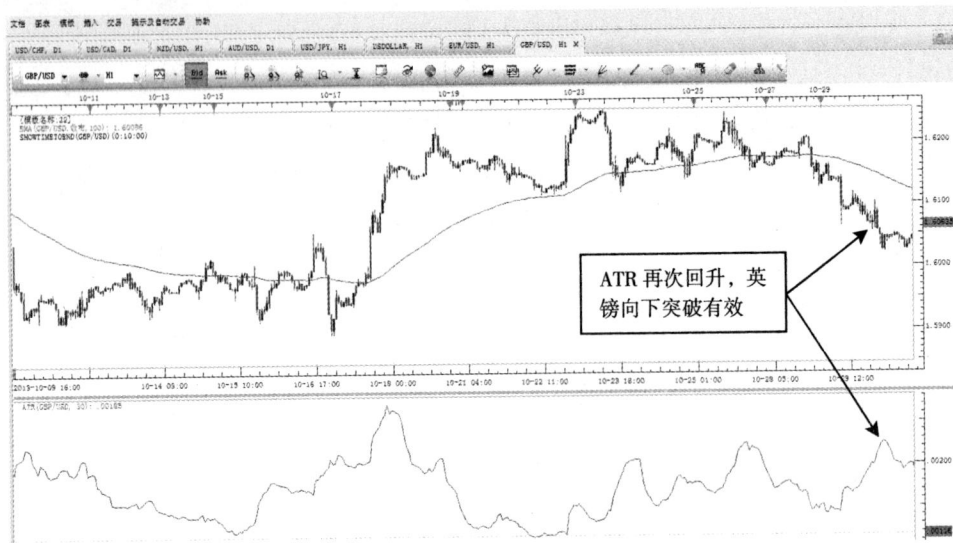

图 11-14　GBP/USD——ATR 反弹表明英镑开始转向

GBP/USD——汇价二次回落如图 11-15 所示。

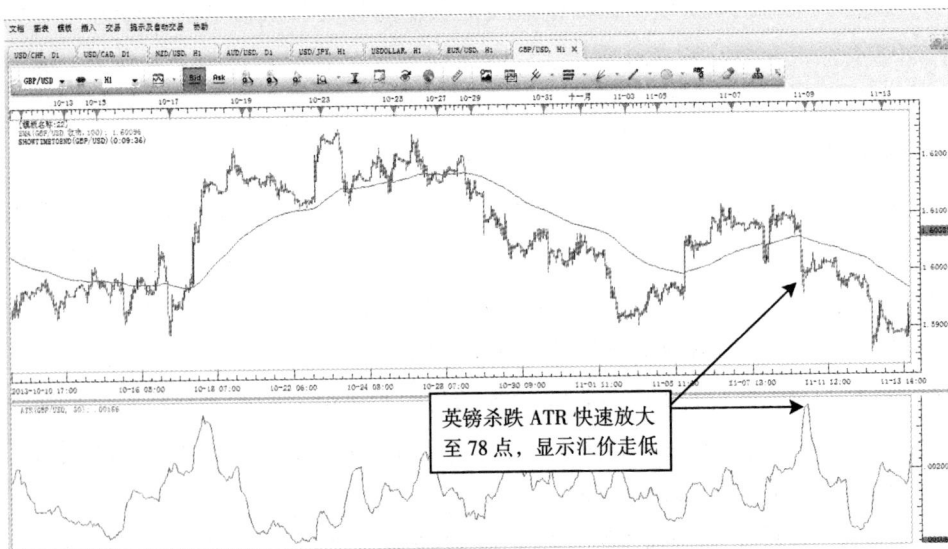

图 11-15　GBP/USD——汇价二次回落

看点 1：图 11-15 显示，英镑进入回落趋势以后，价格反弹当中出现杀跌情况。随着 ATR 快速回升至前期高位 78 点，英镑短时间内下跌空间很大，表明回落趋势已经得到延续。

看点 2：空头趋势中，ATR 快速放大的情况比较多见，是汇价下跌趋势延续的时候出现的。在很短的时间里，汇价下跌空间快速放大，拉升 ATR 指标回升至高位，显示空方有能力控制行情，促使汇价逐步下挫。

看点 3：在英镑加速反弹和加速杀跌的时候，ATR 指标的放大都是趋势延续的结果。通过 ATR 指标的放大状态判断英镑的突破力度，很容易发现真正的行情。如果 ATR 短时间内放大空间不足，那么价格突破力度不够强，趋势自然不会形成。

GBP/USD——ATR 放大至 115 点高位如图 11-16 所示。

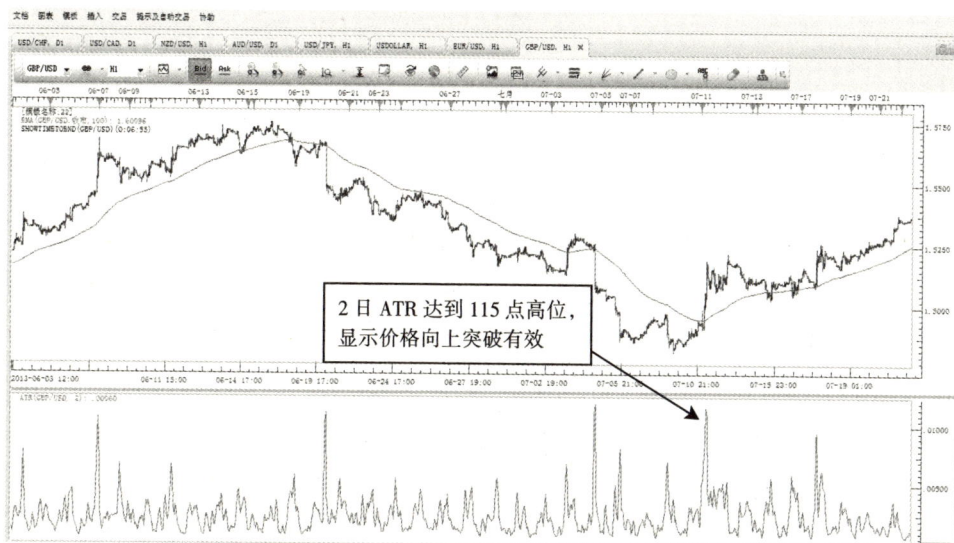

图 11-16　GBP/USD——ATR 放大至 115 点高位

看点 1：图 11-16 显示，英镑 1 小时 K 线图中出现了大涨迹象，同时 2 日 ATR 短线上攻 115 点，表明价格已经止跌回升。ATR 大涨到 115 点，是非常难得的突破信号。波动强度迅速增加以后，价格上涨潜力因为突破走势得到释放。

看点 2：在英镑单边回落的时候，1 小时 K 线图中价格突破信号很难把握。从 ATR 的波动规律判断，115 点的反弹是不能忽视的。指标并不是任何时段都能大幅回升，出现在价格强势反弹阶段的 ATR 上涨走势，显示了突破的有效。

GBP/USD——汇价二次回落如图 11-17 所示。

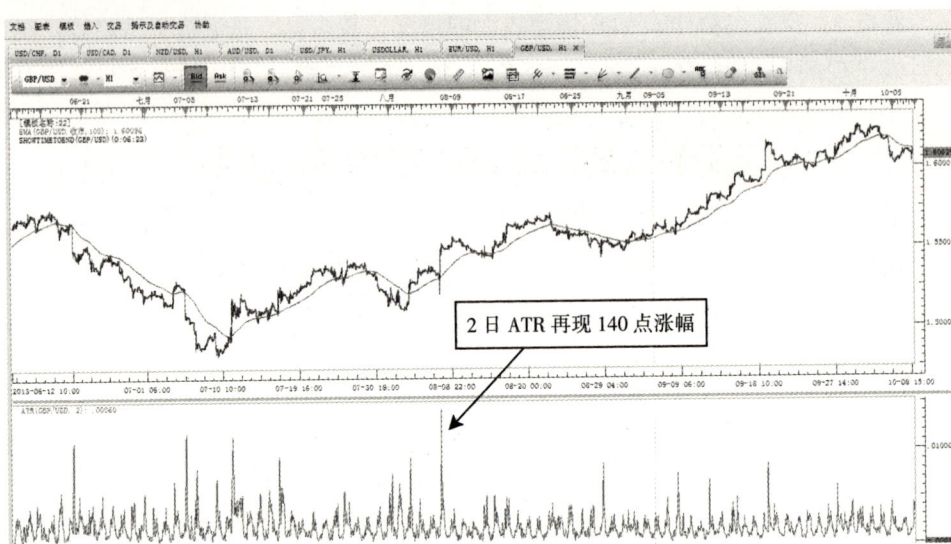

图 11-17 GBP/USD——汇价二次回落

看点 1：图 11-17 显示，英镑触底反弹后不久，ATR 再次出现高达 140 点的涨幅，显示多头趋势正在发酵当中。这个时候，投资者有足够的时间追涨盈利，并且不会出现太大风险。

看点 2：多方显然还能控制住局面，英镑再次企稳回升以后，持有多单投资者应该可以获得稳定利润。行情的延续还要看价格能够以多大力度上涨，而 ATR 指标处于高位运行，并且连续两次达到更高的位置，显示出回升趋势良好，买涨盈利不存在任何问题。

第十二章 蜡烛线与黄金分割回调

一、K 线的 0.382 分割线

1. 形态特征

黄金分割线的 0.382 的位置上，汇价很容易出现折返走势，特别是在趋势明显处于单边行情的时候。如果汇价连续波动空间较大，并且已经进入逆转位置，那么价格在高位或者低点反转以后，波动到 0.382 的分割线上就非常容易出现调整走势。在单边趋势较大的情况下，0.382 的分割线阻力会更强，短线在 0.382 的位置逆市开仓很容易获得短线收益。

2. 出现位置

黄金分割线的 0.382 处，价格波动空间还不是很大，技术性折返的走势是短线交易投资者的最佳开仓位置。在汇价波动方向出现逆转的时候，0.382 起到了明显的阻力作用。价格单边运行至 0.382 的时候，技术性折返表明投资者的开仓盈利非常容易实现。黄金分割下的 0.382 是小波段形成的最佳位置，投资者在该分割线上逆市开仓盈利空间不一定很高，却非常容易获得收益。

3. 多空含义

在价格触底反弹的时候，汇价上行至 0.382 的黄金分割位以后，价格高位回调下来是投资者做空的机会。黄金分割线的 0.382 短线压制价格反弹，是投资者做空的机会。如果是汇价处于冲高回落的时候，价格回调至 0.382 的分割线上，这个时候是投资者买涨的机会。对应的黄金分割线的 0.382，是汇价短线反弹的起始点，投资者可以买涨开仓获得利润。

4. 实战操作

USD/CAD——0.382 首次遇阻如图 12-1 所示。

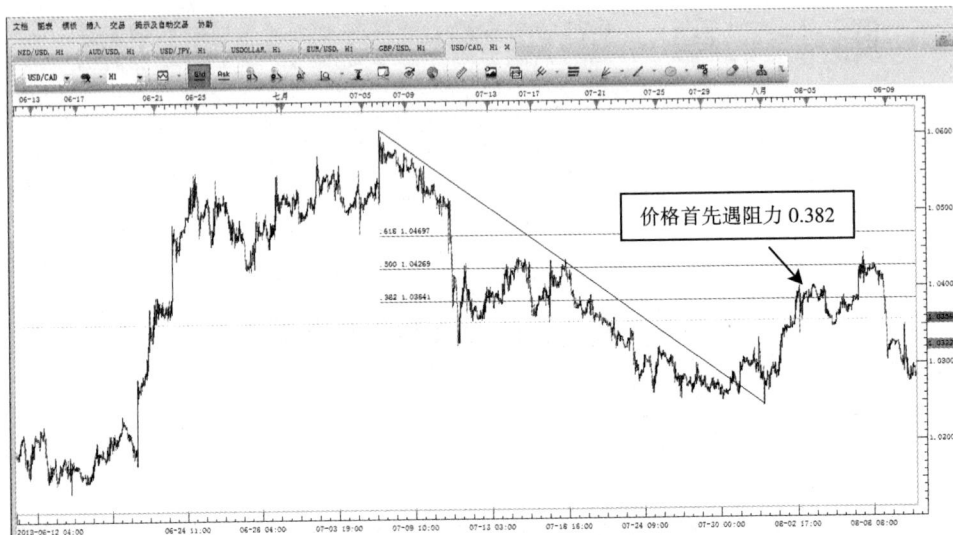

图 12-1　USD/CAD——0.382 首次遇阻

看点 1：图 12-1 显示，美元/加元的 1 小时 K 线图中，汇价从高位回落下来以后，价格技术性反弹的过程中，显然遇到了 0.382 处明显的阻力。价格反弹期间，该分割线提供了重要的阻力，价格首先从 0.382 处短线回落下来。

看点 2：当然，0.5 的分割线阻力更强，因此，价格会在最终遇阻 0.5 的时候见顶回落。实战操作中，把握 0.382 的做空机会是没有问题的，毕竟价格遇阻的真正位置出现在这个时候。抢反弹买涨的投资者，可以首先在 0.382 处减仓持有多单，而价格继续反弹至 0.5 的分割线以后，投资者应该尽快平仓了。汇价从 0.5 的分割线回落下来以后，下跌空间很深。

看点 3：价格反弹至 0.382 的时候，汇价上行空间不大，这个时候容易获得做空机会。但是汇价逆转需要时间，价格再次向上反弹至 0.5 的分割线以后，才真正回落下来。这并不是说 0.382 的分割线就无用武之地。投资者买卖机会的选择上可以有很多次，而 0.382 就是其中非常重要的一次。

USD/CAD——技术性反弹依然止于 0.382 如图 12-2 所示。

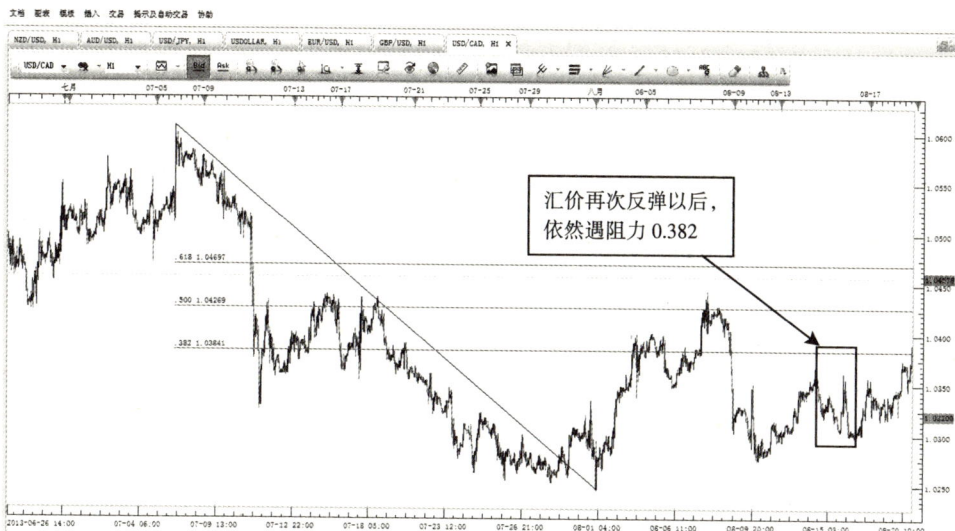

图 12-2　USD/CAD——技术性反弹依然止于 0.382

看点 1：图 12-2 显示，美元/加元的 1 小时 K 线图中，汇价已经明显处于回落态势。技术性反弹再次出现的时候，汇价短线见顶 0.382 的压力位。这样看来，该分割线提供的做空机会还是很多的。既然价格不容易反弹至 0.5 的分割线，那么 0.382 的分割线则是不错的做空位置。价格从该分割线回落下来以后，投资者可以获得不错的短线做空回报。

看点 2：在汇价波动的过程中，黄金分割线的 0.382 被突破以后，价格很难出现像样的突破。而图中汇价技术性反弹至 0.382 以后，短线回落的走势恰好就说明了这一点。汇价双向波动总会形成，而价格从短线高位的黄金分割线下跌以后，投资者能够发现恰当的盈利机会。

USD/CAD——技术性反弹 100 点如图 12-3 所示。

看点 1：图 12-3 显示，汇价从黄金分割的 0.382 开始反弹以后，买涨的投资者能够获得不错的利润。虽然仅仅是技术性反弹，却是非常难得的短线盈利机会。汇价从该分割线上短线回升以后，投资者获利空间在 100 点以上。

看点 2：在汇价持续上行的多头趋势结束以后，价格回落下来的时候，首先会遇到 0.382 的分割线。价格回落至分割线上，汇价下跌空间还不是很大，技术性反弹最容易形成。多头趋势如果维持下去，价格回落以后不能轻易跌破 0.382 的分割线。汇价连续回落的时候，投资者应该考虑首先在 0.382 的分割线上买涨

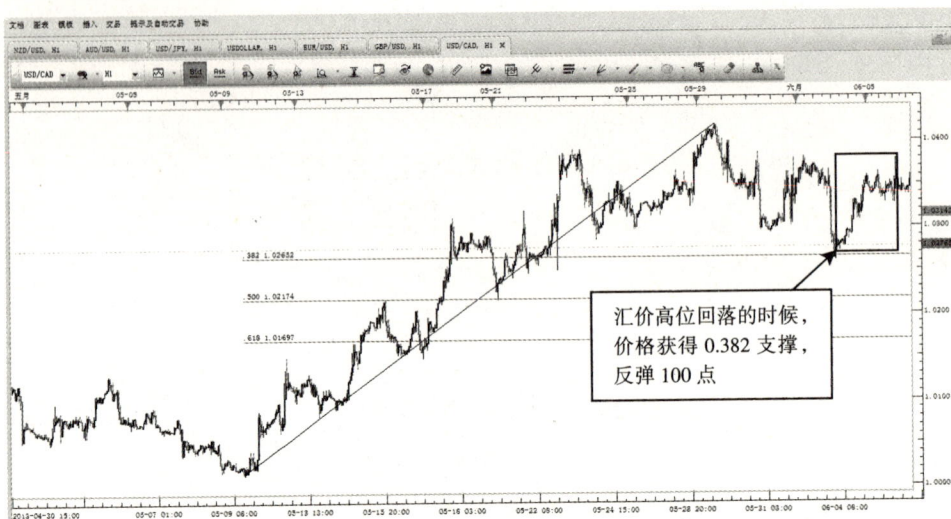

图 12-3　USD/CAD——技术性反弹 100 点

获得短线回报。

　　看点 3：在 0.382 附近，汇价回落至此一定会形成反弹走势的。图中价格恰好就是从该分割线开始反弹的，表明黄金分割的 0.382 对投资者短线操作的意义非常大。就算是在考虑价格回落之前做空，可以选择价格从该分割线反弹以后开仓。价格波动空间增加的过程中，把握 0.382 的关键分割线，是必须做的事情。

　　USD/CAD——回抽走势中的卖点如图 12-4 所示。

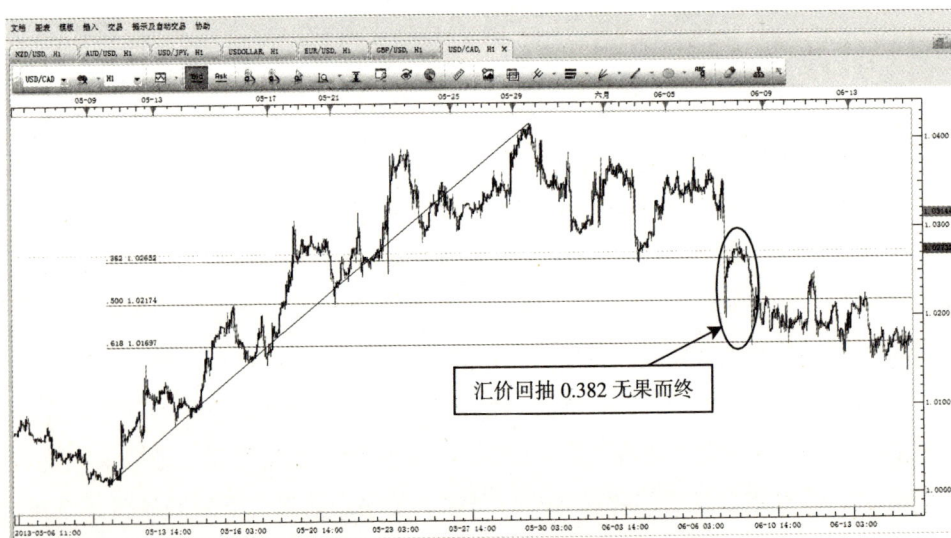

图 12-4　USD/CAD——回抽走势中的卖点

看点 1：图 12-4 显示，美元/加元的 1 小时 K 线图中，价格短线跌破了黄金分割线的 0.382 以后，短线回抽到该分割线。虽然汇价已经跌破了 0.382 的分割线，技术性的反弹高度依然达到了该分割线。

看点 2：现实的汇价波动情况表明，0.382 的分割线是不容错过的开仓位置。价格双向波动的过程中，会不断试探这一位置的阻力。投资者可以利用汇价双向波动的特征，来开仓并且获得投资回报。

二、K 线 的 0.618 分 割 线

1. 形态特征

黄金分割的 0.618 分割线，是汇价折返走势的重要起始点。汇价波动空间很大的时候，价格很容易处于单边下跌或者上涨行情中。也许投资者会问，行情真的会就这样延续下去吗？显然不是这样的，黄金分割线的 0.618 的阻力位置是价格调整的重要起点，也是投资者不能轻易忽视的交易位置。当行情逆转的时候，汇价运行至黄金分割的 0.618 的时候，价格累计波动空间已经高达前期涨跌幅度的 61.8%，这才是真正的技术性调整的起始位置。

2. 出现位置

在汇价单边运行的时候，价格逆转以后的黄金分割线的 0.618 的位置，是技术性折返的重要起点。不管前期价格处于回升还是下跌行情，调整空间达到 61.8% 以后，价格折返的概率几乎是 100% 的。特别是在价格连续单边运行并且突破 0.382 和 0.5 的分割线以后，最后一道防线就落在了 0.618 的位置上。

3. 多空含义

0.618 的分割线上虽然会出现折返走势，但价格折返走势并不影响汇价波动方向。特别是价格折返空间不大的时候，调整以后行情还是会延续前期波动方向。投资者可以考虑在 0.618 的分割线上短线开仓获利，并且在短线开仓盈利后迅速兑现收益。0.618 提供的短线开仓机会异常精准，但长期趋势能否受到该分割线的影响，还需根据价格走势来具体判断。

4. 实战操作

USD/CAD——0.618 分割线获得支撑反弹如图 12-5 所示。

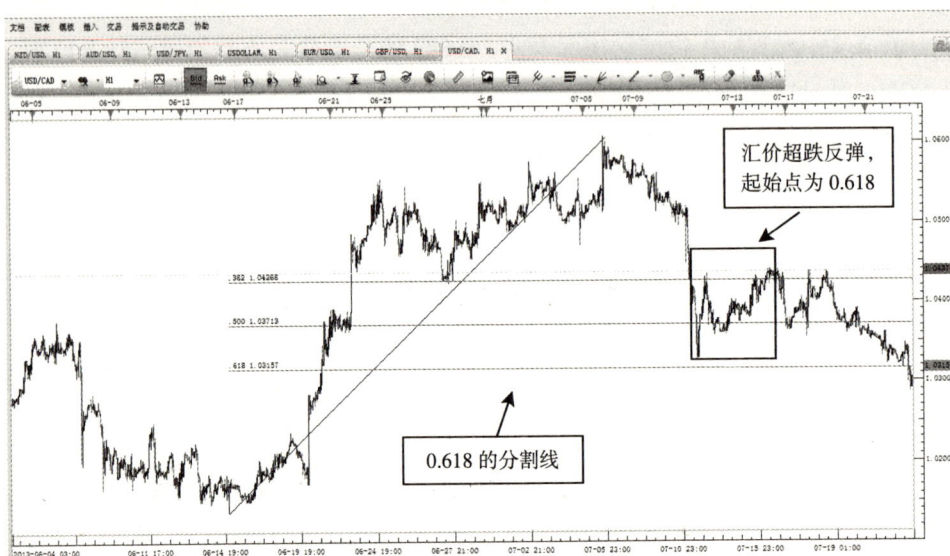

图 12-5　USD/CAD——0.618 分割线获得支撑反弹

看点 1：图 12-5 显示，汇价从高位回落以后，从汇价高位向价格前期低点做出黄金分割线，投资者可以发现 0.618 的分割线的支撑效果。随着汇价短线大幅度回调，价格杀跌以后恰好就收盘在该分割线上。技术性反弹的起始点就在0.618 的黄金分割线，把握买点可获得短线利润。

看点 2：从汇价波动强度看来，如果价格短时间内下跌空间较大，那么黄金分割的 0.382 的支撑效果将不会太好。价格回调至 0.382 的分割线以后，并不一定出现反弹走势。这样的话，接下来的 0.618 的分割线上有望出现较强反弹。

看点 3：随着交易的进行，投资者可以发现汇价连续回落至 0.618 的分割线，价格在 0.382 和 0.5 的分割线上反弹空间有限。价格从高位回落以后，投资者可以等待价格回调至 0.618 的时候买涨开仓。黄金分割线的 0.618 是最后一道有效的支撑线，价格连续回落空间虽然很大，总会在这个分割线上出现反复的价格走势。买点设置在 0.618 的分割线上，投资者更容易获得成功。

USD/CAD——0.618 出现卖点如图 12-6 所示。

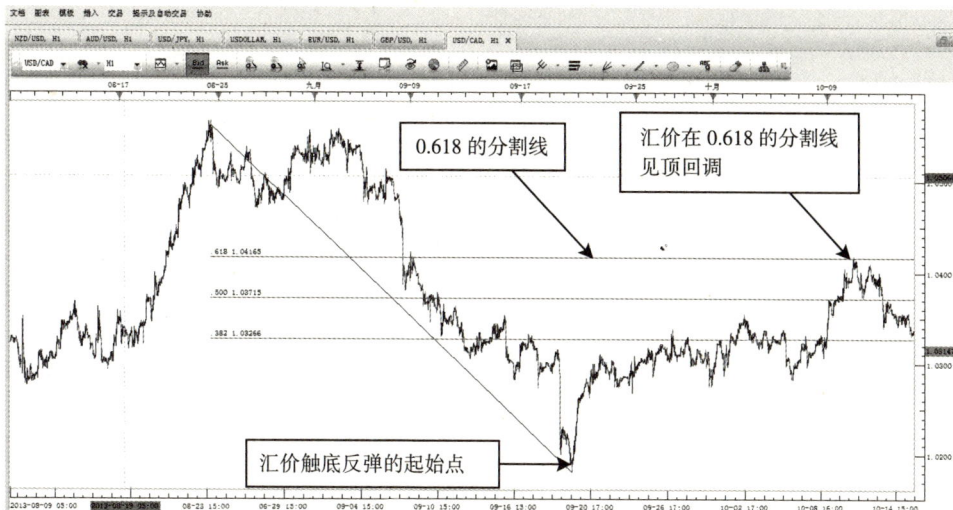

图 12-6　USD/CAD——0.618 出现卖点

看点 1：图 12-6 显示，美元/加元的 1 小时 K 线图中，价格从黄金分割的 0.618 开始回落下来，这便是技术性反弹期间的有效做空位置。

看点 2：在汇价结束回落趋势的时候，反弹走势强劲形成。价格反弹空间虽然很大，最终还是会见顶 0.618 的分割线位置。0.618 的分割线可以是价格短线回调的起始点，当然也可以是汇价连续回落的起始点位。这样判断的话，投资者便可以得到在 0.618 的分割线做空，可以明显获得利润。

USD/CAD——0.5 的分割线上见顶回调如图 12-7 所示。

看点 1：图 12-7 显示，美元/加元的 1 小时 K 线图中，价格从 0.618 的分割线回落下来以后，在下挫过程中，一度在 0.5 的分割线上成功见顶。也就是说，0.5 的分割线成为汇价短线反弹的压力位，而 0.618 的分割线是投资者开仓做空的位置。

看点 2：不管是在反弹阶段还是汇价高位回落的时候，0.618 的黄金分割线可以说是"最后一道防线"。如果价格没能在 0.382 和 0.5 的分割线上折返，那么接下来的 0.618 的分割线上折返概率很高。即便是单边趋势中，价格同样会在这个分割线上进行调整。某些时候不得不说，0.618 的分割线才是理想的开仓位置。

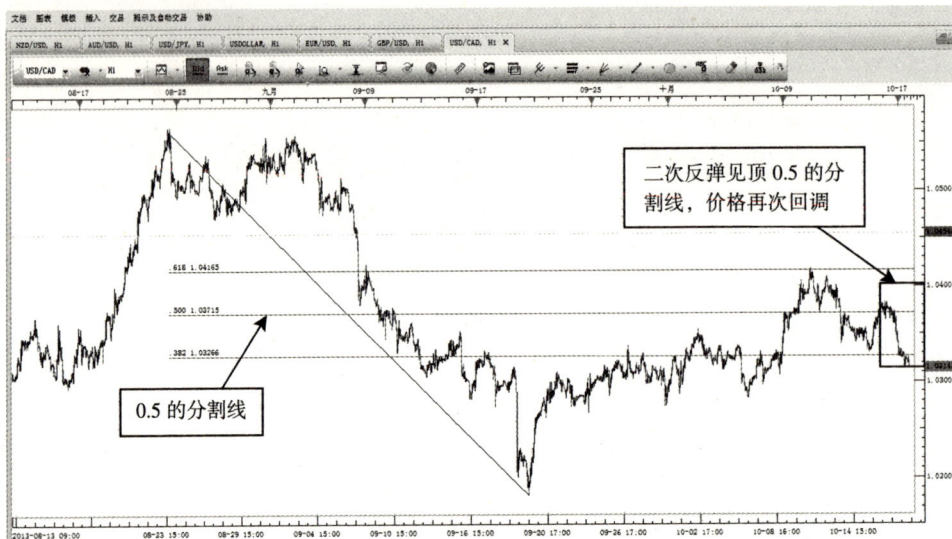

图 12-7　USD/CAD——0.5 的分割线上见顶回调

第十三章　蜡烛线与趋势

一、K线的回升趋势

1. 形态特征

当价格触底反弹的时候，汇价上升趋势就会缓慢形成。确认回升趋势的上升趋势线，需要价格反弹后出现第二次反弹走势。也就是说，当价格低点和反弹期间回落低点连线确认上升趋势以后，汇价单边上行行情就会形成，投资者买涨交易就非常容易获得收益。

从长期趋势来看，汇价反转向上的时候，冲高回落的波段行情成为汇价基本运行特征。价格反弹空间很大，并且能够在反弹以后连续走强，投资者买涨交易不仅仅是获得短线利润，仍然可以中长期持仓获得更高回报。只要行情还未出现逆转，买涨交易就是顺势操作中完成的，获利概率会相当高。

2. 出现位置

回升趋势线的确认，需要价格完成至少一次冲高回落走势。当空头行情真正结束的时候，汇价从低点反转向上，大幅上涨以后，短线回调确认上行趋势线。寻找长期回升趋势，投资者需要时刻关注价格的回落时间与下跌空间。下跌空间非常长，而价格又在频繁回落中不断创新低的时候，真正的反转走势容易出现。主观上判断空头行情的逆转没有什么意义，只有在行情真的出现反转形态以后，使用价格回升趋势线判断盈利机会，才能够发挥应有的效果。

3. 多空含义

在汇价上行期间，投资者会发现局部行情有涨有跌，但大趋势是向上的。这样一来，发现趋势线上的买涨机会，就要从行情大趋势来看了。在汇价震荡上行期间，支撑线提供的买涨机会尤其重要。价格震荡上行的过程中，把握好上升趋势线的交易机会，对投资者来讲非常重要。价格从趋势线上发力上攻，投资者短线盈利空间很大。即便在汇价超涨阶段，价格从高位再次走强也很容易。惯性在单边回升趋势中的作用值得投资者关注，特别是上升趋势线上价格快速回升的走势，投资者顺势交易容易获利。

4. 实战操作

GBP/USD——支撑线得到初步确认如图 13-1 所示。

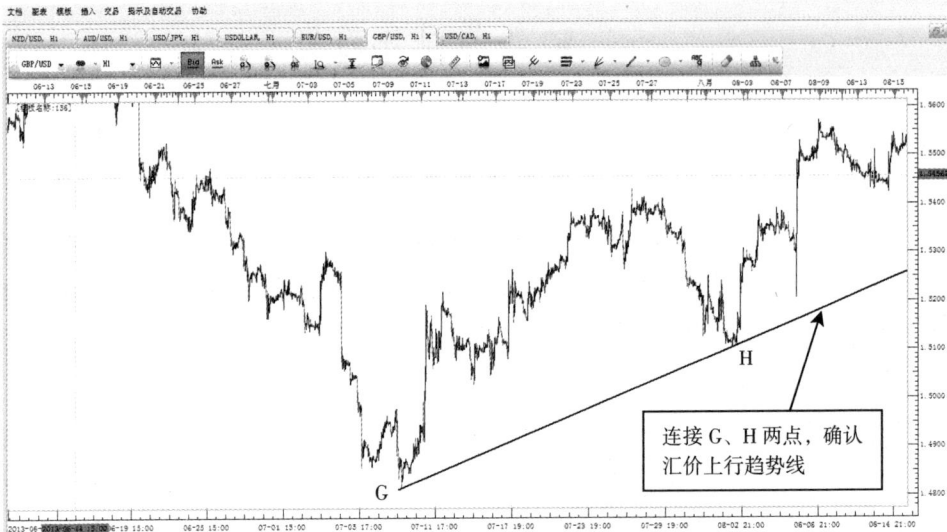

图 13-1　GBP/USD——支撑线得到初步确认

看点 1：图 13-1 显示，英镑的 1 小时 K 线图中，价格已经明显处于回升趋势中。在连续两次出现反弹以后，连接图中 G、H 两点的支撑线对价格上行起到了很好的支撑效果。

看点 2：汇价确认了回升趋势以后，支撑线对价格上行的作用很大。特别是在价格回调阶段，反弹起始点就出现在支撑线附近。随着交易的进行，支撑线将发挥不错的支撑效果，关键是投资者能够把握好买点的情况下开仓，才能够获得稳定的利润。

看点 3：当然，支撑线以上价格虽然处于回升趋势，汇价远离支撑线的时候投资者一定要注意其间的持仓风险。价格并不是单边上涨的情况，特别是汇价远离支撑线的时候更是如此。这样一来，把握好支撑线以上的买点，还需要投资者等待价格回调支撑线的时候再考虑开仓。

GBP/USD——技术性支撑位的买点如图 13-2 所示。

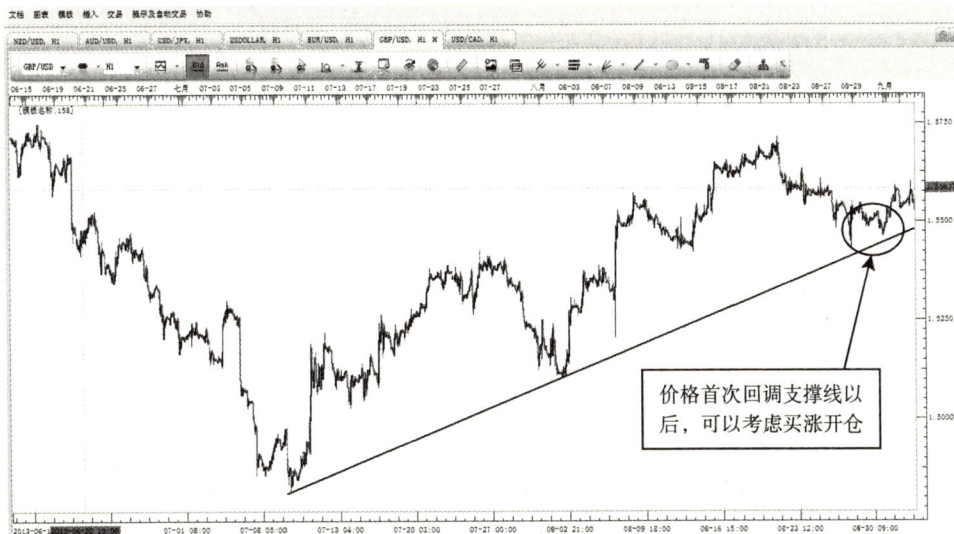

价格首次回调支撑线以后，可以考虑买涨开仓

图 13-2 GBP/USD——技术性支撑位的买点

看点 1：图 13-2 显示，英镑冲高回落以后，价格回调至支撑线附近。图中价格接近支撑线的过程中，投资者有足够的时间完成开仓动作。在价格加速回升之前买涨，可以获得丰厚利润。

看点 2：上升趋势线得到确认以后，价格在支撑线上能够获得不错的支撑。这个时候，正是投资者考虑买涨的机会。在行情加速形成的时候，价格波动空间会更强。在英镑震荡上涨的过程中，汇价从支撑线上走强，上涨幅度将会更高。

GBP/USD——汇价加速回升如图 13-3 所示。

看点 1：图 13-3 显示，英镑从支撑线上获得支撑以后，价格连续上涨空间很大。图中显示，汇价获得加速上行支撑线支撑，价格上涨速度更快了。在英镑明显进入回升趋势的时候，投资者买涨获利空间在快速增加。

看点 2：在英镑回升期间，支撑线被确认以后，将支撑英镑明显回升。支撑线被确认的时候，一旦价格回调支撑线，汇价反弹概率非常高。真正的买涨机会也就出现在价格回调支撑线的那一刻。图中英镑明显进入回升趋势就很能说明问题。

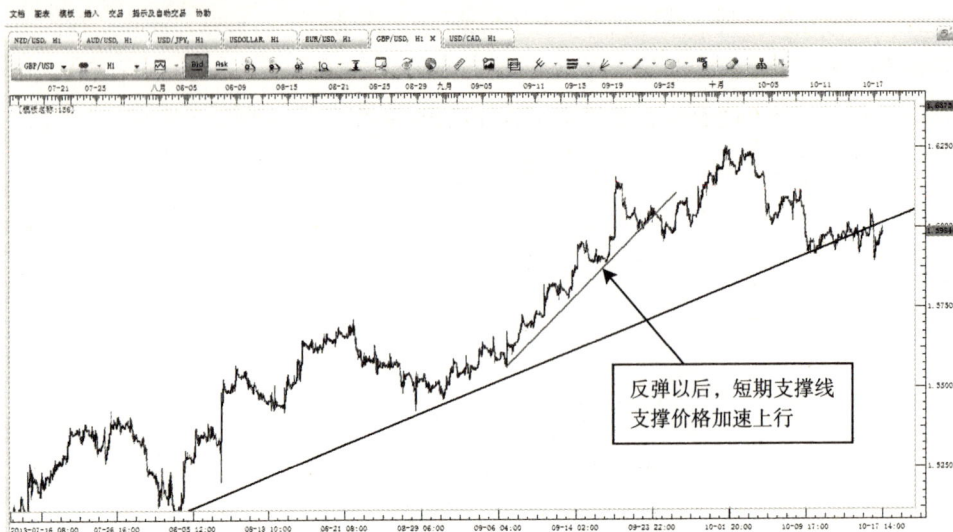

图 13-3 GBP/USD——汇价加速回升

看点 3：在回升趋势得到确认以后，价格并不是以尖底反转形态开始走强的，而是在震荡上涨中逐步回升。这样看来，支撑线不仅仅在短时间内起到支撑效果，而是能够在中长期发挥支撑作用。因此，投资者才能在汇价调整到支撑线的时候获得理想的买涨机会。

二、K 线 的 下 跌 趋 势

1. 形态特征

在汇价处于回落趋势的时候，价格会明显出现连续两次回落走势，而汇价下跌的起始点的连线，就是下跌趋势线了。从顺势交易的方面看来，投资者不管在何时的下跌趋势线上做空，都能够获得利润。下跌趋势线压制价格反弹非常明显，投资者可以据此判断开仓位置。

在回落趋势中，汇价反弹高位总是能够达到下跌趋势线附近，而趋势线上阻力较强，是价格折返的重要起始点。操作上判断，投资者应该做好足够的准备工作，选择价格反弹至趋势线的时候做空，可获得收益。

2. 出现位置

汇价进入单边下跌趋势的时候，价格上涨空间必然已经很大。投资者做空并非短线交易的权宜之计，而是价格逆转以后顺势操作的必然结果。随着价格的震荡回落，下跌趋势线以下价格反弹可能性很小。只有在超跌阶段，汇价才有可能出现较大的反弹。首次出现的反弹高位，与价格高位的连线形成下跌趋势线。投资者可以考虑价格反弹至下跌趋势线的时候开仓做空，今后获利空间将会非常丰厚。

3. 多空含义

如果汇价的单边回落趋势已经形成，那么判断多空已经没有必要了。下跌趋势线以下，价格反弹走势不可能代替回落趋势。空方继续主导了汇价下跌行情，买卖汇价的方向多数时间应该是向下的，这样才有可能获得利润。

当汇价高位下跌的时候，对于长时间的交易者，会发现做空获利要容易得多。从获利空间上判断，不管是短线做空还是中长期做空，投资者都有望盈利。技术性反弹代替不了单边回落趋势，继续做空的盈利空间将被成倍放大。

4. 实战操作

EUR/USD——回落趋势得到确认如图 13-4 所示。

图 13-4　EUR/USD——回落趋势得到确认

看点 1：图 13-4 显示，欧元 1 小时 K 线图中，价格已经明显处于回落趋势中，而图中 B、C 两个位置确认的价格高位，连接起来就是下跌趋势线了。在价格回落期间，技术性反弹的高位一定是不错的做空机会，尤其价格短线反弹至下跌趋势线的时候，做空盈利空间很大。

看点 2：考虑到欧元 1 小时 K 线图中下跌趋势刚刚形成，投资者有足够的时间做空获得利润。随着交易的进行，把握卖点的投资者能够获得不错的回报。

EUR/USD——反弹以后杀跌 200 点如图 13-5 所示。

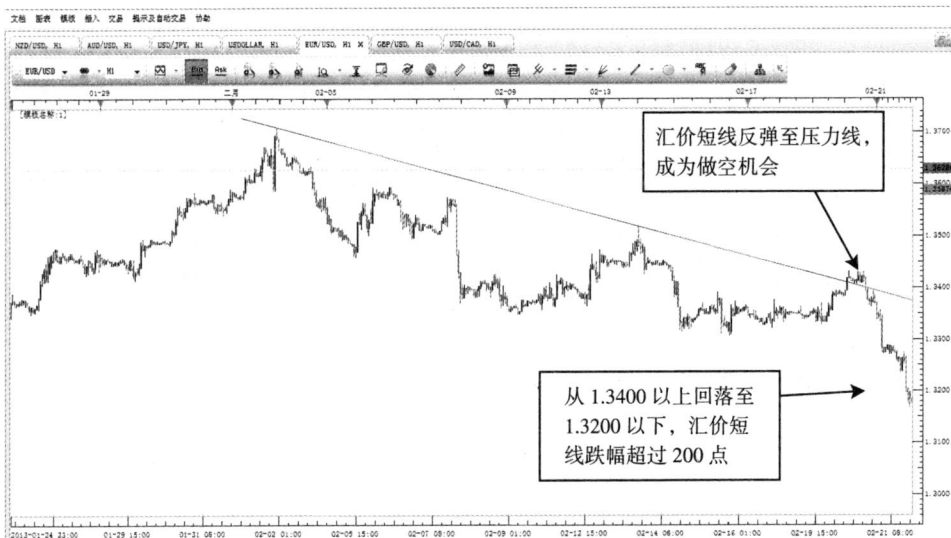

图 13-5 EUR/USD——反弹以后杀跌 200 点

看点 1：图 13-5 显示，汇价已经在下跌过程中反弹至趋势线上，图中位置是投资者做空的机会。从价格反弹空间看来，虽然汇价短线向上突破下跌趋势线，但这只是假突破而已。从价格突破位置开始，汇价下跌空间有望打开。做空在图中下跌趋势线的投资者，短线盈利空间高达 200 点。

看点 2：在下跌趋势线以下，价格处于明显的跌势中，反弹总是会出现，但不可能改变下跌趋势。汇价反弹空间越大，短线回落速度越快，价格下跌空间也越大。图中欧元短线回落 200 点，已经很有说服力。从 1.3400 开始，价格快速跌破 1.3200，显示出明显的加速回落态势。

EUR/USD——反弹以后杀跌 300 点如图 13-6 所示。

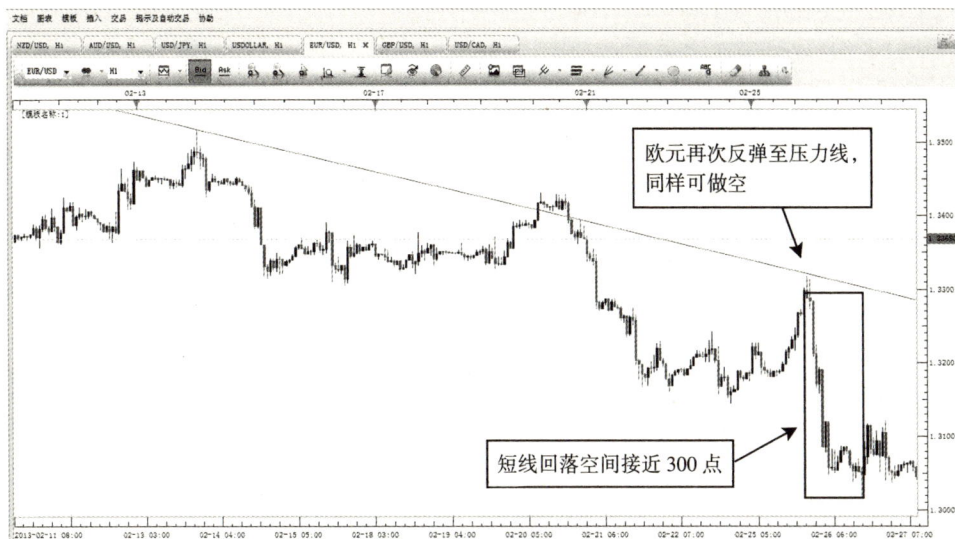

图 13-6　EUR/USD——反弹以后杀跌 300 点

看点 1：图 13-6 显示，欧元从下跌趋势线第二次加速回落的时候，汇价短线下跌空间也高达 300 点。实际上，投资者完全有机会获得做空利润，只要考虑在下跌趋势线上留有做空资金，价格回落自然获得收益。

看点 2：下跌趋势线是价格反弹期间非常强的阻力位。投资者如果考虑做空获利，不能错过价格反弹的做空机会。虽然欧元两次见顶下跌趋势线，今后汇价反弹至趋势线的时候，仍然会频繁回落。因为汇价处于单边回落趋势的时候，行情逆转非常困难。与其说短线买涨，倒不如在价格回落期间持续做空，这样倒能够盈利。

EUR/USD——反弹屡次见顶下跌趋势线（1）如图 13-7 所示。

看点 1：图 13-7 显示，即便在欧元大幅度回落的情况下，价格短线反弹至下跌趋势线的时候，依然会出现回落的情况。也就是说，下跌趋势线是重要的阻力位。只要行情还未出现逆转，任何时候做空在下跌趋势线对应价位，都能够获得收益。

看点 2：随着价格的持续回落，欧元频繁反弹都止于下跌趋势线。汇价下跌空间虽然不大，每一次的回落都提供了不错的做空机会。汇价反弹至下跌趋势线的时候，价格易跌难涨。也就是说，投资者做空后段时间内就可盈利。

EUR/USD——反弹屡次见顶下跌趋势线（2）如图 13-8 所示。

图 13-7　EUR/USD——反弹屡次见顶下跌趋势线（1）

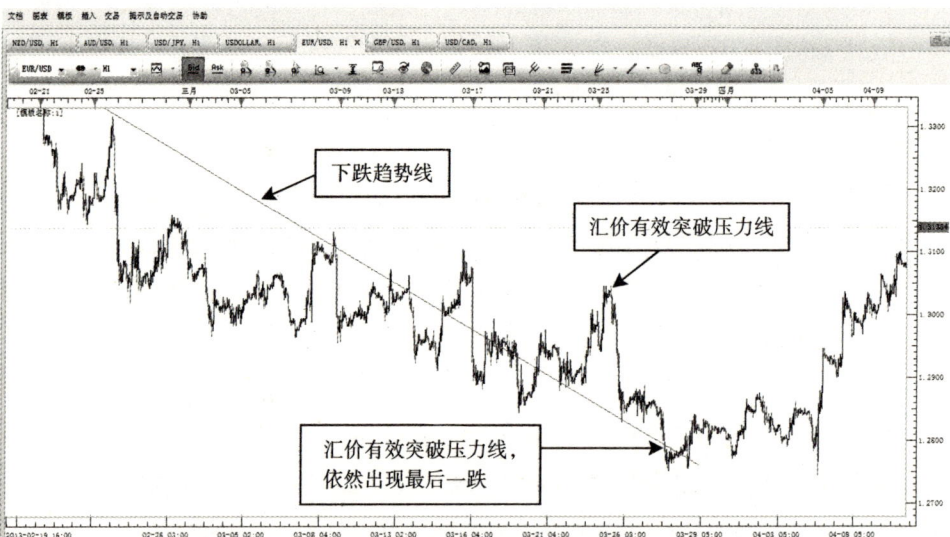

图 13-8　EUR/USD——反弹屡次见顶下跌趋势线（2）

看点 1：图 13-8 显示，欧元震荡下跌的时候，价格虽然出现了很大的反弹，但依然在反弹以后冲高回落。也就是说，下跌趋势线很难一次性突破，价格反弹以后还会继续反复回落，试探价格低点的支撑效果。

看点 2：投资者如果已经在关注欧元的下跌趋势，那么反弹期间还是谨慎买涨为好。图中欧元反弹以后短线快速回落，表明拉升阻力很强，汇价反转回升不大可能一蹴而就，在调整中寻求理想的价格低点，还是比较好的选择。

三、K 线的调整趋势

1. 形态特征

在汇价处于调整阶段，价格波动趋势性不强。即便汇价从底部反弹上涨，并且已经连续拉升，遇到阻力位的时候折返概率也会很高。总的来看，调整形态中不适合投资者单边持仓，短线买卖倒是能够获得利润。汇价调整的形态多种多样，而判断汇价的高位和低点，对投资者盈利至关重要。选择短线操作的价格低点和高位，投资者可以从汇价短线波动情况判断。如果价格正处于明显的区间价位之间，那么选择操作时机就容易多了。

2. 出现位置

调整形态多出现在行情的末期，汇价继续单边运行的阻力大大增加，价格双向波动过程中，震荡的运行趋势短时间内不能得到确认。这个时候，投资者可以根据前期汇价波动方向，以及价格短线运行情况判断买卖位置。

调整走势中，汇价反弹走势多数情况下会受制于短线价格高位，而在假突破高位以后短时间内出现回落。而价格回落至价格低点的时候，技术性反弹又非常容易形成。总的来看，价格双向运行频率很高，短线高位和价格低点都容易成为开仓位置。

3. 多空含义

对于调整走势，不同投资者有不同的看法，价格异常波动的时候，投资者能够发现其间的操作机会很多。如果投资者判断在短期趋势中存在双向波动，可以在一个比较小的价格区域做短线操作。更大范围内的调整走势，需要投资者把握好价格波动的高位和低点，才能减小开仓阶段出现的失误，增加投资回报。

在调整阶段，多空双方资金投入都非常谨慎，价格双向波动虽然频繁，都是资金量不足的情况下出现的波动。真正的趋势出现之前，投资者判断价格多空趋势并不容易，只有短线的高位和低点，是投资者把握盈利机会的位置。

4. 实战操作

EUR/USD——欧元在 1.2750 到 1.3250 之间调整如图 13-9 所示。

图 13-9　EUR/USD——欧元在 1.2750 到 1.3250 之间调整

看点 1：图 13-9 显示，欧元从价格高位回落以后，短线冲高回落的走势，表明汇价处于调整阶段。汇价反弹的起始点为 1.2750，汇价短线高位是 1.3250。欧元在这个价格空间波动，即便在反弹上涨阶段，投资者依然可以在汇价回升至 1.3250 的时候短线做空。

看点 2：欧元反弹的起始点为 E 位置，是汇价冲高回落的低点。而汇价再次反弹上涨以后，F 位置虽然突破前期高位的 1.3250，但上涨潜力值得怀疑。调整期间，投资者还是应该考虑在图中 F 位置谨慎操作。一旦汇价逆转而下，马上做空可获得收益。调整走势中，价格还是会继续杀跌至前期低点的 E 位置。

EUR/USD——下跌阴线结束反弹如图 13-10 所示。

看点 1：图 13-10 显示，欧元从高位回落下来，其实形态是一根实体很长的大阴线。欧元反弹空间虽然很高，却依然在 1.3400 附近快速杀跌。大阴线跌幅高达 100 点，汇价瞬间就从 1.3400 回落至 1.3300 下方，表明调整阶段的欧元回落速度很快。

看点 2：欧元处于调整阶段，价格连续单边回升以后，很容易在阻力位出现杀跌走势。价格看似已经突破前期高位，殊不知汇价单边上行的做空压力很大。

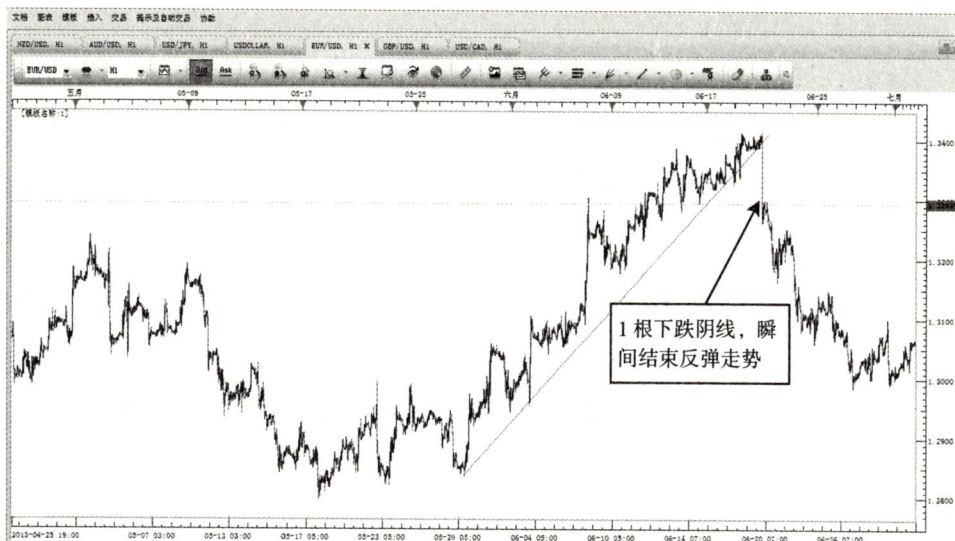

图 13-10　EUR/USD——下跌阴线结束反弹

杀跌大阴线实体高达 100 点，就很能说明问题。

　　USD/JPY——压力线以下的调整如图 13-11 所示。

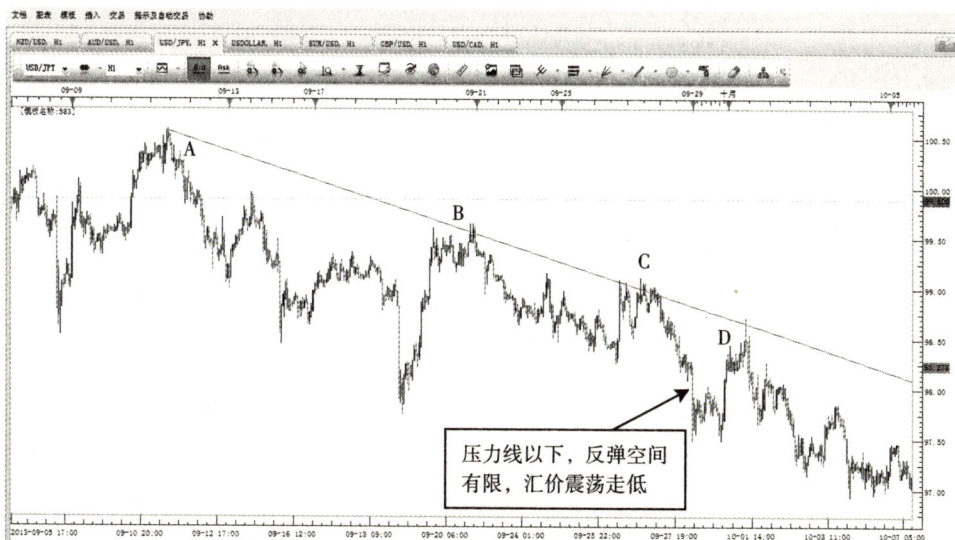

图 13-11　USD/JPY——压力线以下的调整

　　看点 1：图 13-11 显示，美元/日元的回落趋势中，价格已经出现明显回落。在下跌趋势线上，A、B、C、D 4 个位置的反弹高位，都成为汇价下跌的新起点。汇价调整时间比较长，短时间内汇价波动空间较大，长期回落中累计跌幅不大，适合投资者短线买卖获得收益。

看点 2：对于震荡下跌的调整走势，判断卖点要比判断买点重要得多。汇价总是从价格高位回落，并且在价格低点反弹上涨。频繁调整的时候，投资者短线操作次数越多，把握买卖时机越好，获利空间也会越大。

参考文献

［1］季峥. 外汇市场蜡烛图技术 ［M］. 北京：地震出版社，2010.

［2］孟红敏. 日本蜡烛图与成交量实战图谱 ［M］. 北京：地震出版社，2012.

［3］［美］比加洛. 蜡烛图方法：从入门到精通（珍藏版）［M］. 杨永新等译. 北京：机械工业出版社，2011.

［4］［美］尼森. 日本蜡烛图教程 ［M］. 何平林译. 天津：天津社会科学院出版社，2010.

［5］［美］史蒂夫·尼森. 日本蜡烛图技术：古老东方投资术的现代指南 ［M］. 丁圣元译. 北京：地震出版社，2003.

［6］［美］托姆塞特. 蜡烛图技术入门 ［M］. 赵银德，张华译. 北京：机械工业出版社，2011.

［7］周家勋，周涛. 外汇盘口——K 线技术应用 ［M］. 北京：中国科学技术出版社，2006.

［8］李晓芸. 看图炒外汇 ［M］. 北京：中国民主法制出版社，2011.

图书在版编目（CIP）数据

外汇蜡烛图实战技法/股海扬帆著. —北京：经济管理出版社，2015.5
ISBN 978-7-5096-3675-6

Ⅰ. ①外…　Ⅱ. ①股…　Ⅲ. ①外汇交易—基本知识　Ⅳ. ①F830.92

中国版本图书馆 CIP 数据核字（2015）第 055521 号

组稿编辑：勇　生
责任编辑：勇　生　王　聪
责任印制：黄章平
责任校对：王　淼

出版发行：经济管理出版社
　　　　　（北京市海淀区北蜂窝 8 号中雅大厦 A 座 11 层　100038）
网　　址：www. E-mp. com. cn
电　　话：(010) 51915602
印　　刷：三河市延风印装厂
经　　销：新华书店
开　　本：720mm×1000mm/16
印　　张：17
字　　数：286 千字
版　　次：2015 年 6 月第 1 版　　2015 年 6 月第 1 次印刷
书　　号：ISBN 978-7-5096-3675-6
定　　价：48.00 元